サンタ・フェ・デ・ボゴタ
ベネズエラ
グラナダ
キトー
エクアト
グァヤクィル
トゥナンティンス
ロレト
マトウワ
ナウタ
マラニョン川
ラグナ
サンタ・クルス
チャスタ
ヤバリ川
ティエラブランカ
ウアヤガ川
ルプナ
トカチェ
ウカヤリ川
パイタ
トルクスィヨ
ティンゴ・マリア
アコマヨ
セロパスコ
サン・ラモン
リマ
タルマ
カヤオ
ペルー
クスコ
プルス川
ベニ川
マドレ・デ・ディオス川
エクサルタション
ボリビア
チチカカ湖
プノ
ラ・パス
オルロ
太平洋

世界探検全集 — 06

アマゾン探検記

Exploration of the Valley of the Amazon

William Lewis Herndon

ウィリアム・ルイス・ハーンドン

泉靖一 訳

河出書房新社

①アマゾン河（上）。②ボリビアのティアウアナコ（ティワナク）遺跡（下）。

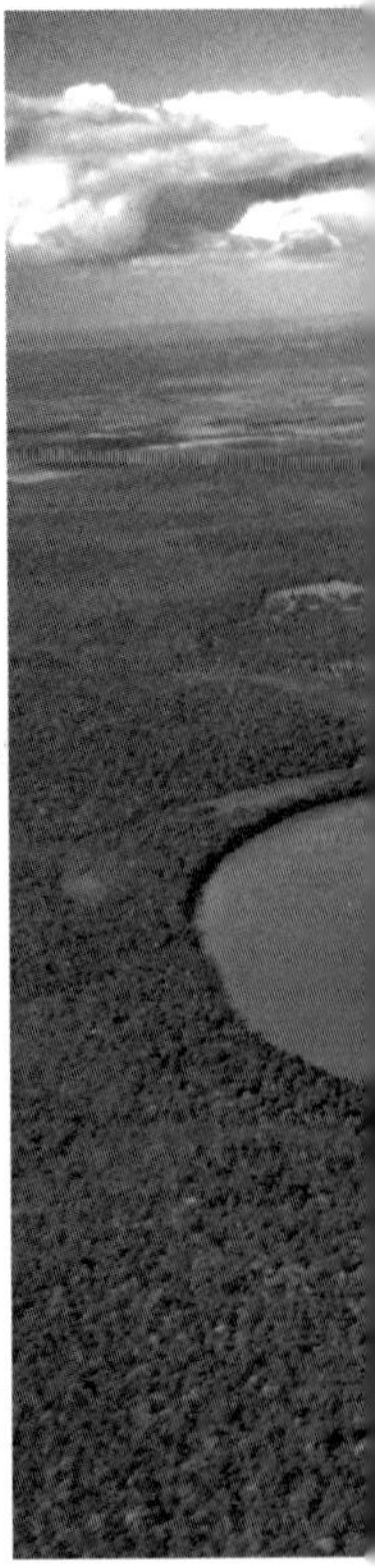

③マモレ河をゆくカヌー（上）。
④マディラ河のリベラン瀑布を下る舟人（中）。
⑤アグアカリエンテの駅亭（下）。

⑥コルディエラ山脈の眺望（上）。⑦セロ・デ・パスコ（中）。⑧アンデス山脈の駄獣ヤマ（下）。

ナビゲーション

幕末期、米国海軍のサムライが歩いてみたアマゾン

関野吉晴

一九八〇年八月二〇日の朝日新聞の紙上対談で、開高健氏は次のように語っている。

「人間社会の歴史から言えば大きな川の沿岸には、必ず文明と天才が誕生しているんです。ナイル川、インダス川、チグリス・ユーフラテス川、そして黄河、長江。しかしアマゾン川には文明と天才は生まれていない。さらに、河口から何千キロと言う源流まで世界で唯一、橋がない、土手がない、最後の川です」

文壇一のアマゾン通と誰もが認める氏の持っているアマゾン川に対するイメージはそのまま、一般の多くの日本人が持っているそれと同じだろう。しかし、この表現はアマゾン全体を言い当てていな

い。アマゾンの標高の低い部分を大雑把に表現したに過ぎない。

一方、ハーンドンが探検を開始したペルー、ボリビアなどのアマゾンの水源地帯では、開高健氏がアマゾンにはないとした文明や天才、橋や土手があるどころか、世界史の上でも特異な文明や文化を創造したアンデス文明とその中で最後に花開いたインカ文明が起こっている。インカの首都クスコに住んでいた皇帝や貴族たち、そして有名な空中都市マチュピチュに住んでいた人々もアマゾンの水なくしては生きていけない人々であった。

アマゾン川の流域面積は日本の国土の一九倍、バケモノのような川である。それだけにこの大河を一言で表現することは不可能である。

開高健氏のアマゾンがブラジル平原の低地アマゾンに偏っているのに対して、ハーンドンのアマゾンは水源地帯に時間を割いている。米海軍省からの調査依頼が、ペルー・アマゾンの調査だったためだ。そのため探検は、インカ帝国の首都であったクスコ周辺から始まって、アマゾン川とは繋がっていないチチカカ湖やその周辺に時間を費やしている。開高健氏とは逆にアマゾンの水源地帯に多くの時間を割いている。しかし後半はプルス川、タパジョース川、マディラ川などブラジルの低地アマゾンを訪れて、土地の先住民とも交流している。

訳者の泉靖一氏が解説で書いているように、多くの未知の河川は河口から漸次水源地帯が探検され、種々の発見がなされたのを常とする。しかしアマゾンはその反対の経路をとって、世の明るみに紹介された。まさにハーンドンのアマゾン探検記の書き出しも、ペルーのリマから始まる。

ハーンドンの時代はまだ車が普及していない。鉄道も通っていない。徒歩か馬かラバを使って旅をする。リマを出発して、水路が使えるティンゴ・マリアまで、七〇日もかかっている。今では快適なバスに乗り半日で行けるのだ。

川の移動も筏《いかだ》かカヌーだが、当時はまだエンジンはない。降りて引っ張ったり、押したり、陸路を迂回したりと、海軍大尉といえども大名旅行というわけにはいかない。移動に神経を擦り減らさなければならない。しかしハーンドンはそこのところはサラリと書いている。

ハーンドンは本流に出てからウカヤリ川のカムパ族と接触しようとする。カムパ族は五一年前、私が初めて現地に行った時に、三カ月間居候生活をさせて貰った民族で、家を一軒貸して貰った。精悍《せいかん》ながらとても温厚な人々だと思ったが、当時はその周囲では最も文明を拒む、攻撃的な民族と見られていたようだ。ハーンドンは彼らと接触するため、神父に頼んで、二五人規模の遠征隊を組織しようとしたが、誰一人応募がなかった。皆がカムパ族を恐れているためだが、ハーンドンはこの遠征には意欲的だっただけに、失意のうちにあきらめなければならなかった。今では余所者《よそもの》に対して、攻撃を仕掛けて来る先住民はほとんどいないが、一七〇年前には、いつ攻撃されるか分からない地域として紹介されている。アマゾン探検は今とは比較にならないほど危険と隣り合わせだったようだ。

ハーンドンがアマゾン探検を行った一八五一年はどういう時代かというと、その前に南米諸国が次々とスペイン、ポルトガルからの独立宣言を行い、第五代アメリカ合衆国大統領がモンロー宣言を発表した時代だ。南北アメリカは主権国家としてヨーロッパの干渉を受けるべきでない。ヨーロッパには干渉しないが、南北アメリカでの植民地の新設あるいはアメリカ大陸の独立国家に対するいかなる干渉もアメリカ合衆国への敵対行為とみなすという意図を述べたものだ。米国が中南米を自分たちの裏庭化（実質植民地化）するという宣言でもあった。

探検記はハーンドンが合衆国太平洋艦隊の艦船で、米国の海軍大臣からの指令を待つところからはじまる。そしてアマゾン上流、ペルー領内支流に関する情報を、僧院もしくは信頼すべき筋から蒐集すべしという司令を受けとる。この当時はＣＩＡ（米国中央情報局）の設立前であり、海外での諜報活動は海軍が行っていた。ハーンドンは海軍大尉であり、彼の役割は米国の国益となる、正確で科学的な情報を蒐集することだった。

思えば、この二年後にペリーの率いる四隻の黒船が浦賀に現れる。この時代、鎖国状態の日本にフランス、イギリス、ロシアの艦隊が開国を迫ってやって来ていた。江戸幕府は長崎で待つように指示して、各国はそれに従ったが、米国だけは、「幕府のある江戸に近い」という理由で浦賀に現れ、そこからの立ち退きを拒絶した。

大砲を放って脅せば、言うことを聞くだろうという、米国得意の力で押す砲艦外交だ。江戸幕府は慌てふためき、日米和親条約、日米修好通商条約という明らかに不平等な条約を締結する。

ハーンドンはアマゾンで様々な人と出会い、先住民とも積極的に交流しているし、細かく観察している。この探検記が評価されている所以（ゆえん）でもある。南米全体を見渡してみると、クレオーレ（中南米で生まれた白人）は少数で、一番多いのはメスティソ（混血）、実は純粋の先住民は少数派だ。

私がハーンドンの探検記を読んでいて一番時代の差を感じたのは、奴隷の売買だ。黒人男性は二五〇ドル、職人だと五〇〇ドルの価値があると当たり前のように書いている。考えてみれば、奴隷制存続の成否について米国が南北に分断して戦って、奴隷制が廃止されたのは、ハーンドンのアマゾン探検から一五年近く経ってからだ。

法的に奴隷制が廃止されても、差別は続く。第一次世界大戦に、米国は後半から参戦した。ヨーロッパに黒人兵が送り込まれたが、米国の白人指揮官は「私は人間しか、指揮をしない」と言って指揮を拒否したので、植民地で黒人の扱いに慣れたフランスの指揮官が米国の黒人兵を指揮した。勝利して帰国したが、東部では称賛されたものの、南部ではリンチを受ける黒人兵も多くいた。ハーンドンが、父親が黒人であるバラク・オバマ大統領の誕生を知ったらどう思っただろうか。

ハーンドンが地方に行くと、知事など行政の長と共に神父が出てくる。南米では力を持っている。この時代のキリスト教神学は、最も革新的なものも含めて、クレオーレ（白人）の神学、支配層の神学の域を脱することができなかった。

一九六〇年代に、ラテンアメリカで解放の神学が始まった。人々の解放のために世俗的な制度や秩序のあり方を問題にし、貧者の側に立って大土地所有制など不公平な社会秩序の変革に立ち上がった。

一方、プロテスタントも第二次大戦が終わると、福音派を中心に積極的に南米に進出してきた。カトリックがほとんどシェアを占めていたが、最近特に進出著しく、福音派がアマゾンにも広がっている。米国の本部から送られた牧師たちの重要な役割は、布教とともに聖書を先住民の言葉に翻訳することで、それも進んでいる。私の知り合いにも福音派となった者がいるし、場合によっては村全体で宗旨変えしている。

南米をフィールドにしている文化人類学の研究者が頭を抱えている。福音派に宗旨変えすると酒を飲まなくなる。村人が酒を飲まなくなると、祭りがなくなる。祭りの中に彼らの世界観や宗教観、死生観が潜んでいるし、飲酒を通じて様々な文化や社会が見えてくるからだ。

私はヤノマミの地に一九七〇年代後半から訪問している。アマゾンの先住民族の中では、最も人口が多いが、外界からかなり隔絶された環境に住んでいる。ここ数十年というもの、ヤノマミの地がゴールドラッシュとなり、金《きん》を求める非合法の探鉱者らがこの地に入って来た。

一六世紀に南米ではパンデミックによって多くの先住民が命を落とした。

ブラジルは一九六〇年代後半から飛躍的な経済的発展を遂げた。その大きな誘因にアマゾンの横断道路網の建設があった。この道路網はブラジルで最も先住民が密集している地域を通っている。

それでもヤノマミの地はあまり影響を受けなかった。しかし、最近の新型コロナウイルス感染症は、違法な金掘り鉱夫が感染源になり、とうとうヤノマミにも広まった。

アマゾンを経済開発し、鉱物資源を採掘すると公約する極右ボルソナロ大統領が就任して以来、違法採掘者の数は増えている。ヤノマミにはハーンドンが見たような、文明の影響を受けないアマゾンがまだ残っていた。しかし、これから文化的に均一化が加速していくだろう。

関野吉晴（せきの・よしはる）

一九四九年、東京都生まれ。探検家、医師。武蔵野美術大学名誉教授。一橋大学法学部、横浜市立大学医学部卒業。一九九三年から二〇〇二年にかけて、アフリカから南米大陸へと人類が拡散した道のりを逆ルートで、そして人力で辿る「グレートジャーニー」を成し遂げる。一九九九年植村直己冒険賞を受賞。著書に『ケロ　遥かなるインカの村』（朝日新聞出版局）、『海のグレートジャーニー』（クレヴィス）、『グレートジャーニー全記録　移動編／寄道編』（ともに、毎日新聞社）など多数。

訳者まえがき

この本の原典 *Exploration of the Valley of the Amazon* は、アメリカ合衆国海軍大尉 William Lewis Herndon と同大尉（探検中は見習士官）Rardner Gibbon の共著で、一八五四年ワシントンの連邦印刷局から出版されたものである。偶然今年（一九五四）が出版一〇〇周年記念にあたる。原典は上・下二巻よりなり、上巻はハーンドンが、下巻はギボンが執筆し、上・下巻を通じて一〇〇〇頁余にのぼり、図版も百葉を超える大作である。巻末の解説に詳述したとおり、当時のアメリカにおける三大探検記の一つといわれる名著であるにもかかわらず、一九五二年上巻のダイジェスト版（巻末解説参照）が発刊されたのみで、合衆国でさえ全巻にわたる再版は行なわれていない。丁度一〇〇年後の今日極東の一角において、全巻の抄訳を試みることは奇縁といわなければならない。

正直にいって、訳者自身はロスアンゼルスの古書店において原典を入手し、ブラジルの調査旅行を終え、帰国後河出書房の勧めにより、訳出にとりかかるまで、この本の真価について何も知らなかったといっても過言でない。翻訳の実質的作業は東京大学東洋文化研究所大林太良助手の手によって進められ、後を追うて訳者が原典と照合するかたわら諸文献によって校訂を加え、完成後大林助手と十数日にわたって内容の検討を重ねた後、原典の図版の取捨を行ない、なお説明上必要な部分については他の文献中からも追加挿入した。

かかる全作業を通して訳者らはこの本の記述の正確さと、面白さを知り、著者らの性格人柄も行間を通して感得しえたのである。その上幸いにも、訳了のまぎわにダイジェスト版を入手することができたために、ハーンドンの略歴をも知悉《ちしつ》することができた。この本の成立を通してわかっていただけると思うが、一切の労は大林助手に帰すべきであるが、不備・誤謬《ごびゅう》にいたってはすべて訳者の責任である。

　最後に是非読者の頭に入れておいていただきたいことは、原典をしたためた人たちは一〇〇年前の人であり、ここに描かれたアマゾンの自然も人も一〇〇年前のそれであるということである。ハーンドンの描くインディアンや黒人奴隷に対する一部の優等感のごときは今日許されるべきものではない。またペルーのイキトス市やブラジル共和国アマゾナス州の州都マナウス市のごとき今日の流域大都市は当時、全然存在していなかったのである。第一次並びに第二次世界戦争中のアマゾン流域におけるゴム景気を当時予想できなかったのは当然である。しかし世界の他の未開発地域と同様、アマゾン流域の時計の針の歩みは遅い。今日なお一〇〇年前の記述と変わらない現実もすくなくない。従ってこの本は一〇〇年前の「歴史」を物語っているばかりではなく、今日をとおして明日をも指し示しているのである。

　一九五四年三月

訳　者

世界探検全集06ーアマゾン探検記

第一部

エル・ドラードオ（黄金郷）

一八五〇年八月、バルパライソ港に碇泊していた合衆国太平洋艦隊ヴァンダリア号に乗組んでいた私は、国立観測所長から、次の便船でアマゾン渓谷探検の命令が送られるだろうという手紙を受け取った。ヴァンダリア号は、サンウィチ諸島（ハワイ）に向かう予定だったが、親切なガードナー艦長は、私に、下船して、バルパライソで指令のくるのを待つことを許してくれた。

テイラー大統領の死と、それにつづいた内閣の改変によって、私への指令はおくれ、数週間をバルパライソと、チリーの都サンチャゴで過ごした。しかし、この時期は無駄ではなかった。というのは、これらの町に滞在している間に、私はスペイン語がうまくなり、また、おそらくよそでは知ることのできないアマゾン河のボリビア側の支流についての情報を得たからである。

一八五一年一月二〇日に、私は海軍大臣ウィリアム・A・グレーアムから次の指令をうけとった。

拝啓

リマに進出し、アマゾン上流並びにペルー領内支流にかんする情報を、僧院もしくは信頼すべき筋より蒐集すべし。ボリビア領内支流に関しては、貴官の判断により、必要とあらば同国に進出するもさしつかえなし。（後略）

敬具

私は二月六日にリマに到着した。この町は私が二〇年前にいたときとすっかり変わってしまった。新大統領エチェニケ将軍の就任にあたって、闘牛が行なわれたけれども、昔のようにリマ選りぬきの人達の流行と上品さで円形劇場が一杯にならないで、劇場は下賤な連中に委ねられているように見えた。貴婦人たちは、彼女たちの独特の、そして優雅きわまりない国民的服装たる saya y manto を着ることをやめてしまった。そしてそれは今や、よからぬ評判の女の服装になってしまっているのだ。彼女たちは今はフランス風の服装をしてオペラに行き、そして以前は多量に用いられたマテ茶とよばれる yerba de Paraguay の代りに紅茶をのむのである。

リマで得た知識は大したものではなかったが、ピサロによってこの国が征服されて以来のペルー山地《モンターニャ》を探検する試みにたいするあらましの歴史的素描を試みることは無駄ではあるまい。その一、二を拾えば、次のとおりである。

一六三九年と一六四六年の間にドミニカ派の神父トマス・デ・チャベス（Tomas de Chaves）はコチャバムバからボリビアのチュンチョ（Chuncho）族の間にはいって行ったことがある。彼は一二人のチュンチョ族をリマにつれてきて洗礼を施した。それから彼は彼らの間にもどって一四年間生活し、多くの探検を行なった。一六五四年、最後の探検をマモレ河のモクソス・インディアン（Moxos Indians）にたいして行なった。彼は、そこで酋長の病気を治した。するとムス（Musu）族の皇帝（これは大パイティティ、またはスペイン人のいう黄金皇帝のことである）は六〇〇人の武装した人びとをモクソス族の酋長につかわして、王妃の病を治すために、その神父をよこしてくれと要求した。モクソス族は彼らの医者を手放すのはいやだった。しかし、もしよこさなければ、皆殺しにするぞと皇帝の使者が脅かしたので、妥協して、神父はインディアン達の肩の上にのって運ばれて行った。三〇日の旅の後、彼は向こう岸が見えないほど広い河（ベニ河と思われる）の岸についた。河を下ること一二日、神父の上陸したところには信じられないほど大勢の蕃人が住む大都会を見出した。彼らはみな戦士で、大河の巨大な港と、ムス帝国の関門をまもっていた。女は一人も見られなかった。彼女たちは一リーグ〔約三マイル〕離れた別の町に住み、昼間は戦士達に飲食物を運び、夜には町に帰るのだった。

この地点では川はいくつにも分流しており、それぞれ航行できるらしく、いくつかの大きな浮洲を形づくっており、浮洲の上には大きな町々があった。ここから二七日旅行して彼は宮廷についた。王は多彩で精妙目もあやな羽毛を身につけて彼に会いにやってきた。彼は客人を、丁寧にもてなし、贅沢なご馳走を用意し、そして貴方がすばらしい医者だと聞いたので、どんな医者も匙をなげた妃の病気を治してもらうためにお迎えしたのだといった。神父は、私は医者でもなければ、医術を仕込まれたものでもないといったが、彼は王妃が悪魔にとりつかれているのを見て、儀式書に従ってお祓いをすると、彼女は感謝してキリスト教徒になった。

彼は一一カ月パイティティの宮廷に滞在した。滞在期間の終わりごろに、聖餐用の葡萄酒とパン粉が欠乏したし、死のまぎわの無数の小児の洗礼もしたので、彼は両陛下に暇乞《いとまご》いをし、そして王妃には信仰をかたくまもって、神に対するあらゆる罪障を控えるようにとすすめた。彼は王からの金銀、真珠及び豊かな羽毛等の贈物をことわったので、王や宮廷人たちは非常におどろいた。

このような数多くの話がスペイン人の好奇心に火をつけ、荒地の危険を冒してもエル・ドラードオ〔黄金郷〕をさがしもとめさせたのだ。六〇〇人の使者、向こう岸の見えない河、兵隊が駐屯する港、莫大な金銀、真珠はあてにならないにしても、トマス神父の記述には若干の真実のあることは疑いえない。

またウヨーア(Ulloa)の『世界紀行』(Viajero Universal)からとった次の話は、実に忌まわしい色どりをもった野蛮なものである。彼は旅行中ずっと愛嬢をつれていたものらしい。ところが、彼が戦に敗れ、包囲されて逃れることができなくなったときに、娘をよんでいった。

「わしはお前を皇后にしたかった。だが、それは今や不可能となった。お前が、裏切者で大悪人の娘だと後指をさされるのは、わしにはたまらない。わしの手にかかって死ぬ覚悟をしろ」

彼女は二、三分お祈りをする時間を乞うて、許された。しかし、彼女の父は、彼女の祈りが長すぎると考えて、まだひざまずいているうちに発砲した。不幸な娘は父の方によろめいた。この悪漢は、娘の手をとり、ナイフを彼女の胸にたたき込んだ。彼女は、

「もういいわ《バスタ》、お父さん《パドレミーオ》」

とつぶやきつつ、彼の足もとに崩れた。


このような冒険旅行談から正確で科学的な知識を期待することはできない。彼らは旅行の困難、インディアンとの争い、野心的な企て、内輪争いに没頭して、通過した国々の地誌や産物の覚書をつくれなかったのだ。しかし、その後には信仰を弘めようとする人びとがこのような仕事を始めた。

出　発

一八五一年四月四日海軍大尉ラードナー・ギボンがリマに着き、私に海軍省からの指令を渡した。その内容は次のとおりである。

拝　啓

本省は貴官の優れたる資質と練達を認め、ここに選抜して重要且つ微妙なる任務を課す。合衆国政府はアマゾン本流、支流全流域に関する情報を得んことを切望する。調査要求事項は単に該河川流域における船舶航行の可能性に止らず、広く次の諸項に及ぶものなり。社会的産業的現状、人口、産物、交易品、気候、土壌等の実状、更にすすんで耕作の可能性、耕地、森林、地下資源たるを問わず一切の未開発商業資源。

貴官にかかる情報を得る目的を以て、コルディエラ山脈を横断し、アマゾン河水源より河口にいたる全地域を踏査すべき任務を与う。

見習士官ラードナー・ギボンを貴官の同伴者として選抜し、訓令をもって報告書提出の義務を賦課せり。

アマゾン河に到達せんとする経路は、貴官の判断に委ぬるも、左記につき特に配慮するを要す。

（中略）

防禦能力を超ゆる蕃人と敵対するがごとき経路を選定せざること、過大なる部隊を編成して住民に疑惑を惹起せしめざること、通過地官憲に不要の反感を抱かしめざること、これに反し成功おぼつかなき小部隊にて行動せざること。

パラ〔現在のブラジル共和国パラ州の首都ベレン市〕に到着の暁は速かに帰国し、本省に報告すべし。

旅幸と無事の帰国を祈念する。

敬具

経路の選択が私の考えにまかされたことは、政府の訓令をもっとも効果的に遂行する方法を充分に考える機会を与えてくれた。私は海軍省がこのような命令を発する意図をまえもって知っていたので、バルパライソとサンチャゴで、手にはいりうる情報を求めていたし、また、多くの人びとと、ボリビア経由のルートと、アマゾン河のボリビア側支流の航行可能性について話をかわしていた。

二本の興味深いルートがこの国を通過している。一つは、コチャマンバからモノレ河を経由するものであって、その略図はブリッジ氏からすでにもらってあった。もう一つは、ベニ河（また、マディラ河の合流点）経由であって、このルートは、ほとんど未知の国《テラ・インコグニタ》を通過しているように見える。

リマに到着後、私は直ちにルートを調べ始めた。ペルーの一流の知識人たちは、アンデス東方と大西洋の間の地域に内陸交通を開く重要性をよく認識しており、このような交通の開始について政府の補助を確保するために多くの試みがなされてきた。無始の昔から、ペルー経由の三条《すじ》の可能な経路に関し、住民の間に嫉妬心が存在した。この三条のルートとは、ウアヌコ渓谷のルート、チャンチャマヨのルート、クスコ東方のパウカルタムボのルートであった。この嫉妬心とは、ウアヌコの渓谷は、最初に植民され、そして一時はペルーで使用されるあらゆるコカを供給していたところ、チャンチャマヨの山地《モンターニャ》が開いたことによって、ウアヌコ渓谷の住民には、彼らの収益を減少せしめる競争相手が出現したわけで、一時は、彼らはこのような利害関係を法廷にもち出して、チャンチャマヨに築かれていた城砦を武装解除し、道路をこわす命令を得ようとしたのであった。タルマの人たちは、決してこのようなことを許さなかった。同県の知事ウルティアは、チャンチャマヨの有利なことを説明し、マイロまたは、山地《モンターニャ》に至るウアヌコ経路を悪しざまに論じた一冊のパンフレットを総督アバスカルに提出したのであった。

ベニ河経由のルートの重要性を強く感じた私は、タルマで熟慮の挙句、一行を分割する決心を固め、六月三〇日ギボンに訓令の手紙を与え、また口頭でもベニ河ルートの重要性を力説した。

拝　啓

本省より本官宛の訓令を詳細に検討せし結果、アマゾン本流、支流全流域にわたり手段を尽して広汎なる探査を遂行すること、即ち本官の任務たりと思考す。本隊を同時に行動せしむる時は、重要なる調査対象の一部を犠牲にせざるべからず。されば本官は本隊を分割して、一隊を貴官の指揮下におくことに決意せり。

貴官はリチャーズ氏及び案内人一名を伴いクスコ市に進出、その東部地方を踏査すべし。マドレ・デ・ディオスと称する航行可能の大河の水源はカラバス山脈にありて、クスコ市よりアンデス山脈を下降せば、航行可能の地点に接近しうるもののごとし。該河川はアマゾン本流に合流するプルス河ならんと思考す。右事実を実証すべし。しかして貴官は該河川が下航可能なりやいなやを、クスコ市において確認するを要す。しかれども川岸付近には好戦的なるインディアンが棲息するものと想定さる。若《も》し該河川が通過不可能と判明せば、南方に進出し、チチカカ湖畔のプノに赴き、湖を南に迂廻して、ボリビア国のラ・パス市に至り、コチャマンバに出、付近の山脈を下り、モノレ河にて独木船に乗じ、マデイラ河を下航し、アマゾン本流に進出、それより本流を遡行、ネグロ河のバラ市に本営を設け、同河川の本流支流を踏査しつつ、本官の指令を待機せよ。成功を祈る。

敬　具 （三五頁参照）

雨季が完全に過ぎ、また道路もよくなるだろうというので、私は五月二〇日を出発の日に決めた。そしてギボンと私とは必要な準備を始めた。私は二、三年前アマゾン河を下って航行した若いペルー人、ドン・イマヌエル・イフラを通訳として雇った。また、当時カヤオ港に碇泊していたフリゲート艦、ラリタン号のゴーント艦長は、親切にも、彼の船からリチャーズという名の若い船長代理がわれわれの一行に応募するのを許してくれたばかりか、さらに私にカービン銃、ピストル、弾薬、及び一枚のテントを供給してくれた。その港にいたもう一隻の船、セント・メアリ号のマグルーダ

―艦長もまた私にその船が供給できるものは何くれとなく私に提供してくれた。

われわれのコースは東北東に伸びている一見平坦ではあるが、きわめて石の多い道路であった。ミロフォレスとチョリヨス付近では、右手には緑の籐とアルファルファ（一般にこの国で牧草に用いられているきわめて青くて美しい一種のムラサキウマゴヤシ）が生えており、その左側と背後には、リマック河の渓谷に植物が生育しているのをみるが、行手には全く不毛の、恐ろしい近づき難い世界がひろがっていた。

ちょうど、日が沈む前に、われわれはサンタ・マナの荘園《アシエンダ》に停り、牧草をもとめた。家の戸口の土間に坐っていた年とった一人の黒人の女は、「ないよ」とわれわれにいった。それは嘘ではなかった。ちょうどそのとき馬にのってやって来た二人の男たちは、われわれをもてなせないのが残念だといった。リマという大都会から、九マイルも離れると、こんな貧困と惨澹たる窮乏が存在していることは注目しなければならない。それは一瞬にして、贅沢きわまる文明から、野蛮な未開に、花園から砂漠に移るようなものだった。われわれは馬をさらに三マイルすすめて、午後六時半にパカヤールの荘園に着いた。

五月二五日 午後二時に、われわれはスルロの町を通りすぎた。ここで、海岸と呼ばれる県を去って、シェラ（岩の多い山脈）と呼ばれる県に入る。この県より下には隔日熱《テルティアーナ》〔マラリヤ〕があるが、これより上に向かうとなくなってしまう。

午後五時に、われわれはクシメネスの所有するモヤクの別荘に到着した。これは山々で、ひしひしととり囲まれたもっとも美しい小さな谷である。この季節におけるコルディエラ山脈の夜はきわめて美しい。旅人は大気の下層の不純を超越した上空にのぼって、全く汚れのない大気を吸っていることを感ずる。私はあくことなく輝く空をみつめていた。母国の蒼穹よりも青みは淡いが、それでもまるで手で探れるように間近く、星がきらめく、鋼の丸天井のように見えたのである。星辰自体は強い光輝をもってゆらめいていた。小さな懐中望遠鏡で、木星の衛星がはっきりと見られた。そしてギボンは、ある機会に肉眼でそれらを見ることができたと言明さえした。私にはそれはできなかったが、その晩は私の視力が悪かったためであろう。気温は今や冷たくなって、私は昨夜、ありったけの着物を着、重い毛布と毛のポンチョ〔貫頭衣〕をまとったけれども、寝ていてなおさむかった。太陽の光線は、一般に朝の一一時頃に始まる西南風によって弱められるまで、日中はきわめて強烈である。

五月二九日　サンタ・ローサの鉱山からの帰途、われわれは荘園からやってくるヤマ（llama）の一群に出あった。とくに道の曲り角で突然に出あったならば、それは全く素晴らしい光景である。いつもすぐれた上背をもった指導者は、色鮮かな羊毛のふさに小さな鈴をぶらさげている。彼の背丈はしばしば六フィートもあって、華麗典雅な姿勢、尖った耳、おちつきのない目つきで、彼方の方を向いた瞬間のすがたはまさに素晴しいものである。ヤマは人が近づくと、崖の上下にヒラリヒラリと身をかわし、ラバやロバには通れない場所を雌の群が平気でよじ上って指導者の後につづくのである。彼等は広大な距離を旅行するけれども、それは一日九マイルから一〇マイルの短い行程しか進まない。長い旅行には、荷を運ぶヤマの数の倍が、交替用に必要である。ヤマの負荷できる荷物は一頭約一三〇ポンドで、彼はそれ以上は担おうとせず、もし彼が過重に担わされたときには、動くくらいなら死ぬまでぶたれるのを望む。雄だけが働かされ、雌は繁殖用に飼われている。平常はやさしく、すなおに見える。けれども、怒ると、きわめて野蛮な様相を示し、怒りの対手《あいて》に、毒の唾を吐きかける。唾はきわめて辛く、皮膚にさわると水ぶくれになるといわれている。われわれは野生状態のヤマを一頭もみなかった。彼らは荘園に多数飼われている。われわれは山をこえるときに、野生の内気なビクーニャ（vicuna）をときどき目にしたけれども、グァナコ（guanaco）あるいはアルパカ（alpaca）〔ペルーの羊の変種〕を見る機会はなかった。ビクーニャは油断も隙もみせない一頭の雄と、一〇頭から一五頭の雌が一群をなして行動する。危険が近づくと、雄は鋭いヒューという声で警告を発し、彼が保護している雌は疾風のごとき速度で走り去る。ビクーニャの被毛は、他の品種の毛よりもずっと美しく、また値うちがある。それは栗色をしている。

六月二日　午後二時にわれわれは、アンタラングラまたは「銅の岩」といわれるこの道路の最高の峠に到達した。私はここからの眺めに失望した。われわれの頭上に聳《そび》えるコルディエラの峰々は低くみえて、故郷の丘陵地方の冬の日の様相を呈していた。他方、雪の丘と、それより低い山脈の明るい緑とには、その真中に心地よく静かに横たわっている穏やかな小さな湖の眺めとともに、私が期待していた野蛮で荒涼たる雄大さとはまったく異なった、一種の静かな美しさがひそんでいた。

ギボンは、写生器《カメラルシダ》を用いてコルディエラ山脈を写生していた。私は、気圧を測るため、雪を沸騰させるのに、マッチを一箱使ってしまった。そして、リチャーズは可哀相に、ベタ（veta）の犠牲となって、われわれのピロン（pillon）に包まれて、地上に横たわって震えていた。

ベタは、このような高地で、大気が稀薄なために起こる病気である。インディアンは、鉱脈が、有毒な伝染病源を流布することによって起こると信じているので、それをベタ、または「鉱脈」と呼んでいる。この病が気圧の低下によっておこるに相違ないことは高地で暴威を逞しくするからである。しかし、これよりも低い地点で――時には山脈の東側の、時には西側の――おこるのは注目すべきことである。病気は、頭の静脈がふくれ腫れ上り、息が苦しくなり、手足がつめたくなって、はなはだしい頭痛を伴う。韮《にら》の匂いがこの徴候を和らげるといわれている。そして、ラバ追いは、一般に家畜の目と額に、獣脂と、韮と野生のマヨラナ（marjorana）をねり合せた軟膏を、山に登る前に予防薬として塗る。われわれの家畜は震えて息づかいが激しくなったが、私は病気になったとはみなかった。思うに、それは、われわれが乗って急峻な丘を登ったせいであろう。バロメーターは、一六七三〇を示し、一六〇四四フィートの高さを示していた。水は華氏の一八二度五分（摂氏八三・六度）で沸騰した。気温は同じく華氏の四三度（摂氏六・一度）であった。

まだ海岸から六〇マイルも隔たっていないのに、われわれは大西洋に注ぐ河と太平洋に注ぐ河とをわかつ偉大な分水嶺を越えたのだ。われわれのラバの最後の数歩によって、地理的諸関係は著しく変化した。すなわち、突如としてわれわれは太平洋とのあらゆる関係をたち切って、われわれの親密なる故国《くに》の岸辺を洗う大西洋の喜ばしい波に注ぐ河川の愉快そうな泡立ちを耳にしたのである。

それは私に故郷の歌をささやき、私は心も軽く旅路を辿って行った。

タルマの祭り

六月六日　われわれは午後四時にタルマの町に到着した。ここの人口は約七〇〇〇で、パスコ州のフニン県に属し、あたかも円形劇場のような美しい谷間に位している。そして谷をかこむ山々は波うつ大麦の畑でほとんど頂上までおおわれている。正面の幅約半マイル、長さ二マイルの谷間はなだらかで、緑の深い、もっとも豊かな牧場が見うけられる。牧場のさかいは果物の樹でふちどられ、そこに注いでいる流れは、高さ約三〇フィートの美しい滝をなして、一番端の岩の棚にかかっている。その気候は素晴らしい。

タルマの家々の大部分は住宅で、上流の家屋は、うちも外も白く塗られており、石膏で床を敷きつめ、瓦葺きである。若干の家はところどころに壁紙をはって、ありきたりのスコッチ絨緞をしいている。家々の大部分は、パティオ、または「囲まれた区域」を内にもっている。そのうちのあるものは、平たい屋根をもっており、周りには胸壁があって、そこではトウモロコシ、エンドウマメ、インゲンマメなどが乾燥されるのである。

日曜日は、大きな市日であって、市場は田舎の人たちで一杯になる。彼らは手作りのポンチョ、毛布、靴、（ビクーニャ毛糸でつくった）帽子などを売ったり、コカ、綿製品、火酒《アグアル・ディエンテ》を買ったり、ミサに参加したり、また酔っぱらうために町にやってくる。それは全く忙しい活気ある光景である。男達は一般に高い麦藁帽子をかぶり、ポンチョを着、膝にボタンのある股引と、長い靴下とをはいている。女達は、白い木綿のペチコートを見せるために、前が開いた青い毛のスカートをはき、二、三ヤードの Bayeta de Castilla すなわち「スペイン風の粗ラシャ」と呼ばれる明るい色のフランス製の外套を肩にまとっている。この国では、あらゆる船来品を、de Castilla「スペインもの」と呼ぶ。ちょうど、ブラジルで de Rainha〔「皇后もの」〕〔ポルトガル製の意味〕と呼ばれているように。

タルマにおける聖人のお祭り《フィエスタス》は、一般に音楽と、鐘をならすことと、のろしを上げることとインディアンの踊りを行なって祝賀する。一ダースの浮浪人が、古代インディアンの服装と信ぜられているものを着るのだ。これは、一方の肩から膝までたれさがる一枚の赤毛布と他方の肩から同様の白毛布をかけ、それをバンドで腰のまわりに強くしめつけたもので、さらに白い線のある普通の短い赤ズボン、平凡な色の靴下、趾《あし》の上で紐をたばね踝《くるぶし》のまわりで結んだ生皮のサンダルをはくのである。かぶりものは、毛《ウール》でできた山の低い、縁の広い丸帽を、染色した駝鳥の羽毛をまるめた小円で飾ったものである。このように仮装した一行は、街路を行進し、粗野な濁った太鼓の伴奏をともなった蘆笛《ろてき》の憂鬱で単調な音楽――両方とも同一人が演奏する――につれて、ときどき停っては一種の踊りをおどる。各人は、一本の硬い木の棒または棍棒と、一個のきわめて小さい毛または皮の盾をもち、これを彼は踊りの特定の時に棍棒でうって、音楽と調子を合わせて、低いカタカタという音を出す。彼らはまた、膝と脚に capcabeles と呼ばれる小さな鈴をつけているので、踊るといい音をたてる。踊り手、インディアン、メスティソ〔インディアンと白人の混血児〕等の一統は、近よると臭い。踊りがすすむにしたがって、乱暴と酔っぱらいがあちこちを横行する。私は、教会がこれほど人を堕落させる行列を保護し、奨励しているのに、いやな気がした。

六月一六日　われわれはタルマを去り、チャンチャマヨに向かった。

イフラは、とくにアイナス州における知事とその一派の圧迫と暴政の実例を物語った。ここでは物資の運搬は、インディアンの背で行なわれている。ある旅商が、知事のところに来て、「私はかくかくの荷をもっている。運搬のためにインディアンを、何人欲しい」というと、白人かメスティソの知事は、クラーカ（Curaca）（同県のインディアン部族の世襲統治者で、権威絶大、彼の助力なしには、白人は恐らく何事もなしえまい）に使者をやり、彼に旅行に必要な数のインディアンをととのえることを命令する。クラーカは、太鼓をたたいて部民を召集し、トウモロコシをあぶって、行程に必要な糧食《フィアンブル》を用意せよと指令する。そして彼らは、その生業から引きはなされて、おそらく何日も何日も、知事が指図する賃金で遠方に派遣されるのである。

もし人が家を一軒たて、または農場を一つ開くことを望むならば、彼は一カ月当り、シャツ一枚とズボン一枚分の綿布を支払えば、それで六カ月間労働者の供給をうけることができる。主人は彼らに食物をあたえる。しかし、ご想像通り、命をつなぐに足るもっとも粗悪でもっとも平凡な種類のものである。

このような絶対的奴隷制の組織下にあっては、人間は決して、良くならない。それでも彼らに自由をあたえることは、彼らを見捨てることであり、また彼らを野蛮状態に復帰させて、改善のあらゆる見込みをしめ出してしまうことなのである。そして唯一の希望は支配者たちの公正と節度にあるように見える。

道路が山腹に切り開かれ、旅人の片側は垂直の壁、他の側は何百フィートもの断崖絶壁という狭い上り路にそって、われわれは一列になって馬をすすめた。ギボンが先頭に乗っていた。彼が道路の鋭い曲り目をちょうどまがろうとしたとき、一頭の雄牛がくだってきて、頭をつき出した。雄牛はその全姿を現わしたとき、立どまった。そしてわれわれは、他の牛どもの頭が、雄牛の尻ごしに群がっているのを見、そしてはるか背後に牛追いが、群を追い進める叫び声をあげているのを聞くことができた。私は、たまたま山腹のかすかな自然の凹みにいたので、ラバから下りると、私の肩を私のラバの脇腹におしつけて、彼女をこの好都合な避難所の中におしこんだ。しかし、この凹みを通りすごしていたギボンには、いかなる逃げ道をも見出すことはできなかった。雄牛は頸すじを低くして、野蛮な無愛想な面をしてゆっくりと進み、そして実際にその頭を垂直の岩とギボンのラバの頸との間に入れたのだ。私は苦悩のスリルを感じた。何故ならば、私の友の運命がきわまったと思われたからだが、彼が乗っていた利口な動物は、彼女の腰を壁にグイと押しつけ、彼女の脚を彼女の下にキッチリ集めて、軸の上にでもあるかのように回転したのである。こうして、雄牛を外側においた（私には信じられなかったが、そこには通り抜ける余地があったのだ）。そうして雄牛がギャロップで駆けぬけ、群の他のものが一列になって、これにつづいた。私は、私が体験した安堵の感をあらわすことはできない。この上なく勇敢で、恐れを知らない男であるギボンは言った。

「事実をごまかす必要はないさ。――僕はとってもこわかったんだ」

マチチャクラでは、山々はいかにも鉱脈に富んでいるような様子で、今なお近所にスペイン人の採鉱作業のあとがあると、土地の女の人がいっていた。

われわれの旅行したルートには、旅行者に関する限り、アンデス山脈に二つの頂点はない。——つまり、旅行者は、一つの山脈を登り下りして、それからもう一つの山脈を登り下りする必要はないのだ。アンタラングラで、コルディエラ山脈を横断した時から、彼の行路は、平野に到着するまで下り道である。しかし実は二つの高い所があるのだ。第一の山脈または西の山脈から流れる河川は、深い山峡をなしていて、その底には一般の道路が走っている。そして旅人の頭上には、第二の山脈の嶺が何十フィートもの高さでつづいているのである。

六月一九日　サン・ラモンの砦は、一八四七年に、カスティヤ大統領の指令のもとに、その背後の農場を耕作する人たちを保護するために建設された。疑いもなく、それは好戦的でないインディアンに対するものだった。しかし、私が想像するに、北米インディアンなら、不断に示している敵対感情にかられたならば、砦の上の河川をわたって、農場を、兵隊がやってくる前に一掃してしまうだろう。ここのインディアン達は、彼らが失った地域をとりかえすということは全く断念するが、河を渡っておしよせて来るこれ以上の侵略には抗争する決意をかためたもののようである。彼らはなかなか自らの姿を現わさないで、山腹の木や草に時々火を放ったり、また河岸近くにさまよう不注意な男に矢を放って彼らの存在を知らせるのである。

ラモン城砦の隊長ノエルは、彼らと友好関係を樹立するために、多くの試みがなされたとわれわれに談《かた》った。以前はインディアンは森から、河の対岸に出てきて、営地の士官たちと会話し、贈物を交換するのを常とした。彼らは弓矢や珍しい鳥や獣を持ってきて、代わりにナイフや玉と鏡をもらった。しかし、こういった会談は、常にインディアン側の、白人に対する挑戦と無礼の言辞でけりがつき、しばしば矢が飛ぶような始末になったのである。

ギボンの一行と別れる

ギボンと私とは、長いこと熱心に一行を分けることの適否を相談した。そして私は、今や彼にボリビア側の支流を探検する任務を授け、他方、私はアマゾン河の源と主流を行くことに決心した。それは大胆な、ほとんど無鉄砲な決心であった。というのは、一行が、あまりにも小さく見えたからである。私はすくなからぬ心配事をもっていた。で、ギボンは最初、私が「真夏の狂気」にあてられているのだといっていた。しかし、このような広大な領域を通過し、未知の地方や河川の記述を行なうことができるという期待と、私が以前に渇望の眼をもって眺めてきた諸ルートの踏査を放棄する必要がないという観念は、何物をも乗り越えるほど強い誘惑だった。そしてわれわれは分離の準備を始めた。

われわれは必要品一式、tocuyo すなわち「綿布」（これにはわれわれはまだ触れたことがなかった）、斧、ナイフ、数珠玉、鏡、武器と火薬を分けた。私はギボンに一万五〇〇〇ドルの資金を与えた。私はすでに六分儀とクロノメーターが通ったことのあるルートを行くのだ。ギボンはそんなものの通ったことのないところを行くので、若干の寒暖計と沸騰点計測装置を除いて、あらゆる器具をあたえた。私は、彼にタルマで案内者をやとうように指令し、そして当時病気だったリチャーズが旅行できるようになり次第クスコへ出発し、マドレ・デ・ディオス河の源を探るよう指令した。

七月一日　私は正午にイフラとマウリシオとともに出発した。ノエルと別れを告げた後、ギボンと私とは、一行より遅れてゆっくりあるいた。そして私がとるべき経路たるアコバムバ河の渓谷の入口で、われわれは握手して別れた。私は長い間心を悩まして、この分離の適否を考えた。私は、私がまさに彼を未知の危険に曝そうとしているのだと感じた。そして私は、愉快な友人であり有能な助力者でもあるものを私自身から失いつつあるのを感じた。私の士気は、このような陰鬱な感情の影響でかなり減退した。そして私は、勇敢で寛大な海軍の同僚たちとの別れを忍ばなければならないときごとに体験したあの hysterico passio「胸が一杯になり、目がしらが熱くなる気持」を感じたのである。

七月四日　道路には宿屋《タムボ》があるが、住民二、三〇〇のニナッカカの村は道路から右側へ約半マイル離れたところにある。私は、その村に行ったかもしれないところだったが、苦情たらたらの他の旅行者の話をためすために、宿屋に泊ることにした。幸いにも、宿屋にはわれわれが泊っただけで、ほかに旅人はなかったのである。私はパルカマーヨの町長の家かまたはフニンの知事の家にでもいるかのようにまったく快適な時を過した。私の寝床は、床の真中に手荷物を置いてその上にしつらえた。だが、イフラは、どこの家庭にもみられる泥を盛上げた寝場所を好む。昨晩私が起きた時、彼が非常に落ちつきがないので、蚤にとりつかれたかと聞いた。彼は、全く冷淡に、まるで彼が全く個人的には縁もゆかりもない抽象的な哲学的問題を論じているように、この地方は蚤には寒すぎるが、この寝床は、虱で一杯だと答えた。それは私の血を寒からしめた。しかし、私がアマゾン河口から抜け出るずっと以前に、私は事実上虱に対する潔癖を治さざるをえなくなっていた。

われわれはよっぱらっているこの家の主人の心尽しにはすくなからず悩まされた。彼はまさに妻君をナイフで殺そうとし、また彼女はあやうく、ぶんなぐられそうになったりしたが、彼女は彼に、「この人達は兵隊さんだから、もしそんなことでもしたら鉄砲でうつよ」と言ってやったと翌朝われわれに語った。彼女の、いかに彼を御し、ぶんなぐられるのを免れたかを語る素朴な様子は実に面白かった。これらの人びとのアクセントは、あらゆる音を同じくする、あの滑るようなものうげな話し振りなのである。彼らはクスコ付近で完全に話されているだけの、キチュア語（Quichua）またはインカ語（Inca）を不完全に用いている。

われわれのルートは、今やほとんど西コルディエラ山脈に近づいた。宿屋から約三マイルで平原はなだらかに起伏した山脈に変わり始めた。道路の方角は西北西だったのが、北北西に変わり、そして山脈を横断した。一つの山脈をこえて、われわれは二、三軒小屋のあつまったところで、朝食をとるためにとまったが、そこでわれわれは住民の無感動なのを面白く思った。旅行者の、これこれのものを手に入れることができるかという質問に対してのもっとも普通の答は、manam cancha「ないよ」である。

われわれは一軒の小屋の戸口に、馬をのりつけたが、そこのおかみさんは、小屋の裏で日なたぼっこをしながら編みものをしてたち上ろうとしなかった。彼女はわれわれの馬の足音を聞いたのだが、彼女の位置を変えるのには、あまりに物臭《ものぐさ》だったので、われわれを見ることもせず、われわれが何を欲しがっているのかを確かめることもせず金切声を張り上げた。「ないよ《マナムカンチャ》」

パスコの古い村を通りすぎた。ここはかつては大鉱業地だったが、セロの鉱山が発見されて以来、衰微した。村から三マイルで、地方はパンパ〔草原〕の性格を失って、一層山がちで岩が多くなる。低いが急な一連の丘陵をこえれば、セロ・パスコが見えるようになる。この地点からの眺めは、もっとも異常なものである。それはちょうど火山の峨々たる火口壁に立って足下の噴火口を見下した時の光景そのままである。旅人は、小さな丘の上に、不規則にたてられた小さな家々をみる。丘の真中に、土の築山と深い洞窟がある。そして、現代的な蒸気機関の優雅な煙突とは、対照的な古い炉の泥製の煙突がある。町の真中近くのサンタ・カタリナの丘の上には、巨大な十字架が立っている。旅人はこの聖十字架が無限の地下の財宝を守るためにたてられたものと空想する。また噴火口様の南端に広い土手道で分かたれているだけの二つの美しい湖が眺められる。一つの湖は西の丘陵の間に埋もれている。まわりをとりまく白くけわしい岩頭をもつ高さ五〇〇フィートの丘や、壮大なコルディエラ山脈の全貌を見わたすことができる。

七月八日　鉱山を訪れた。われわれは普通の井戸の口よりちょっと大きいように見える入口から入った。一行の各人には、それぞれ、鉄製の棒の端に仕かけられた獣脂ロウソクが渡された。降下は不快だった。そして新参者には危険であった。坑道はすくなくとも七五度の傾斜をもっていた。土は湿っぽく、階段は不規則な間隔に掘られた、踵のための孔にしかすぎなかった。私は、何時も長靴の踵がすべりゃしないか、そしてすぐ前の男になだれかかって、彼と私とともどもに深淵の中に墜落しはしないかと心配した。広い地下道の平坦で幅広い勾配に達したとき、私は心から嬉しかった。そしてこれ以上、神の摂理をためすまいと決心した。しかし、私は多分二度とセロ・パスコの鉱山を訪れることはないだろうと反省してみると、勇気を出して、前よりももっと悪い条件の下り道を、さらにポンプ坑の底まで一一〇フィートも降りて行ったのであった。最初からヤンキーだと思っていた、帽了の正面の泥のかたまりの中に一片のロウソクをつきさしている無骨で筋骨たくましいコーンウォール人はここの監督で、彼の部下のインディアンの怠惰と能率の悪いことをこぼしていた。どうも親方の目からみると、ポンプにあまり手入が行きとどいていないらしい。ポンプは鎖と、長い銅の竿で動かされている。ポンプのあらゆる金具は銅である。鉱山の水の中にとけている硫酸と硫酸塩のために鉄はきわめてすみやかに腐蝕する。だから鉱水の注ぐキウラコチャ湖には魚が住んでいない。山の側面の多くの場所は鉄と銅の美しい硫酸塩でおおわれている。

荘園《アシエンダ》の殿様

七月一五日　われわれは死んだ一頭のラバの上を飛び廻っているコンドルを射った。また以前オロヤ付近で発見したのと同じ種類の、色とりどりの美しい羽毛の小鷹を見た。サン・ラファエルから約一〇マイルして、われわれは連山の一番高い部分を越えた。右手の山脈の切目から、すばらしく雪でおおわれた峰々が眺められた。急な凸凹の道を一時間ほど馬で進むと、あちこちに地すべりのあとが認められ、もろい岩が道に落ちてきて危険を感じたので、われわれはとても急な斜面をまっすぐに下降し、一五分間で果樹とサトウキビのはえている河の岸辺に到達した。全然耕作されてない峨々たる山峰から、熱帯植物の繁茂する土地に突然転移したことは驚くべき体験であった。二、三マイルさらに進んでわれわれはパスコとウアヌコ両州の境界線を横切った。転移は快適であり、私は鉱山地帯が農耕地帯に変わったのでうれしかった。四時半に、われわれは人口一〇〇〇人で、ウアカール河とウアヤガ河の合流点に位するアムボの町に着いた。

疲れた馬に乗るほど疲れることはない。私が、五時にキカカン荘園《アシエンダ》の門に辿りついて、やっとのことで鞍から下りたときには、苦しみから解放されたときにはつきものの、あの深いため息がでたのであった。

セロ・パスコから手紙をあずかってきた荘園の主人——ダイヤーと呼ばれるイギリス紳士は、私の大部隊をまるで当然のことでもあるかのように、彼の家にこころよく迎え入れてくれた。内庭《パテイオ》は、ウアヌコからリマ行きの大勢の一行の馬で一杯だった。そして広い柱廊玄関のどの席も一杯らしかった。私は設備の大きさと、造作に幾分おどろいた。ここは、それ自体、事務所と仕事場とをもった小さな村のように見えた。低い建物ではあるが、前面にはどっしりしたアーチに支えられた廻廊をもち、庭の片隅には鉄線でかこんで、そのなかに多くの珍しい鳥を飼っている建物があり、納屋が他の一隅を占め、砂糖小屋がまた他の隅を、そして礼拝堂が第四の隅を占めていた。豊かに水をたたえた池には青銅の湧泉がその中心を飾っていた。私はヴァージニアのある地方の大きな農家を強く思い出した。ヴァージニアのように大勢の召使が、てんでにかけずり廻っていた。主人と召使の子供達が、一緒に混ってさわいでいた。あらゆる来客を親切に歓迎することもヴァージニア地方の農家と同様であった。すなわち同じ種類の無頓着な大ざっぱさがあった。召使たちがある薄暗い部屋から敷布団と夜具をひきずり出し、家のあちこちに夜を過すつもりのお客さんに藁布団をしつらえている様を見たとき、私は少年時代にひきもどされ、ほとんどヴァージニアの田舎の結婚式に来ているかのような錯覚を感じたのである。われわれは六時にもう一つの広大な廻廊で晩餐をしたためた。そこはガラスで囲まれ、葡萄の蔓と花々が沢山ある庭園が外に見えた。夕食後、一行は、幾組かに分かれてトランプやお喋りに耽った。それは一〇時までつづいて、お茶と就寝の時間になった。

私は、キトーからパスターサ河、マラニョン河及びウアヤガ河をとおってやってきた非常に美しい若い婦人と話を交えた。彼女の言によれば、彼女は"malos pasos"すなわち「河の瀬」にこわい思いをし、また猿のスープには音《ね》を上げてしまった。しかし、それ以上に彼女に不安を与えたのは、ウアムビサス・インディアン（Huambisas Indians）の馬鹿慇懃な配慮だった。彼女は、「これはこわかったのよ」と言明し、容赦のない（淑女の短気さを満足させるような）毒づきかたをした。「まあ、失礼しちゃうわ、インディアンのくせに白人女に首ったけになるなんて！」この地での報告では、彼女はインディアンよりもヤンキーを好み、われわれの同郷人の一人、鍛冶屋の親方のブレークなる男にいまにも婚約許可を与えんとしているそうだ。

七月一七日　ウアナコは、ペルーのもっとも古い町の一つである。それはウアナコ、またはウアヤガ河の畔に上品に位置している。同河は、ここでは幅約四〇ヤードで、只今（乾期）では、水路の深さは約二フィートである。しかしながら、それは、二〇〇ヤードか三〇〇ヤード毎に、岩や砂利の床をこえて流れているので、この河はたとえ増水期でも、カヌーででも航行することはできない。私の荷物は、荘園から荘園へと大型平底船で同河を安全に運搬されうるものと信じている。イグエロスとよばれる小さな流れが、ちょうど町の上手でこの河に注ぎこんでいる。

野菜と果実はここでは豊富で安い。とくに、有名なチリモヤ（chirimoya）の国なのだ。私はこの果実がウアナコではリマのそれより二倍もあるのを見た。しかも非常に美味である。ここでは、一番立派なチリモヤを金箔でおおって、ある保護聖人のお祭りの時、祭壇にかざり、供物にする習慣がある。教会は祭りの後これらを売り払う。私はルカール大佐の食卓に供物の果実をみた。

この紳士はウアナコでは一番金持の勢威並ぶものなき男である。彼はこの地方の農業の父であるらしく、いつも彼の屋敷に住み、親しくその耕作の世話をするヴァージニアの古い土地所有者そのままの型の男である。彼は食卓の上座につき、彼の頭に風が当らないように帽子をかぶって、椅子の周りに二、三人の小さなネグロの子供をおいて、彼は彼の皿から少しずつその子供らに食物をやる。そして、すばらしい孔雀の夫妻と、燦爛《さんらん》たる色とりどりの羽毛をした小さなオウムの夫婦と、美しく品よい一匹の猿のやかましい要求に、辛抱づよく親切に応ずるのである。私はこれ以上完全な家父長の典型を見たことがなかったように思う。彼の奉公人（全部奴隷）、彼の小さな孫たち（夕方学校から帰ってくる二人の元気な少年）に対する親切で情の深い彼の様子はきわめて心持よかった。この家には大小三〇人の召使が付属している。そして家族は大佐と夫人（現在不在）と少年達である。

ウアナコの気候はすこしもむらがなく、そしてきわめて健康によい。ここでは胸の病におかされたという例を聞かない。反対にセロ・パスコ付近の険悪な天候によって発病した人びとはウアナコに治療に来る。赤痢と日射病はもっとも普通の病気である。そして私は多くの人びと（とくに女）が甲状腺腫をもっているのをみた。私は両耳の下にできる、ふくらんだ浮き袋が咽喉をかこんでいるように見える甲状腺腫にかかった女を見た。この病気は、水の不純が原因だといわれ、水は、濾《こ》さなければ飲めない。下層階級の人たちは、水に注意を払わないので、上層階級の人よりも甲状腺腫にかかりやすいのである。

七月二二日　本当に困ったことには、今朝、われわれの召使マウリシオが脱走した。イフラは私が彼を甘やかして我儘をゆるしたからだと文句をいった。他方私は、イフラの圧制のために彼が厭がったものだと考えた。

ウアナコから六マイルでわれわれは人口三〇〇人のサンタ・マリア・デル・バエの村を通りすぎた。われわれは留って、司祭と一緒にいくらかの果物をたべ pisco 酒〔上等の火酒〕を飲んだ。この司祭にも私はリマから紹介状をもってきたのであった。

この国の旅行者は皆、紹介状をもって行くべきである。紹介状がなくても人びとがうけ入れてくれることは事実だが、あれほど気持よい歓待はしてくれない。

七月二三日　ウアヤガ河の岸づたいに北東の途をつづけてとる。アコマヨはきわめて心地よいたたずまいの人口約三〇〇人の村である。ここの水はきわめて良く、ウアナコの水とは格段のちがいであった。そして、オレンジ、いちじく、バンジロウ、チリモヤの果実は上質であった。私はまた大きな、鐘形の花をつけた floripondio とよばれる樹をみとめた。私には古い顔馴染である。それは夜には甘美な芳香を放つ。やわらかな空気と、豊かな月の光と、品のよい友人とがこれと一緒になれば、生活を幸福にするものであることを私は知っていた。

七月二四日　われわれはまたしても退屈な旅をつづけた。そしてわれわれが、今まで見たなかで一番よい家で、実は、幾分ガミガミ女のような顔をした（それでも何処に行っても親切の同意語である「女」であるが）一人の白人の女に出あった。イフラは丁寧に卵を二、三手に入れることができるかどうかきいた。思うにわれわれの恰好、ことに鞍の背後にぶらさがっていた鉄砲が不信の念を起こさせたらしく、われわれはお決りの返事「ないよ《ノ・アイ》」に出会ったのであった。私はこんな風にして裏をかかれはしなかった。帽子をとって、最敬礼をして、私のもっとも阿諛的《あゆてき》な調子で、「私どもは鞍の袋の中に食べものをもっております。それでももし奥様が私どもが下馬してそこで朝食をとるのをお許し下さると、まことに有難いのですが」といった。彼女は、直ちに軟化して、もしお茶でももっているようなら、それに混ぜる新鮮なよいミルクをあげることができるといった。われわれはお茶はもたなかった。しかし、お礼を散々いって、ミルクは大変結構ですと言明した。直ちにミルクが沸かされ、おまけにすっかりゆだった一ダースの卵をもってきてくれた。私は朝食を大いにたのしんだ。そして、自分のお上手な口上のききめを鼻にかけていると、その時、（私の虚栄心には悲しいかな！）かの御婦人は私の友をしばらくみつめて、「貴方はイフラという人じゃありませんか？」といった。彼はそうだと答えた。「それじゃやっぱり私達は昔の遊び友達だったわ」と彼女はいった。「貴方は私たちの遊び場、ウアナコの貴方の年とった伯父さんの庭と、いつもそこから貴方がくすねてきて私にくれた林檎のことを思い出しませんこと？　私はメルセデス・プラードよ」ここでわれわれの待遇の謎はとけた。奇妙なことだが、その名前は私にもまた愉快な記憶をよびおこし、あの朗らかな美しい若い娘の容貌を私の目の前に思い浮べさせたが、彼女はかつて私がバルパライソにいた当時、その当意即妙の返答と、愉快な笑い声とによって同地の社交界の魅力を大いに増していたものであった。

七月二八日　私はイフラと一緒に、コチェロスのセニョール・マルチンスなる人を訪れた。コチェロスからの帰りに、われわれは、前日に鳥を一羽売ると約束した男の家にたちよった。こういう人たちは例のとおり誠意がなく、彼も平気で断った。イフラは鉄砲を私の手からとって、彼が何をしようとする気か気づく前に七面鳥を一羽射った。その男と女房はガミガミいって、狂暴な身ぶりと脅かすような言葉をつかって、この出来事を彼の主人に知らせようと走りだした。ちょうどそのとき、二、三のやさしい言葉と、前に彼がおこってはね返した一ドル半の提供とが、彼の気分を変えた。彼はにこにこして、できたことは仕方がないと満足の意を表した。何か食べ物を手に入れるためには、こういうことが必要だとしばしば旅人たちから聞いていたが、いつも私はこのような不正と圧迫に反対だと心にきめていた。その後私の考えをイフラに告げて、二度とこんなことをしてくれるなといった。チファンガラの高度は海抜三四二一フィートである。

七月三〇日　われわれは、インディアンがなかなかやってこないので、いらいらし始めた。イフラが一人で、彼らをつれてくるためにティンゴ・マリアに出かけようとしたとき、彼らは大声を出しながら、一三人で出作りの畑《チャクラ》に入ってきた。彼らは若く、やせてはいるが、筋肉質で全身これ彼らの生命とエネルギーの塊りといったような人間たちだった。トランクを背負い、直ちに出発しようと申し出た。しかしながら、われわれは彼らに若干の charqui〔干し肉〕を与え、朝食をとらせ、正午に出発した。そして北北東の方角にチンチャ渓谷を下って行った。道は急で藪が邪魔だった。

チファンガラから約六マイルで、チャンチャオ河とウアヤガ河の合流点に到達する。その上手で傭人夫がウアヤガ河を渡渉して、二、三〇〇ヤード下手の反対側のチンチャイビトックの大農場から一艘のカヌーをもってきた。われわれは、インディアンがきわめて巧みに操るカヌーに乗って河を渡った。退屈な徒歩行軍の後、流れを滑るようにして下るボートの自由で迅速な運動は心愉しいものである。速度は一時間五ないし六マイルらしかった。しかし、カヌーを岸の近くで操ることによって、インディアンは軽いカヌーを二人で流れにさからっても充分によく漕ぐことができた。

われわれはチンチャイビトックで、トカチェとサポソア（ともにウアヤガ河の町）からウアナコに煙草を運んでいるインディアンたちに出会った。企業的な人びとはしきりにこの河沿いに商業を確立しようと試みてきた。

綿製品、ナイフ、斧、数珠玉等をもって下り、帰りの荷として煙草、米、麦藁帽子、珍しい鳥と動物を手に入れるのである。二年半ばかり前、旅商《ビセンテ》セバヨスが大きな冒険をやった。彼は三五の商品のトランクや包みを下流に運んだ。そして河の人びとは今だに彼の贅沢品のことを語っている。しかし難所《マル・パソ》の一つをこすときに、彼のボートはひっくりかえり、彼はすべてのものを失ってしまった。
ここのインディアンは青い石灰石を探してきて、コカに混ぜるために燃やしていた。

七月三一日　この丘の下りはのぼりとほとんど同様に退屈だが、われわれはパルマの難所《マル・パソ》の対岸に到着した。これが、私の見た最初の早瀬であって、なかなかおそろしいものであった。河はその急な水路にさまたげられて、分流して波立ち、雷火のような猛烈さをもって岩々に向かって突進し、目もくらむ奔流となって岩の間を驀進する。荷物はいつもこの場所で陸揚げし、廻り道をしなければならない。軽くなったカヌーは巧みな、実際的な操縦によって、早瀬を走ることができる。しかし、こんなことをしないでもよい場所では、このような真似をしてはならない。慎重さによってのみマロス・パソス（旅人の恐怖）と危険をとり除くことができる。しかし、時にインディアンは酔っぱらって、危険な試みを主張する。そしてこの場所は多くの人の墓場となってきたのだ。私が帰国してから、ウアナコで会った青年カスティヨから一通の手紙をもらったが、リマから、タラポタの彼の住所気付けで転送されたほうの手紙が同封されてあった。彼はこれらの手紙を私が遅れて受けとるにいたった経過を述べていた。手紙は転送中に舟が難破してしまったのである。「三人の人は」と彼はいった。「溺れたが、手紙は幸運にも難をのがれた」

森の木は大きく、かなりの高さまで枝がない。イフラは、地面の付近で直径約四フィートで、高さ六〇ないし七〇フィートも枝のない、なめらかな皮の木を私に指さした。彼がいうには、あまり硬くて、てんで斧をうけつけないとのことである。木を切り倒すのには、土を掘って、根に火をつけることが必要である。またこの木は、永い間、水の中に漬っていると、非常に硬い石に変化して、燧石《ひうちいし》のように鋼に打ちつけると火を発するということである。しかし残念なことには翌日この種の巨木が斧で切り倒されたのを見た。ともかく木はきわめて硬くて重く実用に供しえない。その名はCapirona とよばれ、滑らかな樹皮をもち、頻繁に更新している。古い樹皮はきわめて美しい淡赤色である。新しいのは豌豆《えんどう》色の緑である。

午後四時半、われわれは「洞窟」についた。そこは山腹からつき出た巨大な岩が約一ダースの人びとを雨露から保護する蔽いとなっている場所である。

私はここで初めてこの地方の蛍（Luciernago）をみた。それはわれわれの蛍と異なって、一種の甲虫で、その目玉に（否、むしろ、一般に昆虫が目玉をもっている場所に）二つの白い灯があって、さらに腹の鱗の間にも一つの赤い灯をもち――その結果何か大洋航路の汽船を想起させる。きわめて微光になるまで、眼の灯を和らげる作用をもっている。しかし、指をその眼の前に横ぎらせて、怒らせると、灯はきわめて明るくなって閃光を発する。この蛍は時々サトウキビのカラに封じこんでリマに運ばれ、淑女の舞踊会やお芝居における髪飾りとなる。

八月一日　インディアンは、時間と距離を考えない。彼らはくたびれると立止り、神様のお気に召す時に到着する。彼らはプランティン〔plantain ＝バナナの一種〕を食って生きている――炙《あぶ》り、ゆで、揚げて。そして食物としてはユカ芋（yucca）が最上のものである。軽い荷をもち、私に後れをとらぬ一人の若いインディアンと話をして、私は物事の価値が比較的なものであることに心うたれたものである。しばらくの間ロンドンを離れて、何か不満を感じているロンドン子が、ロンドンの優雅と快適を想起する以上に、われわれのインディアンは彼らの「懐かしい村」――プエブロ・ビエホの愉しさを夢中になって語るのである。彼はいう、「プランティンがあります、ユカ芋があります、何でもあります」――Hay platanos, hay yuccas, hay todo.――そして私は実は、彼らのプエブロ・ビエホに着いたとき、驚嘆し愉快になるものと期待していた。その町は、実は、プランティンの繁みとユカ芋の小さな耕地と、もう一つのサトウキビ耕地を伴ったただ一軒の小屋からなっていた。

失《エル・アルマ・ペルディア》われた魂

リマからウアヤガ河のカヌー航行起点に至るまでの三三五マイルは、リマからセロ・パスコに直接行くことによって二八マイル短縮できる。われわれはタルマ経由で廻り道したのである。旅人はラバに荷をつけて、ウアヤガ河のカヌー航行の起点までタルマ経由の道で二一日、もう一つの道で一九日を要するであろう。チファンガラとティンゴ・マリア間の最後の三〇マイルは、ラバ道を切り開くのに何の困難もないであろうが旅行は徒歩によっている。

八月二日　ティンゴ・マリアは四八人の体格のよい男たちと、一八八人の全人口をもった、きれいな村である。村人にはファナ・デル・リオに定住しているものと、町から一二マイル以内の家々を含んでいる。

村《プエブロ》は、河の左岸、長さ約六マイル、幅のもっとも広いところで三マイルの平野にあり、その背後の山々は、河から半円形をなして遠ざかっている。海抜二二六〇フィートである。

森は深くて、藪が入りまじり、インディアンでなければそのなかには入れないし、またインディアンの眼でなければ獲物を見ることもできない。インディアンでさえ、虎や毒蛇を恐れて、必要に迫られたときだけ狩猟し、しかも、ひとりで密林にあえて入って行こうとするものはまれである。河にはまた良質のおいしい魚が棲息しているが、沢山ではない。

住民は、かつては強大であったチョロネ族（Cholones）とよばれる部族に属する。私は、これより後に出会ったどのインディアンの性格よりも、彼らの性格が好きだ。彼らは気立てがよく、陽気で真面目で、また私が会ったことのある土人の中でぬきんでて大きく、立派な顔をしている。彼らは教会に従順でその儀式に参列する。そして文明という点に関しては、普通のインディアンよりも進んでおり、ただ彼らの手足を黒青い染料となる huitoc とよばれる果物の液汁で塗って、多くて邪魔なブヨに対する保護策とする以外は、装飾には塗料を用いない。この地は一般にきわめて健康的である。普通の病気は、夜釣をするとき、大気のひどい湿気に身をさらすことによって発病すると想像される身体や手足のリンパ腺の膨脹と、sarna という身体を腫物だらけにして、患者を恐ろしい恰好にする皮膚病である。これらのおできは乾いてかさぶたになって脱落し、その痕がしみになるので、まるでまだらのようなインディアンがしばしば見受けられる。私は、これは清潔さの欠けていることと、ブヨにさされるからだと信じている。彼らは薬に sarnango という小さな木の乾した根をおろして水で薄めて使用する。それは強力な中毒麻酔作用があって、皮膚をむきとってしまうといわれている。

イフラは、翼を拡げると二フィートもある吸血種の大蝙蝠を射った。その毛皮はきわめて微妙で、つやつやした豊かな栗色をしているけれども、全く見るのもいやな動物である。その口にはいっぱい歯が生えており虎を小さくしたような歯である。下顎の前部に二本の長くて鋭い牙をもっており、上顎の牙の間に兎や羊の歯に似た二本のより小さい歯がひそんでいる。下顎の牙の間には小さな四本の歯が生えていて、牙の背後にも、はるかに口の内まで伸びている歯がある。鼻孔は吸入装置として設備されているように思われる。その上に三角の軟骨の鼻があり、その長さは約半インチ、幅は底部で四分の一インチの広さであり、鼻孔の下に鼻と同じ幅だが長さは鼻ほどではない半円形の垂れ下った肉塊がある。私は、この肉塊が歯でつけられた刺傷の上におかれて、その下の空気を鼻孔ですっかり吸い去って、こうしてそれらを全く完全な吸いふくべにするのかもしれないと想像している。私は帰国するまで蝙蝠が吸血動物だということを信じ切っていた。しかし、秀れた博物学者T・R・ピールは、まだ誰もそれが実際に吸血しているのを見たことがないし、彼はその目的のために繰返して実験を試みたけれども成功しなかったと私に語った。一人の友が多量の血を失った時、一行の横たわっている家の窓は閉められ、天井にすがりついている多くの蝙蝠が殺された。しかし、そのうちのどれもが満腹してなかったし、あるいは吸血していたかはしるよしもなかった。私はまた、微妙な刺傷をつけるための道具らしいものを何ももっていないことを観察した。牙は、鼠の歯と同様の大きさで、普通の仕方で使えば、一度に四つの傷をつけ、どんなにぐっすり眠っている人でも目をさまさせるに充分な痛みを起こさせる。このような疑問を少しも抱いていなかったので、インディアンに蝙蝠が血を吸うところを見たことがあるかと聞くことや、血を出している馬の傷を調べることとは、私には思い浮かばなかった。あるとき、私は毛布に血が点々とついているのを見出し、外部の馬で満腹した蝙蝠が家の中に飛び込んできて頭上の草屋根にすがりついて、私の蔽いの上に血を吐き出して、飛び去ったものと想像した。血の量は大したものでなく、大きな水滴状のものが五、六滴毛布の上に汚点となっていただけであった。同様に、血滴が不規則に小さな表面の上に散らばっている事実から、蝙蝠は足で草屋根にぶら下って、ぶらぶら揺れたのだと想像した。血滴の発見は、深い不快の感を起こさせた。これらの地方を旅する人は、誰でも、インディアンがやるように身体も頭も一枚の毛布にくるまって眠ることを学ばねばならない。

私はここではじめて、インディアンの吹矢をみた。それは、スペイン人によってはcerbatanaとよばれ、同河のポルトガル人によってgravrtanaとよばれている。思うに、後者は前者のくずれた形であって、私はこんなポルトガル語はまったく知らない。インディアン自身はpucunaとよんでいる。それは長く真直な何かの木片で作られ一般にchotaとよばれる一種の棕櫚《しゅろ》である。この木は重い弾力性のある木で、弓、棍棒、槍もまたそれでつくられる。竿は長さ約八フィートで吹口の付近で直径二インチあるが、他の一端はだんだん細くなって半インチである。それは縦に二分されている。二分された内側の中心にそれぞれ一本の溝がえぐられ、そのなかを細い砂や木ですべすべに磨いてある。二つの部分は一緒に溝を中心にぴったりと合わせ、撚糸《ねんし》で巻いて、森のある種の樹脂と蠟《ろう》とを混ぜたもので全体を塗りかためて補強してある。一対の野豚の歯を吹口の両側にとりつけ、栗鼠と兎の合の子のような小さな動物の曲った前歯の一つが、てっぺんに照尺《しょうしゃく》としてつけられている。矢は、長さ約一フィートで普通は野生の籐か、黄燐マッチの太さの一種の棕櫚の葉の中の繊維か、何か軽い木でできていて、吹口に接して装填される。矢の端は、この部分はhuimbaという大きな木に莢《さや》になって実る軽くて微妙な野生の綿でつつまれる。そして他の端は、きわめて鋭くとがらせて、bejuco de ambihuascaとよばれる蔓草の汁を、ajiつまり強い赤胡椒やバルバスコ(barbasco)

やサルナンゴ（sarnango）やインディアンが毒になると信じているものすべてを混ぜて作った植物性の毒の中に浸される。プクナを用いるとき、射手は左手を管の胴体にそって前に伸ばさないで、吹口のすぐそばを両手でにぎる。一見はなはだ不安定で、相当の腕力が要るように思われる。慣れた射手は、三〇ないし四〇歩離れて、小鳥を殺すことができる。私の見た実験では、インディアンはプクナを水平にして吹くと矢は三八歩のところの地面にささった。普通インディアンは自分の吹矢に愛着を感じており多くの迷信的な考えをもっている。一羽のきわめて美しい黒と黄の鳥を私のために射ってもらいたいと思ったが、それが屍肉鳥だというので、どうしても彼らは承知しなかった。インディアンはそんなことをしたら、瓢箪の中にある全部の毒が腐り、使えなくなってしまうと信じている。またプクナを蛇に向かって発射しない、蛇のように吹矢が曲るのを恐れて……。彼らは鰐に発射された猟銃やライフル銃を全く無駄な品物だと考えている。彼らにとってhuimba用の穴が一つあいている丸い瓢箪と、箙《えびら》用の一節のカナ・ブラバがあれば狩猟具は完璧である。

八月三日　夜に知事の家で舞踏会があった。好漢の町長がヴァイオリンを提供した。他の一人は粗末な一種のギター、又はバンジョーをもってきた。そして彼らの音楽と知事のアグアディエンテ酒の興奮のうちにわれわれは一一時まで踊った。ここの舞踊の習慣は、一人の紳士が一人の淑女を選び、彼女と一緒に床《ゆか》の中央で、彼女がやめるまで踊ることを要求する（周りの連中は音楽に合わせて手をたたき、とくに敏捷さやコツを見せるところで、万歳《ビバ》といって踊り手をはやしたてる）。彼はそれから相手に水で割ったラム酒の一杯を差し出し、彼女を席に導いてから、他の人をえらぶ。踊り手がくたびれると、皆でお酒を飲むのであるが、踊り手の選択権は淑女がもっている。隊長殿《セニョール・コマンダンテ》〔ハーンドン〕はなかなかもてた。他の誰とも踊ろうとしなかった、デブのお婆さんの淑女はほとんど私を殺すところだった。知事は、われわれの鉄砲を四、五回発射し、そしてわれわれがウアナコからもってきたのろしをいくつか揚げた。ティンゴ・マリアは前にこんなにぎやかなお祭りさわぎを見たことがあるかしら。

八月四日　舞踊のお蔭の脚の痛みと、頭痛をかかえて起き上ると、われわれの部下とカヌーは出発の準備を整えていた。

われわれは二隻のカヌーをもっていた。大きい方は、長さ約四〇フィート、幅二フィート半で、一本の丸太をえぐりぬいて作ったものである。それぞれ五人の男子と一人の少年が乗組む。先方の岩や沈木を見張るのが「船首の漕手《プンテロ》」、ボートの船尾の小さな台の上に立って船の運行を導く「舵手《ポペロ》」および、片足を舟の底におき、他の足をふなべりにかけて立って櫂《かい》をあやつる「漕手《ボガス》」たちによってカヌーは操られるのである。

五時半にわれわれは岸辺に野営した。カヌーが河岸に安全に到着したとき、漕手たちが第一にやることは、森に行って、旦那《パトロン》のための家を一軒つくるために棒や棕櫚の葉を切ってくることだった。砂に長い棒をつき立て、地上約五フィートのところで半分に折り曲げて上の部分を束ねれば、二、三分間で小さな小屋の骨組ができる。そして棕櫚の葉で厚く屋根を葺けば、露や普通の雨をしのぐに充分である。一部の人たちは、岸に横たわっている流木を集めて火をつくった。そして物を料理して食べる。寝具は小屋の床を蔽っている葉の上に敷かれた。蚊帳が拡げられ、コーヒー一杯と、グロッグ一杯（もし彼らがもっていたなら）、葉巻一服の後、みなは八時に就床した。インディアン達は小屋のまわりに月光の下で彼らの数だけの墓石のようにきらめく狭い蚊帳の下で眠った。

八月五日　八時に出発。

私は一日中河鳥——黒鴨、鵜、カワセミのごとき——を除いては、動物を一匹も見なかったことに驚いた。またさまざまの種類の輝かしい羽毛をもったオウムもいたが、いつも射程外だった。

八月六日　インディアンはきわめて鋭い感覚をもっていて、われわれには見えも聞えもしないものを見たり聞いたりする。われわれのカヌーの連中は今朝、大変な勢いで漕ぎ始めた。理由をきくと、行手に猿の声を聞いたという。私が、彼らのいう猿の声なるものを聞いたのは、それから一マイルも漕いでからだったと思う。問題の場所に着くと、河岸の高い木に大きな赤猿の一団が群れて、怒った豚が鼻を鳴らすような音をたてていた。この赤猿は大体テリヤ犬くらいの大きさで、長い、軟かい、栗色の毛をつけている。顎の下の大きな甲状腺腫（coto）が目につくので cotomonos とよばれている。のど仏に薄い骨の装置があって、これによって彼らは独特の唸音《うなりおと》をたてるのである。雄のことを curaca（これはまた、インディアン部族の酋長の呼名でもある）とよんで、長い赤い髭を生やしている。彼らはブラジルでは guariba とよばれ、赤いもの以外に黒いものも少なくないといわれている。これらは普通吼《ほ》え猿といわれる種に属すると私は信じている。

私が獲物をさげて川岸に着いたとき、インディアンたちは一足先に火をおこして彼らの獲物を炙っていた。インディアンは皮や臓物を気にとめず、火にかざしてよく焦げたときにとり出して、ナイフでおいしそうな部分を切りとる。もしそれが充分に焼けていなければ、さらに火の上にしつらえた杭の上で炙る。私は彼らの食べているものをちょっと食べようとしたが、あまり硬くて、全然歯がたたなかった。私が射殺したのはみごもっていた。胎児は波止場の鼠の約倍の大きさだった。私はそれを保存したかったが、私のもっていたどの壜にも入らなかった。そこでインディアンは炙って遠慮なしに食べた。

八月七日　われわれについて行くインディアンの最後の駅亭であるトカチェに近づくと、彼らはほとんど私を聾にせんばかりに笛で騒音をたてた。彼らの笛は薄くくりぬいた木片を合わせて、撚糸でつつみ、蠟をかけたものである。それらはラッパ銃のような形をし、約四フィートの長さである。吹口は葦で、音色は深くて柔かい。インディアンはいつもどこかに着くときは、彼らが友達として到着することを知らせるために大きな騒音をたてる。そうでなければ、敵軍はいつも黙って動くので、彼らは攻撃されるかもしれないからである。

一時間一五分の急行軍によってわれわれはラマショに着いた。われわれはそれを四人の村《プエブロ》だと聞いていたが、一軒の家にプランティンの畑が付属しているのにすぎないことが判った。付近に他の家もあるらしかったが、視界のうちにはなかった。プエブロとは村を意味するという印象をうけていたのだが、今は、それは、たとえ家が何マイル離れていようとも、何者かが定住している地方を意味する言葉のように思われる。私はその家の人たちに口をすっぱくしてたのんで、ようやく一瓶のアグアディエンテ酒と一双の雛をわけてもらった。

距離はしばしば、一人の男がコカを一噛《か》みするのに要する時間で計算される。港とラマショとの間の距離から、コカの一噛みは、約四分の三リーグ、徒歩で三七分三〇秒の距離のように思われる。

われわれは月光をたよりに歩いて帰った。そして一羽の鶏をあらかじめ料理しておいてもらった。われわれは朝早くに猿のスープをとったきりだったので、キリスト教を信ずる人間というよりも、むしろ虎のようにそれを貪り食べた。港にはモヨバムバからも四、五名の旅商人がきていた。

旅人は乾季は河を遡り、雨季には陸を行く。帰りの一行は、ティンゴ・マリアでくみ立てたバルサ〔balsa =筏〕に乗って下る。バルサは、バルサ樹とよばれる軽い種類の材木を一フィート間隔で並べ、他の材木を横にしばりつけたものである。小さな材木の上に、台をしつらえ、舟の真中に荷をのせるように高くしておく。漕手は、低い方の材木の上に立って、四六時中足を水に浸している。河の早瀬《マル・パソ》を全部のがれて後は、もちろんそれらはどんな大きさに作ってもよいし、気持のよい家をその上に建てても構わない。私も他の河を遡ることを計画しなければアマゾン河をこんな風にして下航したかったのである。

ブヨは、今日はとてもうるさく、心地よく物を書いたり、飯を食ったりできない。この地方では誰の手もブヨにさされて真黒くなっている。このブヨがさすと、小さな丸い黒点がついて数週間は消えない。ひっかいたり、こすったりして局部を刺戟するよりも、かゆみを我慢する方がずっとましだ。

八月八日　私はイフラをトカチェに知事と連絡をとりにやった。午後私は、吹矢《プクナ》で鳥や動物を殺すのを見るために、インディアンと森の中に出かけて行った。彼が森の中を行動するとき、ひそかな物音さえ立てない方法に感心した。私が足を蔓草にひっかけ、藪の中で、一マイル四方のあらゆる獲物に警戒させるような物音をたてると、彼はなんてへマをするのだろうと叱責の一瞥を投げた。最後に彼は、スペイン人によって、predicador または「伝道者」といわれている一羽の巨嘴鳥《きよしちよう》が、吹矢のとどかない木の枝にとまっているのを私に指さした。私は発砲し、翼を傷つけて落とした。インディアンは藪の中にそれを求めてとび出したが、鳥がまだ走っているのを見て、私のところにおいてきた吹矢をとりに帰ってきた。二、三分して彼は、喉に矢がささった鳥をもってきた。その鳥は私が見ているうちに、二、三分たつと死んだ。インディアンは、彼の毒は良質であるが、巨嘴鳥の胸までたれさがった頸の大きな血袋に穴のあいたところを示して、血の流出で毒の幾分かが流れてしまったために死期がおくれたのだといった。私は彼の考えが正しいかどうか判断がつかない。

八月九日　この地方では誰でも紳士《ドン》である。われわれのインディアンのカヌー乗組員中少なくとも舵手《ポペロ》はドンである。そして彼らと交際するのには、儀式ばった礼儀が沢山必要である。私は県知事たちをあらゆる種類の儀式をもって遇せねばならなかった。彼はそれを要求し、もしそうしなければ機嫌が悪くなり、何一つの便宜も提供しなくなるであろう。また一方彼は、私と一緒にきた彼の交渉の相手をまるで私の召使みたいにあつかうであろう。

知事の自筆ではないが、署名のしてある手紙が到着した。その手紙には、私が何人の人夫を希望しているか知りたいし、また明日早く村でわれわれに会いたいといってきた。われわれは町に行くのをご免蒙《こうむ》って、連中を給料をとりに港までよこしてくれるようにたのんだ。彼はこういうことをする気がないので、少なくともラマショに行ったら支払ってやると主張した。われわれはいつも給料を前払いした。カヌーのインディアンはいつも勘定としてうけとる綿布をだいたい女房にあずけておく。彼らは給料の一部を現金で支払ってもらうことを希望するようになってきている。

八月一二日　昨夜知事の訪問をうける。彼は小作りの混血児《メスティソ》で、裸足にインディアンの短い上衣とズボンをはいていた。知事は力の及ぶかぎり便宜をはかり、われわれの旅行をはかどらせる心算のようだった。私は虎についてたずねた。彼はいままでに虎が夜人間を攻撃した三つの例を知っていると述べた。そのうち二回は大けがをし、一回は死亡したという。

われわれのカヌーの連中は午前一〇時に、旅行用のマサト〔トウモロコシ、砂糖あるいはバナナでつくった酒〕を抱えた女房をつれて現われた。女達は彼女らの子供達を〔背中に葦でつくった枠にしっかり結びつけて〕外の荷を運ぶときにもやるように、額に帯をまわしておんぶする。餓鬼どもは気持よく満足していたが、どう見ても若い猿によく似ていた。

この県のインディアンはイビト族（Ibitos）である。彼らはティンゴ・マリアのチョロネ族ほど文明化されておらず、私がいままで見た中で、顔を規則的に彩色している最初のものだった。別に決まった紋様はないようで、各人がそれぞれの好みに応じて彩色している。だが、使用している色は二色で、青（ウィトク Huitoc）と赤（アチョテ Achote）である。

八月一三日　昨夜、イフラは、酔払って少し生意気になる傾向のあるカヌーの連中の一人を火のついた棒で殴りつけ、顔を黒く火傷させた。身丈六フィート以上もある強力なこのインディアン男は叱られた子供のようにブツブツいいながら、すねてこれを我慢した。今朝は顔の絵具を洗いおとして、彼は犬のように謙遜であった。もっとも二、三時間後にはまた絵具を顔に塗ってこの部族特有の何時《いつ》も陽気で上機嫌な気質を回復していた。

一〇時と一一時の間にわれわれは、マタグヤの早瀬《マル・パソ》をこえた。それは、同じ名前の河口にあって、その河は澄み切って冷たく、その左手にはウアヤガ河が注いでいる。流れの水温は華氏の六九度（摂氏二〇・五度）、ウアヤガ河のは七四度（摂氏二三・三度）である。イフラは、この水が塩水だと信じ切っていたが、私には塩分を発見することはできなかった。この難所《マル・パソ》は私が、いままで出会ったうちでもっともひどいものだった。われわれは櫂《かい》を使って突破しようとはあえて試みなかった。カヌーは船尾を先にして、船首に一本の綱をつけて、岸沿いに引張りながら、乗舟している舵手《ポペロ》は岩の間を時には漕ぎ、時には舟からおりて腰まで水に漬って押しながら下航した。筏《バルサ》は水路の真中を通ることができると聞いていたが、カヌーならばきっとひっくりかえり、水に漬ってしまったであろう。このような難所《マル・パソ》は四分の一マイルも続いていた。多分水嵩が高いときを除いては、カヌーかバルサ以外のものでは航行不可能であろう。シオンに着く手前で、スレートのすりばち型をしたパン・デ・アスカール島を通りすぎた。この島は外気に長くさらされているときは白く、高さは七〇から八〇フィートで、小さな木で蔽われている。それはかつては岬であったが陸からちぎられて流れの力で今の形のようにすりへらされたもののようである。

午後一時にわれわれはシオンの港に着いた。イフラが私の前を登って行くと、サポソアの司祭が、彼の教区に例年の訪問のために南に行くので、カニョオ港から乗船しようとしているところに出会った。一方同県の知事は、北方の、首府パチサに赴いて留守であった。彼はわれわれを歓待するように命じてあった。そして村《プエブロ》の副知事はわれわれを僧院《コンベント》または「司祭の家」にとめ、コック一人と召使一人をつけてくれた。私は神父《パドレ》の寝床で、蝙蝠を防ぐために布団にくるまって、心地よく眠った。住民たちは司祭の訪問も重要視しているようである。私は客間《サラ》すなわち「家の広間」の隅に粗末な駕籠のようなものが一台あるのを見た。多分それは、和尚さまを町から港へ、港から町へと運ぶために作られたものらしい。

八月一四日　昨日、住民たちは一日中踊っていた。司祭が最近訪問して命じた、土地開墾とわが「何とかの聖母」のためのチャクラ〔農園の付いた別荘〕建設作業の前夜祭であった。出作り《チャクラ》の畑の生産物は疑いもなく教会またはその司祭たちの利益になるのだ。そしてインディアンは仕事が終わったとき、もう一つのお祭りをやることは疑う余地がない。

踊りの形式は簡単なもので、真中で女たちがぐるぐるまわり、その外側を男たち（また音楽家ともなる）が円くなって小走りにかけまわる。音楽は粗末な太鼓と葦の横笛によって奏でられ、インディアンの町長《アラカルデ》も大きな重々しい顔に絵具を塗って、安っぽい笛を口にし、踏車上の犬のようにこっけいな身振りで小走りに走りまわる。彼らは酒があるかぎり、たとえ一カ月間続こうともこうして踊りつづけるそうである。私は彼らの音楽を一度に数日分聞いたような気がする。就寝するとき聞いた最後の調べとあさ目を覚したとき耳に入った最初の曲とは全く同じものだった。その調子は決して変化せず、山地《モンターニヤ》ではどこでも同じのように思われた。あたかも、わが海軍の「部署につけ」と同じように太鼓を単調に叩くだけである。

われわれはシャピアマの早瀬を、そして一五分の間隔をおいてサボラヤクとカチウアヌシュアの早瀬をこした。最初の二つではカヌーを綱で引いて下航したが、最後の早瀬は櫂を使って矢のように下った。あとで私はこの河でもっとも激しい早瀬《マル・パソ》の一つだと聞いて驚いた。しかし、早瀬というものは、河が増水しているときは恐ろしいが、水位が低いときは比較的安全である。また場所によってはその逆もまた正しい場合もある。かつて探検家スミスは河水が増しているときに渡った。——私は反対の季節に渡った。したがって、われわれの早瀬の記述は彼のそれに対比すると異なるところもあろうし、また矛盾しても見えるのである。

八月一六日　正午にわれわれはウアヤバムバ河口に着いたが、そこは広さ一〇〇ヤードの河幅で、六フィートの水深があり、しかも河底には美しい小石がしきつめられている。ここから一五分間、カヌーを右岸にそって曳けば、パチサの港、ルブナの村に着く。この村は一五軒の家と七五人の住民を擁している。米が少し栽培されているが、主産物は木綿で、たっぷりあるらしい。ここは工業地とよんでもよい。なぜならば、ほとんど各婦人は糸紡ぎに従事しており、沢山の綿糸の球が各家屋の棰《たるき》からぶら下っている。婦人一人は、一日中熱心に糸を紡いで、こういう球を四つこしらえる。一つの重さは一ポンドで、二五セントに値する。この地方にはほとんど貨幣がないので、綿糸球はきわめて普通に通貨として流通している。私は、一ヤード三七セント半に値するイギリスの捺染綿布を見かけた（同様のものがリマでは二〇セント半である）。これらの商品はウアヌコ経由でくるか、トルヒヨ、チャチャポヤス、モヨバムバ経由で田舎を横切ってかどちらかの道をとってやってきて、帽子、蠟、または綿糸球と交換される。

われわれはパチサの知事の訪問をうけた。その町はルプナより三マイル上流の右岸に位していた。皆が小屋のなかで就寝してから、私は知事に失われた魂（el alma perdia）とよばれる鳥を知っているかと訊ねた。彼はその名前を知らなかったので、どんな鳥かと訊ね返した。私はその鳴き声の真似を口笛でやった。すると、われわれの近くの布団の上にながながと寝そべっていた一人の老婆がインカ語で元気に身振りを混えて一つの物語を始めたが、それを訳すと次のとおりである。

あるインディアンと彼の妻は出作り《チャクラ》の畑で仕事をするため、子供と一緒に村から出かけた。女は夫に子供をあずけ、沢山の注意を与えて泉に水を汲みに行った。泉についてみると水が涸渇していた。仕方がないのでさらに別のを探しに出かけた。夫は妻がなかなか帰ってこないので心配して、子供を残して探しに出かけた。彼らが帰ってみると、子供はいなかった。二人が森の中を探し求めてさまよいながら、くり返しくり返し叫び声をたてても、この小さな鳥の嘆き悲しむ叫びより外には終始何も答えはなかった。彼らは心配のあまり興奮した想像力を刺戟して、この鳥の鳴き声を、pa-pa ma-ma（現在、この鳥のキチュア名である）に綴ったのである。その後スペイン人がこの話を聞き、彼ら独特の宗教的・詩的性向により、鳥の名を「失われた魂《エル・アルマ・ペルディア》」とよんだものと私は想像している。

この物語が語られた環境——美しい、静かな、星の輝く夜、あたりは、深い暗い森——老婆が今は失われた民族の言語の喉音を発するとき、彼女の灰色の髪と真面目な顔面に反映するほだ火の赤い微光——それは想像力豊かな者にとってはロマンチックな興趣であった。この老婆は彼女自身一つの小さなロマンスである。私は彼女が夕食を料理する間興味をもって眺めていた。彼女は、この国で、時たま目にする衣服を着ていた。胴体の部分、つまり黒いドレスの上部は、二つの部分より成っている。一つは腰のうしろからのびて背中を蔽い、他は前面で胸を蔽っている。この二つの部分を肩越しに紐で結び合わせて、彼女はやせた両脇と長いやせこけた腕とを全く裸のままにしておくのであった。

八月一八日　ウナンサ河は、本流のインフィデル側に注ぐ小流である。われわれの舵手《ポペロ》のいうには、インフィデル族（Infidels）がこの付近に住んでいて、タラポトの人びとは、この河を少し遡って若いインディアンを生捕りにして、奴隷として家につれ帰るという。私はこの話を信ずる。というのは、タラポトにおいて、奴隷として売買されるこの階級の召使を見たからである。奴隷制度はペルーの法律では禁じられている。しかし、この組織は、インフィデル族がキリスト教化され、そしてそれによって彼らの生活状態が向上するという口実によって大目にみられている。

鉄砲で武装したほんの二、三人の白人の男は、蛮人から子供を強奪することなんか全く朝飯前だ。なぜならば、これらの蛮人は、まれには村落を営んで生活するが、せいぜい、三軒か四軒の家族で、しかもお互いに遠く離れているのだから。彼らは戦争の時以外には決して集合しない。戦争になると、笛の音が部落から部落に響いて、彼らを集合させるのである。彼らはまた臆病な民族であって、白人の鉄砲には、はむかわない。

舵手の物語が本当ではなく、白人達がインディアンの子供を買うということもありうることではある。しかし、もしそうだとしても、取引の利益は全く一方の側にあるものと私は想像している。

われわれはその後ピウアナの丘陵を通りすぎたが、その麓は、河の右岸近くにある丘の高さは三〇〇フィートで、河岸に沿って四分の一マイルも伸びている。遠くからみれば、塩が赤土の上に霜のように白く眺められる。しかし近よってみると、豪雨がやわらかい表土を流してしまい、純粋な塩分が、無数の円錐形の小尖塔をなして、びっしり競い立ち、その結果丘陵の崩れた側面は火山の噴火口や噴泉の底の絵に似ていた。丘陵が発掘されたところでは、完全に純粋な岩塩の鍾乳石状のものが天井からさまざまの恰好をしてぶら下っている。丘陵の背後にも、もっと高い山があって、塩を含んでいるらしい。それ故、ここには、あらゆる人にまたあらゆる時代にも塩の供給があるもののようである。

湖沼《ヤマママ》の母

八月二一日　われわれは馬に乗って、教会の利益のために神父《パドレ》によって組織された大漁撈隊とともに、ファン・グエラに向かって出発した。神父は、ほとんど町中の人をつれて行くようであった。馬に乗っている一行は八人だった。二人のご婦人が一緒だったが、彼女らと同行したので緩い駆足で陽気に森を通りぬけるのがたのしかった。私は世界各地を旅行して、自由や安易には慣れっこになっていたとはいえ、われわれがファン・グエラに到着したとき、これらのご婦人が全裸になり、腰に絹のハンカチーフを一枚まとって、四〇ヤード以内の、しかも、男達全部から丸見えの河で水浴するのを見て、いささか、びっくりしたことを告白しなければならない。

ファン・グエラについて、われわれはマヨ河に注ぎこむクムバサ河に舟をのり出した。半時間ばかりカヌーで浅瀬の木々の間を曳きまわり、さらにマヨ河を三〇分航行すると、その合流点についた。それはシャパヤからほんの四分の一マイル上流であった。シャパヤでモーレイはわれわれを上陸させてくれた。彼はそれから、上手の浜で野営するはずの司祭と一緒になるために前進した。

神父《パドレ》の漁撈隊は大がかりなものだった。彼らは四隻か五隻のカヌーと多量のバルバスコ(barbasco)〔毒揉みに使う有毒植物〕をもっていた。漁撈法は、河の峡谷《カニヨン》の口を、葦でつくった網で塞ぎ、それからバルバスコの根をどろどろにすって、それを水中に投げこむのだ。そうすると水は白濁して、毒がひろがり小魚は水面に浮きあがってきて二、三分たつと死ぬ。大きな魚はもっと長く生きのびる。それ故、この種の漁撈で大漁のときは、半日仕事であり、あるいはカヌーがいっぱいになるほどの仕事である。

八月二二日　チャスタは、トラポト県の港である。

貨幣は、その稀少性のために、その名目的価値の倍の価値がある。そこで一ヤードの tocuyo（もっとも普通の通貨）は、ナウタペバス、ロレト等においては、いつも物資《エフエクトス》と交換するに当って、二五セントと評価されるが、そこでは貨幣で支払えば二〇セント半で買うことができる。旅人はこのことを心すべきであって、さもないと倍の値段を支払うことがある。

チャスタは現在の河の水位から二五フィート上方にあがった平野に位する、人口一二〇〇人のインディアン部落である。それはしばしば増水期には水に蔽われてしまい、人びとは彼らのカヌーを家の中にもってきて、その中で生活する。この河の沿岸を通じての病気は肋膜炎と日射病と疥癬である。天然痘は時に現われるが、ほとんど被害は認められない。きわめて健康的な場所で、病気で死ぬ者はほとんどない。

チャスタのインディアンは、やさしい、静かな人種である。司祭にきわめて柔順であり、よく服従し、いつもひざまずき、彼の手に接吻して敬礼する。彼らはかなり巧みにボートを操るが、狩猟者としてすぐれている。あらゆるインディアンと同様、彼らは飲酒に耽溺している。私は、この地方のインディアンが、血を流すのを嫌い、血を見るのを恐れるのに気づいた。彼らの一人は雛を殺すように差し出されたとき、雛を殺すのを避けるために顔をそむけるのを知った。イフラが殴ったインディアンは、打撃の痛みをうったえなかったが、くり返しくり返し血が流されたことをうったえた。彼らは自分の血を吸った蚊をつかまえて、この昆虫が貪った血をとりもどすために食べるのである。

神父《パドレ》は、結婚に要する費用は蠟四ポンドで、それは教会の番人の役得であると私に語った。葬式には二ポンドで、それは寺男の懐に入った。神父は洗礼式には鶏一羽のご馳走をたべるのみである。彼は給料やら資金の不足をこぼし、神父は交易に従事しなければ食っていけないといった。毎年知事が一二人の男を彼に仕えるように命ずる。その任務は「わが聖母教会に仕えるため」とあるが、それは祭司を意味しているのだ。それは名誉ある地位であり、インディアンのあこがれの的である。彼らはお役人衆《フィスカレス》とよばれる。彼らは神父《パドレ》の出作りの農園と砂糖工場《トラピチエ》で働く。彼のために魚をとる。彼のために狩をする。一漁師と猟師は mitayos とよばれる。これは mita とよばれた圧迫的な古いスペインの法律の名残りである。ミタによって一定の労役、とくに鉱山における労役がインディアンから徴せられたのであった。彼の洗濯をやり、彼の食卓に侍し、神父の商品をカヌーで運搬する。神父はこのような交易により、塩魚と、食卓のための陶器を買う資金を手に入れるのである。

私はユリマグアスへのカヌーの賃料と漕ぎ手の給料を支払うために司祭の蠟を買った。連中は貨幣を欲しがっている。私は司祭に、私が彼らに現金で支払った方が連中を貨幣の使用に親しませることによって彼らを文明化するのに役立つのではないかと申し入れた。しかし彼は、インディアンは貨幣の価値を知らないので、ただ、しまいこんでしまうか装飾に使うだけだといった。たしかに貨幣は決して流通しないので、彼らが他に貨幣をどう使うのやら私には判らない。私はウアヌコを出てから、自分自身のものを除いて一銭の貨幣も見たことがなかった。インディアンが通貨の価値観念を全くもっていないことは明瞭である。私はあるインディアンの吹矢《プクナ》を買った。彼はお金を欲しがった。最初の要求は四ドルだった。あまりに高いので私は断った。次に彼は六リール（七五セント）といった。私は彼に一ドル与えた。それは別にもう一つ吹矢を作るのに必要な時間と労力とに対し引き合うであろうと考えた額であった。

八月二五日　われわれはチャスタを二隻のカヌーに乗って立ち去った。一隻はタラポト在住の一人のポルトガル人のものであり、ナウタ行の荷物を運び、他はフィスカレスが乗り組んで神父《パドレ》の小さな投機的商品である塩を運んでいた。やがてチャスタの住民と、ウカヤリ、マラニョンのインディアンが塩を得る場所であるカヤナ・ヤクの塩山をすぎた。山はピュアナの山よりも高くはないが、塩はもっと赤土と混っているようである。それはゆるく傾斜している河岸に「露出」しており、段々高くなってなだらかな丘になり、その丘は奥に行くにつれて藪や小さな木で蔽われている。一五分後、いっそう丘の多い地方にはいった。河は狭く、浅く、流れは早い。その深さは一五フィート、その流速は一時間に四マイル半。やがてわれわれは暗赤色の岩の断崖の間を通ったが、水深は四二フィートに深まった。斑岩の巨人のような丸石のようにみえる一つの岩の上に、聖徒たちと十字架の粗末な像が、「裏切り者アグイレの跳躍場」という文字とともに刻まれていた。しかし、それらは、時と風雨のために磨耗しつくしていたので判読できなかった。岩にはより新しい彫刻があった。その一つはＶＲの文字で、私が想像するに、サーカス会社に属する一英人の仕わざである。水路はEl Salto de Aguirre（アグイレの跳躍場）とよばれる。インフィデル族の地方を通りこして、河の右岸に野営した。

八月二八日　われわれは四、五隻のカヌーが塩を求めに河を遡るのを見た。河の上でお互いに通りすぎるカヌーは、ずっと離れていても「話す」のである。インディアンは歌を唱う調子で話す。別に無理に声を張り上げるのでもないらしいが、はるか遠くまできこえ、毎年この季節には、マラニョン河とウカヤリ河のインディアンは、ウアヤガ河を遡って塩の供給を求めるのである。彼らはゆっくり旅行し、途中で狩猟・漁撈に従事するほか、植民者の作物を強奪して胃の腑を満足させる。

八月二九日　われわれはコニボ・インディアン（Conibos）の男一人と女二人の乗ったカヌーがウカヤリ河から、塩を求めて遡るのに出会った。数珠玉で、亀の卵と、彼らがもっていた一匹の猿を買いたいと申し出た。しかし、女の一人が、その小さな動物を腕の中にだきしめ、男がそれを売らないように大きな叫び声をあげた。その男は広くて短い袖のついた長い、褐色綿製の貫頭衣を着ていた。彼は腕に猿の歯の腕輪をしていた。そして女たちは鼻中隔から数珠玉《ビーズ》をブラ下げていた。彼女らは腰の周りに木綿のペチコート一枚をまきつけただけだった。そして皆、不潔だった。

われわれは今や湖沼地方に入りつつある。ここからアマゾンの河口まで数々の大きな湖沼が、不規則な間隔をおいて河に接している。それらはみな、乾季には河川と連絡する水路が乾上って、無数の水鳥、とくに鶴と鵜の集まるところでもある。インディアンは適当な時期に湖沼から多くの魚と亀をとるのだ。

これらの湖沼の多くは、インディアンの伝説によれば、巨大な蛇によって守護されている。それは湖に彼らのカヌーがひっくりかえるほどの大嵐を起こすことができ、そのとき間髪を入れず連中を呑み込んでしまうのだ。それをインカ語 Lengua Inga では Yama Mama または「湖沼の母」と呼ぶ。インディアンはよく知らない湖に入るときは、騒がしく笛をふきまくる。その蛇はこのような喧噪にこたえて己れの存在を警告するということである。

私はこの動物を、一度も見なかったけれども、神父マニエル・カストルッチ・デ・ベルナッサ (Manuel Castrucci de Vernazza) の一八四五年における、パスタサ河のヒバロ族 (Jivoros) とサパロ族 (Saparos) への紀行中に次のような記事が認められる。

「この動物の驚くべき性質――その形、その大きさ、および他の情況――は注意を惹き、人をして至高なる創造主の偉大にして無限の力と智慧に反省を加えしめる。この怪物を目撃するだけでも、もっとも大胆なる男をも困惑せしめ、脅かし、かつ彼に畏敬の念を覚えさせる。怪蛇は彼の口腹の慾の犠牲者を求めたり、あるいは追跡したりすることは決してしない。しかし、彼の吸気の力が極めて大なので、彼は四足《よつあし》であろうと鳥であろうとも、その大きさに従って二〇ヤードないしは五〇ヤード以内で彼の傍を通りすぎるものは一息で吸いこむのである。私がパスタサ河上のカヌーから、鳥銃五発で殺したのは直径二ヤードと長さ一五ヤードあった。しかし、この地域のインディアンは私に、直径三あるいは四ヤード、長さ三〇から四〇ヤードのこの種の動物が棲息していると確言した。これらは、丸のままの豚、鹿、虎、および人間を全く容易に呑みこむ。しかし摂理のおかげをもって、それはその極端な重量の故に、きわめてゆっくり動きかつ回転する。動くときには、鱗で蔽われた厚い材木のように見え、ゆっくりと地面を曳きずって大きな痕を残すので遠くからそれを見分けることができるので、その危険な待ち伏せを回避することができる」

「神父さまは、『この動物の血が噴出して、しかも大量に流れた』のを見たと言っている。この種の大蛇についてのインディアンの偏見（それを蛇の形をした悪霊だと信じている）は、私が大きな報酬を申し出たのにもかかわらず、乾した皮を入手する機会を奪った」

かくも微に入り細を穿って語られた話を疑うことはほとんど不可能である。疑いもなく、その神父は蟒《うわばみ》に出会いそして殺したのだが、直径二ヤードはほとんど信じられない。彼はそれを dos varas de grosor（grosor は厚さのこと）と書いている。私は神父が周囲二ヤードのつもりで書いたのだと思ったが、彼は後に、インディアンが、直径三ないし四ヤードのそれらを報じたといっている。

ヤリマグアスの七〇マイル下手にサンタ・クルスというところがある。これは、アグアノス族（Aguanos）とよばれる部族の人口三五〇人ばかりのインディアン部落である。副知事がこの中でただ一人の白人である。女達はお臀《しり》に至るまで裸で、子供達は全裸である。私は彼らにとって全く好奇心と恐怖の対象となった。彼らは、私の眼鏡をしらべて倦むところを知らなかった。村《プエブロ》はこの地方の多くの村落と同様、高いところに位置して洪水を避ける。部落のそばを流れる流れは、港の付近で本流に注ぎこみ、雨季には荷をのせたカヌーが航行することができる。

私はこの地で、きわめて有毒といわれる catao とよばれる大樹の樹液を手に入れた。それは辛味があって、強力な腐蝕剤である。樹液を出させるために樹皮を切る男はいつも、樹液が目の中に入るのを怖れて、斧を入れるときに面をそむける。インディアンは、古いはっきりしない傷を治療するために用いる。その木はきわめて大きく、なめらかな樹皮をもっているが、ところどころに小さな刺《とげ》のある瘤がある。葉はほとんど円形である。それはブラジルでは assacu とよばれ、癩病《らいびょう》の薬と考えられている。われわれはまた guaco とよばれる繖蒭《せんぷく》性の草の葉と根もいくらかあつめたが、それは酒に漬けて外用、内服に用い、蛇に咬まれたときの解毒剤だといわれている。その葉が蛇の皮の色に幾分似たところがある事実から起こったインディアンの空想であるというのが事実らしい。モンタニャ河のいたるところでたくさん見出される。

九月二日　ラグナの港で二人の旅商（一人はポルトガル人、一人はブラジル人）に出会った。彼らはそれぞれ約八トンの大きな四隻のボートと二、三隻のカヌーをもっていた。積荷は鉄、鋼、鉄器、陶器、葡萄酒、ブランディ、銅釜、粗末な短い剣（きわめて普通にみられるインディアンの道具）、鉄砲、火薬、塩魚等で、それらをモヨバムバとチャチャポヤスにおいて、麦藁帽子、綿布《トクヨ》、砂糖、コーヒー及び貨幣と交換するつもりらしい。彼らはまた、サルサ根（sarsaparilla サルトリイバラ属の植物。根より飲物をつくる）をあちこちで買い占めて、カヌーですみやかにおくり返していた。重さ二五ポンドのサルサ根を、パラでは恐らく一ドル程度の物資を三ドル五〇セントと評価して支払っていた。彼らは積荷の価値を五〇〇〇ドルと評価した。しかし私は、貨幣で二〇〇〇ドル支払えば、全営業、ボート、およびすべての積荷を買い取りうるであろうし、彼らもまた今年の仕事に満足して、嬉々として河を漂い下るにちがいない。彼らはわれわれを豚の丸焼きの朝食に招待してくれた。私は初めてお目にかかったファリンニアより美味いものを味わったことはないとさえ思った。

ファリンニアは、ブラジル国境より下流のアマゾン河全流域においては主食になっている。それはあらゆる階級――インディアンや労働者も多量に常用している。われわれのブラジルでのボート漕手はいつも塩魚とファリンニアをたくさん食べて満足していた。旅行中、日中は二時間か三時間ごとに彼らは漕ぐのを止めて、大きな瓢箪にファリンニアをいっぱい入れた中に少々水を注ぎ、おいしそうな pirão をこねまわした。

ファリンニアをつくるのは女の仕事である。彼女らはマンジョウカ（mandioc）〔Jatropha Manihot〕の根を、すこし軟かくなるまで水の中に浸《ひた》して皮をはぎ、森の粘着性の強いゴムを塗った板の上ですりおろし、そして小石をふりかける。白くすりおろされたかたまりは、棕櫚の粗い繊維でできた tapiti とよばれる円錐形の袋の中に入れる。袋は、釘か、小屋の柱にかけて、テコを袋の底の輪に通し、その短い方の一端を柱にうちつけられた止め木の下におく。女たちは、体重を長い端にかけるのである。こうすると袋を伸ばし、内部のかたまりに重圧を加え、袋の枝編み細工のすき間を通して、あらゆる水分をにじみ出させることになる。充分に圧迫されると、袋の内容を泥の竈の上にあける。加熱した棒できわめて不規則な粒々になるまで、（最大のは、われわれの大体No.２弾の大きさである）かきまわし、生のときに含んでいる有毒物を出しつくすまで火を入れるのである。でき上ったファリンニアは棕櫚の葉で裏打ちし、蓋をつくられた重さ約六四ポンドの籠につめる。籠は河の沿岸の何処でも、七五セントから一ドルで売られている。タピチから流れ出た汁の沈澱物がタピオカ澱粉で、カスタード、プディングの原料である。

九月三日　午前八時にわれわれの漕手が港にやってきた。例のごとく女房たちが布団や、マサトの壺、さらに櫂までも運んできた。なに故ならば、この連中ときたら、陸にあがったら、縦のものを横にするのも御免蒙るほどの無精者なのだから。もっとも舟に乗ればコカミヤ族（Cocamillas）はよく働き、陽気で元気で、打てば響くほど気がつき、また従順なのである。女の着物は、暗褐色の一片の布を腰から膝までまきつけたものにすぎない。今まで見たうちでただ一人の美貌のインディアン娘に心うたれた。彼女は芳紀まさに一三歳くらいで、われわれの漕手の細君だった。彼女は若い夫（一九歳ぐらい）に奴隷的な尊敬をもって仕え、彼は彼女の心づくしを王侯のような無関心さで受けとっているのは、奇妙な対照であった。女は矢のようにすらりとし、繊細優美な姿態に、魅力のあるあけっぱなしな、野性的な、インディアンの顔をもっていた。

アマゾンの蛮族

今やわれわれはアマゾン河の本流に到達した。それはブラジル国境のタバティンガに至るまでマラニョンという名をもっており、それより下流、ネグロ河との合流点までをソリモエンス河という名をとり、さらに海まではアマゾンとよばれている。混乱をさけるため私はこの地点から海までをアマゾン河と呼ぶことにする。

この偉大な河が、黙々と流れゆく姿は崇高なものである。しかし、水が岸を破ってあふれ出ると、濁水の暴力が巨大な森の住民たちの生活を打ちこわし、島に浸入する光景はすさまじいものである。それは荒野をおごそかに流れて抜ける。水は怒って不機嫌で、無慈悲のように見えた。河の全容は畏敬と恐怖の感情をよびおこした。死者を荒野に葬る時の分時砲、風の咆哮、怒った波の動揺、崇厳な葬儀ににた思いを惹起させる。

九月九日　ナウタは、主に、ラグナのコカミヤ族とは別系統のコカマ族（Cocama）のインディアンの一〇〇〇人ばかりの漁村である。二、三人の白人の居住者は、ウカヤリ河から手に入る塩魚、蠟、サルサ根の交易に従事している。年とったポルトガル人、ドン・ベルナルディノ・カウペルが、この地の仕事の大部分を遂行している。彼はインディアンの数隊を、ナポ河とウカヤリ河に漁やサルサ根を集めに派遣する。彼は下流のエガスに二、三隻のボート（この地方ではgarreteasとよばれる）をもっている。カウペルはここから上流のあらゆる地方にブラジルから入ってくる外国品を供給し、上流地方からの委託販売品をうけとり、これをエガスに送る。

彼は安楽に暮している。彼はたくさんの肉（呼び亀、塩魚、鳥肉）と、下流からのファリンニア、ささやかな菜園からとれる玉葱と豆をもっている。上流からの良い煙草を吸い、強いけれども健康によいリスボン葡萄酒を飲んでいる。私は旅行中、しばしば物事の価値が相対的なものであることに気づいた。合衆国における人口一〇〇〇人ばかりの豊かな村ならば、ベルナルディノの食卓を、貧弱なものであると思うであろうし、また店の二本の鉤の間につるされた草のハンモックを、寝床としてはつまらないものと考えるであろう。それでも今のわれわれには、王侯の奢りのように思われた。疑いもなくそれらはここで手に入れられる最上のものだから、ドン・ベルナルディノは完全に満足して、それ以上何も望まないのである。

この老紳士はきわめて敬虔である。ペバスの司祭はこのとき、ナウタにおり、教会の改修に従事していた。われわれはペルーの軍事的守護者である慈悲の聖母のために、九日間のおつとめ（ノベナ）を祝った。おつとめの経費（神父の謝礼と教会の燈明代は蠟で支払う）は各個人に分担させられた。神父が最初の日を祝い、それからセニョール・カウペル、彼の妻、妻の姉妹、息子、彼の美しいブラジル人の姪、ドンナ・カンディダ、それからアレバロの番で、イフラと私が後に続き、司祭は日曜日にしめくくりをつけた。しかし、老友はこれだけでは満足せず、私が月曜日にウカヤリに出発したとき、彼は他の教会のおつとめに行ってリミニの奇蹟を祝ってのろしを上げ、時々古い先込めのらっぱ銃を発砲していた。

ナウタのコカマ族は大した漁師であると同時に漕手であって、河沿いの開化した諸部族よりも勇敢である。彼らは時々マヨルナ族(Mayorunas)――ウカヤリ河とアマゾン河の右岸に住む蛮人――の国に侵入し、戦を交えて、子供の捕虜をつれて帰る。従って少人数で旅行したり、河で日常の仕事に従事しているときには、復讐する機会をねらっている敵の国を避ける。

インディアンたちは、焼餅やきで、婚姻上の不実と未婚の女子の不貞にたいしてはきびしい罰則をもっている。

九月二七日　われわれの亀のうち二匹は昨日死んで、今日インディアンはそれらを食べている。イフラはわれわれが亀を食べないことを知って、人夫たちがわざと口の中に煙草をつっこんで殺したのだろうと疑っている。イフラは、人類の中でもっとも悪く、しかも値うちのないものはインディアンだと考え、インディアンのすることはすべて悪くとる性格なのだ。

九月二八日　一日行程の距離があるという一つの湖の出口を通過した。河の両側には多くの湖沼があって、そこでインディアン達はバルバスコで魚をとる。この季節には湖沼の出口の大部分は乾上っている。サラヤクの上流のアグア・イティア河で集めたサルサ根をつんだ筏《バルサ》を二隻追い越した。一隻は一人のブラジルの黒人が、他の舟は一人のポルトガル人が指揮していた。彼らはロレトの商館の召使だった。船の乗組員はウカヤリのコニボ・インディアンだった。彼らは舷側に亀の浮艦をさげていて、われわれに亀を一匹くれた。

一〇月六日　左岸のコニボ族の村を通りすぎた――四軒の家、八人の男、二五人の女子供。岸には昼顔のようななつかしい花が咲いていた。それはわれわれの花園における花ほど大きくも明るくもないが、きわめて快い素朴な様子をしていた。渓谷をすぎた。その上にアマファカ・インディアン(Amajucas Indians)の村がある。男達は狩猟者で陸に住み、たまに河に下りてくる。ピロ族(Pirros)とコニボ族はときどき彼らに戦争をしかけて捕虜をつれ去る。昨日、二人の男――一人はサラヤクのパノ族(Panos)、そして他はアマファカ族――がサラヤクまでの運賃をかせぐために、われわれに加わった。アマファカ族は気の良い奴で他の者と同率の賃金を支払ってやったがよく働いた。流速は二マイル四分の一。

一〇月九日　左岸の人口一五〇人ばかりのピロ族の村、サンタ・マリア村に留った。合理的で尊敬すべき祭司は三三人のマトリモニオ族(Matrimonios)がいると私に語った。このインディアンは、クスコから大して離れていない地点までカヌーで行く。そこで彼らは珍しい鳥、珍しい獣、数珠玉、釣針、および鼻中隔にさげる銀の装飾と交換する。彼らは死者を、家の床下のカヌーに葬る。祭司の話によると、コニボ族は、死者の家財をともに葬る。この点でピロ族と異なるといっていた。言語もまた異なっている。しかし、他の点では両者はエンドウマメのように似ている。彼らは来世についで何らの観念をもたず、また何ものをも崇拝しない。もっとも彼らは弓やカヌーを作り、魚をとり、女たちは綿から粗末な布を織り、そしてそれを染色する。彼らはわれわれが箱の中に彼らの敵、ピチテア河のカシボ族（Cashibos）の間に放つことのできる伝染病を入れていないかときいた。

この村には二人のモヨバムビノ族（Moyobambinos）が定住してインディアンから塩魚を買っている。彼らの一人は、インディアンは八ヤードのトコヨに対して、八〇尾の塩魚を提供するだろうと私に語った。この男は「秘密を漏らし」たのかもしれない。彼らはいかにしてインディアンを瞞《だま》すかを見せてくれた。トコヨ綿布の一ヤードは魚三尾の時価である。payshi とよばれるある魚は普通塩漬にするが、われわれがここにいる間に、さかんに買いこまれていた。それは強い魚で、長さ六フィート、直径一フィート四分の一である。頭は長さ一四インチで、短い顎と小さな口をもっている。舌は乾燥すると骨のようにかたくなり、おろし金の代用になる。腹と尾の鱗は明るい赤い縞でふちどられ、そのために、この魚は緋の環でかこまれているようにみえ、美しい外観を呈している（ブラジルでは Pirarucu とよばれる）。

サンタ・マリアを去って二時間後、セニョール・カウペルの塩魚製造施設のある浜についた。これらの施設は工場《ファクトリノス》とよばれている。老人の甥がここで二カ月事務をみている。インフィデル族をやとうかわりに、彼はナウタのインディアン――一般にカウペル氏に借金のある人たち――をつれてくる。二五人のインディアンが、六週間に四〇〇〇尾の魚をとって塩漬にする。私は傭労働者をやしなうために、六セント四分の一で六〇尾を買った。昨夜の八時から今朝の六時まで河は二インチ水嵩を減じ、乾期に入ったように思われる。

この河のインディアンは木綿、トウモロコシ、グラウンドピー(mani)、サツマ芋、ユカ芋、プランティン、鶏と魚、弓矢、槍、棍棒、櫂、および籐製の美しい籠を作る。女たちは自分自身の着物と、夫たちの衣服を織ったり、その上に形や図案を画く工夫をする。ピロ族とコニボ族は長い木綿のガウンを着ているので実際以上に背が高くみえる。私はこのようなガウンを着た一人の男が浜をゆっくりと闊歩しているのに出会ったが、トーガを着たローマの貴族を思い出させる。

一〇月一〇日　浜で妻と二人の子供をつれたコニボ族にあった。男は明らかに彼の部族の伊達男だった。彼は両眼の下を赤い広い縞で色どり、青い三本の細いすじが一方の耳から他方の耳に、上唇をこえて走っていた。——下の二本のすじには何もついていないが、上のすじは模様がついていた。下顎、顎先には、シナの図案に幾分似た青い連続模様を描いていた。頸のまわりには幅広のぴったりした黒白の数珠玉のネックレースをつけ、頸から同じ手の胸当てを掛け、一部は長いガウン、すなわちcushmaに隠れていた。手首にもまた、白い数珠玉で作った幅広の腕輪をつけ、その上にさらにトカゲの皮に猿の歯のついた腕輪をはめていた。彼は鼻中隔に銀の盾《たて》をぶらさげ、そして長さ二インチ半の櫂の形の銀板を下唇の穴を通して、顎先にぶら下げていた。彼はクスコに行ったことがあり、そこで銀の装身具を手にいれ、それは四カ月の旅行だったといっていた。われわれは三六フィートの水深に錨を下した。そこで流速が一時間三マイルであることを知った。静かな、明るい夜である。霧が深い。

一〇月一一日　左岸の浜に、朝食をとるために碇泊した。その背後の陸にレモ・インディアン（Remos Indians）の家が二軒あった。そこに二二人――男・女・子供――が住んでおり三人のシペボ族（Shipebos）もいた。これらの人びとの身体紋様は各人の好みに従って行なわれており、何ら統一性がないように思われた。もっとも、私が夫婦じゃないかと思った一人の男と一人の女は全く同一に塗色してはいたが――。レモ族は低身で小さい。シペボ族の方が背が高い。彼らはウカヤリ河の共通の服装 cushma を着、頭髪をちょうど目の上のおでこのところで水平に切ったので、まるで顔が髪の枠の中に入れたようにみえた。彼らは皆不潔で若干のものは疥癬を患っていた。私が観察したかぎりでは、男より女の方が大勢この病気にかかっている。後になってもっと多くの小屋を通りすぎた。インディアンが浜で若い亀を探し求めているのを追いぬいた。彼らは何でも食べる。かえりかかった亀の卵も自然死の亀も平気で食べるのである。

一〇月一二日　右岸の二五から三〇人のコニボ族の村をすぎた。彼らはウアムコとよばれる村の住民だといった。それをスミスはこの場所の付近ではないといっている。

一〇月一三日　二軒約一五人のコニボ族の家を通りすぎた。彼らの一人はわれわれを神父と間違えて、イフラに子供に洗礼を施すようにたのんだ。そこで洗礼がなされた。彼は洗礼を行なってその子に司祭の名をつけ紙に名を書いて母親に与えた。母親は大切にそれをしまった。私の友は、こんな悪戯をしたので、サラヤクの司祭に叱られたにちがいない。その赤ん坊の頭は前後を板ではさまれ、偏平かつ福禄寿頭に加工されていた。しかし不思議なことには、大人の頭にはこの慣習の痕跡が認められない。

一〇月一八日　サラヤクは、半マイル離れた人口一五〇人の小邑ベレンを含めて、約一〇〇〇人のちょっと綺麗なインディアンの村落である。ここのインディアンも、ほかのインディアン同様呑んだくれで怠け者だ。女が仕事の大部分をやる。出作り畑やカヌーの荷物を運搬し、マサトをつくり、マサトをその中から呑む土器をつくり、木綿をつむぎ、布を織り、料理をし、子供の世話をやく。そして彼女らの報酬といえば亭主に虐待されることである。彼らは酔っぱらって女を残酷にぶち、時にはひどい傷を負わせることもある。

この町には、あまり雨風にさらされたり、暴飲暴食をして急性の病気を発する以外、風土病のようなものは全然なく、きわめて健康地である。教区登録簿によると、一八五〇年には一〇組の結婚、六二人の出生、二四人の死亡があった。ほかの年度を調べてみると、この数字はかなり良い方の平均値である。それでも人口は不断に減少しつつある。カルボ神父はその原因を「脱走」に帰している。多くの住民がアマゾン河を通行人や積荷とともに下り、そして帰還が困難なのを見て、河の畔の村に定着するか、ティクマ族（Ticumas）か、ほかのインディアン部族に加わるかして、二度と帰ってこないのだと彼は述べている。

ウアヤガ河のスペイン人たちはしばしば若いインディアンを両親から買って家事使用人にしてい

る。カルボ神父はこの慣習を非常に憤激している。そしてもし誰かが教会の民衆を盗んでいるのを見つけたら広場で絞首刑にしてやるといっていた。われわれの召使ロペスは、父親が売りたがっているー人の若いインディアンを買うために、給料の前払として九本の斧を要求した。しかし私はロペスにカルボ神父の意見を述べて断った。しかしながら、われわれが帰途につく前日、二人の少年が一隻のカヌーに乗って先行し、ティエラ・ブランカの下流でわれわれの一行と一緒になった。私は彼らが誰であるのか、はっきりとは知らなかった。さもなければ彼らを送り返したはずである。

しばらくして一二人の乗組員がいるボートに出会った。彼らはリオハ（ウアヤガ河とマラニョン河との中間の村）の若い一人のスペイン人と一緒にやってきたが、村に帰るつもりは全然ないようである。そして私は、私と一緒に下ってきた人びとの多くも、村に帰らなかったのではないかと怖れている。全力をつくしてみたが私は彼らを送り帰すことができなかったのだ。

このようにして、サラヤクはカルボ神父の父のような慈愛と温和な施政にもかかわらず、人口が減少しつつあるのだ。彼らの脱走の理由は、帰還の困難や、無関心、野蛮な生活に復帰するのを嫌う心のためではなく、宣教師がインディアンを開化したことにある——彼らに財産の価値を教え、そして彼らの心に野心と、生活改善の希求を目ざめさせたからである。インディアンはサラヤクを去ってブラジルに赴く。サラヤクには、彼らを傭って給料を払うものは皆無である。ブラジルでは、ポルトガル人の商人《コンメルシヤンテ》は、彼らを虐待し、食うものも充分与えないけれども、労働に対しては給料は支払うのである。かくして彼らは富を蓄積して、資産家となる。そして時が経てば斧、ナイフ、数珠玉、釣針、鏡等をつめこんだ、鍵つきの、青塗りの木製トランクをもって大部分は家庭に帰ってゆくのである。彼は世間を見てきたので、親族や近所のものの羨望の的となる。

一八五〇年の死者の中に含まれていないが、中毒で死んだ四人の人たちがある。彼らは酔っ払って悪戯に、「森の昇汞《しょうこう》」（soliman del monte）とよばれる小木ないし灌木の性質を論じ合い、試してみることに決めた。彼らはその樹皮をおろして、マサトに入れ、五人の男と二人の女がおしょうばんに飲んだのである。男のうちの四人は四五分でひどい苦しみようをして死に、他の連中は長い間病気が治らなかった。


修道僧たちは、日曜日の夕方、インディアンの踊りでわれわれをもてなしてくれた。彼らはフロックとズボンを装っているが、頭飾りは、緋の、コンゴウインコの長い尾の羽毛をてっぺんにつけ、短い、色の豊かな羽毛のリボンや飾り輪でできていた。乾したクルミの殻に紐をとおしたものを脚のまわりにしばりつけ、それは踊ると気持のよいチンチンという音がした。踊りの始まる前、半ば脚をかがめ、羽毛の生えた帽子を司祭の方に振り、姿勢を正しくすることは、イエズス会士の教えがしみわたっていることを証明している。すなわち、イエズス会士は、たとえかりそめのことであろうとも、改宗者の愛情をとらえ、彼らへの影響力を獲得するものは何も等閑視しないのである。

サラヤクの住民は三つの部族に分かれ、パノ族（Panos）、オマグア族（Omaguas）、ヤメオ族（Yameos）といわれる。彼らは町の別々の地域に住む。各部族は独特の方言をもっているが、彼らは一般にパノ語で意志を疎通させる。ヤメオ部族が、私が今まで見たうちで一番色白で顔立ちのよいインディアンである。

ウカヤリ河のインフィデル族に関しては、信頼できる資料をあつめることができなかった。神父たちはサラヤクにほんの二、三年いただけで、インディアンの間は旅行していなかった。

カムパ族（Campas）がもっとも人口多く、しかも好戦的な部族で、断乎として外来者を自分たちの地域に入れないのである。彼らはウカヤリ河の上流一帯に住んでいる。彼らはチュンチョ族の名のもとに、チャンチャマヨ付近や、クスコ東方の大農場の白人に激しく敵対する部族と同じ部族であるというのは確からしい。これらが、一七四二年に、ファン・サントス・アタアウパ（Juan Santos Atahaullpa）の指揮の下にセロ・デ・ラ・サルの全布教区を掃蕩した部族である。そして私は、彼らがインカ帝国の子孫であることにまったく疑いをもっていない。彼らの領域の面積から、彼らがアメリカにおけるもっとも数の多い蛮人の一団だと判断してよい。しかし、今まで誰も彼らの間に探検を試みていないのだから、その人口についてまったく計算ができないのである。

カシボ族またはカイセカ族（Callisecas）は主にパチテア河畔に住んでいる。彼らもまたその領域に侵入するものや訪れるものに戦争をしかける。しかし彼らは、その領域たる河を訪れ、しばしば戦をしかけて子供をさらって行くインディアンに攻撃を加えるだけである。彼らはめったに白人の鉄砲の射程内に心許して入らない。彼らは髭を生やし、人喰人種だといわれている。ロレンソ族（Lorenzos）といわれる小さい部族はさらに上流のパチタ河の水源地とポスス河の岸に住んでいる。

センシ族（Sencis）はサラヤクの上流、河の反対側の地方を占めている。プラサ神父により提供された資料に基づいて、スミス大尉は、彼らは、人口も多く、大胆で、好戦的な部族だと述べている。プラサ神父は、私の友人達がその後継者となった宣教知事で、彼らを訪れたことがあったのである。

彼がサラヤクで会った連中は彼の天文学的観測を大変面白がったと彼はいった。彼らは恒星、遊星のいくつかに名前をつけているが、そのうちの二つはとくに適切なものである。彼らは輝くCanopus星〔アルゴ座の一等星〕をNotesteすなわち「日のもの」とよび、火のような火星をTapaであり、南十字星はNebo「薄暮」であった。私はこれら部族のいくたりかを、サラヤクで見た。「前進」とよび、木星をIshmawookとよんだ。Capella星〔御者座の主星〕はCucharaすなわち「匙」彼らはしばしば宣教所に子供に洗礼を施してもらうためにやってくる。インディアンの大部分は（多分ほかのどの儀式に対しても同じように）、この儀式に多大の価値をみとめているように思えた。また彼らは必要な鉄器を購入するためにやってくる。しかし私は彼らと、ウカヤリ河の他のインディアンとの間に全く外見上の相違をみとめえなかったし、また何か特異なものがあるとも聞かなかった。

スミスは、プラサ神父の言を引用して、センシ族はきわめてよく働く部族で、共同の土地を耕し、怠けものや、当然やるべき仕事をする気のないものを殺すと述べている。もしこれが本当なら、彼らは私が出会ったウカヤリ河の蛮人とまったく異なっている。というのは彼らはみな怠けものであって、人を殺すような気になるとは思えないけれども、それでも、もし誰かを殺す気になるとしたなら怠け者ではなくて、かえってよく働く奴を殺すであろう。

コニボ族、シペボ族、セテボ族（Setebos）、ピロ族、レモ族及びアマファカ族はウカヤリ河の放浪者であって、あちこちとさまよい歩いて、気に入ったところに居を定めるのである。彼らはボートを操ったり魚をとったりするのは上手なので、商人にやとわれて、サルサ根と塩魚を集め、バカ・マリナ〔一種の草食獣〕の脂肪と亀の卵から油脂をつくる部族である。彼らは河岸に村をつくる。多くの者は、カヌーに住み、天気が悪いときにだけ、浜に蘆と棕櫚の小屋をたてるものもある。私は彼らの崇拝するものや、他界の観念をもっているかどうかを確かめることができなかった。多数のものは妻を二人か三人もっている。若く結婚し、子供を大勢生むけれども、そのうちの半分以上が死亡してしまう。彼らは白人を信頼しないが、おそらくそれはもっともな理由があるのだ。そして白人の方でも彼らを信用しないでいられたならば信用したくないだろうが、いくら信用したくなくっても、インディアンはもし前金で支払われないならば、何もしようとしないのである。

最後にマヨルナ族はウカヤリ河の合流点近くの右岸を占め、ヤバリ河合流点に至るアマゾン本流の南縁に沿って分流している。この部族についてはほとんど知られていない。彼らは他の諸部族よりも色白で、髭を生やし、裸で歩くといわれている。彼らはその領域内に入るものは誰でもおかまいなしに攻撃をするので、ナウタの漕手は彼らの住んでいる側の河岸に野営しないように気をつけた。

私はナウタを去ったとき、できることなら、ウカヤリ河をチャンチャマヨまで遡って、パチテア河も調べるつもりだった。サラヤクで私はこの問題について、カルボ神父に相談した。彼は最初、私を落胆させた。つまり、村の大部分は魚とりに出かけているので、遠征に必要な数の男たちを徴集するのはとてもむずかしかろうといった。なぜなら、シミニ神父は一昨年、一五〇人の総勢を伴って、パンゴア河とペレネ河の合流点の、ヘズス・マリアから一日行程のところに達したときに、カムパ族（Campas）によって撃退されてしまった。したがってそれより少ない人数で調査を試みることは馬鹿なことだと言明した。その時も彼らはみな充分に武装していたからであった。カルボ神父はまたいった。もしティエラ・ブランカとサンタ・カタリナから人夫を集めても、おそらくその半数の糧食さえ供給できないだろうと。私は、二五人もいればすぐにでも出発すると彼にいった。すなわち、私自身のカヌーに一五人と、前衛としてより軽いカヌーに一〇人である。また私はインフィデルの国を侵すつもりはまったくないし、また強いて通るつもりもない、抵抗を受ければその瞬間に、あるいは糧食がなくなればすぐ帰るつもりであると彼に述べた。

議論の結果、神父は全力をつくすといい、ブレガティ神父とロレンテ神父に、ティエラ・ブランカとサンタ・カタリナで人夫を徴発し、集められるだけの糧食をつけてサラヤクに送ってくれるよう指令をもたせた急使を派遣した。しばらくして、われわれは太鼓を打って人夫を召集し始め、フアリンニアをつくり、途中の漁撈用のバルバスコをあつめ、アグアディエンテ酒を蒸溜するように命令を発した。

しかしながら、私は倍額の給料の支払いを申し出たにもかかわらず、この季節に喜んで出かけようというものをサラヤクでは八人しか獲得できなかった。

サラヤクの人びとの多くは、シミニ神父と一緒に彼の探検に加わったのである。河が減水していたときには、河流がとても急なので浜に沿って綱でカヌーを引っぱらなければならないが、今は、河流はもっと強くなり、おまけに浜がなくなるほど水嵩が増してきたので、眠るところもなければ、炊事のために火をおこすところもないといった。要するに彼らは行かない口実を千もつくった。しかし主たる理由はカムパ族がこわいからだったと私は思っている。

ブレガティ神父とロレンテ神父は、一人もあつめることができなかったと報告してきた。そこで私は望みをかけていたこの遠征を放棄しなければならないことがわかった。

ボートのへさきをめぐらして河を下りながら、遠征の愉快と興奮が色あせてしまったので、私は何ら為すところもなくへとへとに疲れはて、虚無感に襲われた。病気になり、元気をなくした。そして故郷で友人たちから帰国のお祝いをいわれるまで、出発に当って私を元気づけた陽気さと溌剌《はつらつ》さを取り返すことができなかった。

インディアンと神父

しかしながら、カステルノー氏（Castelnau）がこの河の下航のきわめて正確で興味津々たる記事を書いてくれていたので、私の不成功を諦めることができた。

立派な旅行家であり博物学者である彼は、一八四六年七月二一日にクスコを出発した。彼の一行は、ドセリ氏、デヴィユ氏、サン・クリク氏（彼はサンタ・アンナの渓谷で一行に加わった）、ペルー海軍の三人の士官、七、八人の召使とラバ追い、および一五人の護衛の兵士より成っていた。一四八〇フィートの高さでアンデス山脈を横断し、それから七日間の旅行の後、彼はサンタ・アンナの渓谷にあるエチャラテの村に帰着した。

彼はカヌーと筏《バルサ》の建造を命じて、それが完成するまでこの村に滞在した。八月一四日、四隻のカヌーと二隻の筏に乗って、ビルカノタ、ユカイ、ビルコマヨ、またウルバムバなどさまざまの名前でよばれている河にのり出した。

航行の困難、ペルー士官との不和及び傭人夫の脱走は、直ちに探検隊を脆弱ならしめ、窮乏の状態におとしいれた。

一七日に、ドセリ氏は大部分の装具と器具と、博物学的採集品のほとんど全部を携え帰された。

この不幸な紳士は、リマから再度アマゾン河畔のカステルノー氏一行に加わろうとする途上で案内人のために殺害された。数え切れない滝と早瀬をこえて、カステルノー氏は八月二七日に、河のもっとも低い瀬、つまり事実上航行不能の地点に到達した。エチャラテにおける乗船地点から一八〇マイルも進んでいなかった。この一八〇マイルを下航するのに、おまけに好都合な強い河流にもかかわらず、一三日もかかったことを思えば、航路の困難さを想像できよう。

この地点は、バロメーターによるとエチャラテから約九六〇フィート降《くだ》っているので、河が一マイル当り五フィートと少々低くなっているのを知った。後に彼は、この滝から一〇四〇マイルも下流のウカヤリ河合流点がバロメーターで九〇四フィート低いことを知り、この間では一マイル当り〇・八七フィートの傾斜で低くなっている計算になるのである。

カステルノー氏はこの最後の滝がウカヤリ河を遡行するに当って、最初の通りこし難い障害であると思った。しかし彼はこれより下流に下航しているうちに、水深はたった三フィートで、おまけに大したものではないにしても、たくさんの早瀬があることを知った。事実、これより二七〇マイル下手の「悪魔の曲り目」Vuelta del Diablo とよばれる瀬戸を、木々の重たい幹でふさがれ、それに河流が非常な速度で殺到すると記している。

「悪魔の曲り目《ブエルタ・デル・ディアブロ》」からサラヤクまで四九五マイル、サラヤクからウカヤリ河合流点までが二七五マイルである。それ故疑いもなく七七〇マイルの河を通して航行するということになる。もしカステルノー氏の意見が正しければ、ウルバムバ河の最後の滝のもとに至るまでさらに二七〇マイルあって、合計一〇四〇マイルになる。そこで彼がこの河流をアマゾン本流とよぶのももっともなことである。何故ならば、この河の合流点から大洋までの距離は私の計算に従えば、二三二〇マイルで、われわれは三三六〇マイルの妨げられない航路をもつことができるのであって、このような距離は他のいかなる方角からも見出されないであろう。私はウアヤガ河の航行起点たるポンゴ・デ・チャスタから海までの距離を二八五〇マイルと算定している。

この立派な紳士の明晰な著書において述べられた以下の記述から、これらの河の瀬をこすことの困難と危険とを推察していただこう。

「われわれは八時頃に出発し、この急な早瀬の連続からなっている滝をこすのに一時間半かかった。すぐあとに、他の二つの早瀬がわれわれのコースを阻止した。最初のは左岸をこえた。しかし同じ側にルートを見つけることが不可能になったので、相談の結果右岸に横ぎるために乗船した」

「われわれは河流が極度に迅速なことを悟った。そして第二の瀑布はたった一〇〇メートル下手で咆哮し、泡立っていた。インディアンたちは、危険への距離に始終不安の視線を投げていた。一瞬、脆弱なカヌーは明らかに不利な状況におち入った。しかしインディアンたちは数倍の努力を払ったので、われわれは河流の強いところから脱れてさっと通りすぎたのであった」

「次の瞬間、背後に叫び声を聞いた。そして一人のインディアンがわれわれから二、三ヤード以内のカラスコ氏のカヌーを指さした。それは河流の暴力と死物狂いになって戦っていた。一時それはのりきれると思えた。だが次の瞬間、すべての望みが失われ、そして矢のような速度で渦に向かってすいこまれてゆく。ペルー人達とインディアン達は水中にとびこんだ。老司祭ただ一人カヌーに残って、彼の声が瀑布のうちに消え失せてしまうまで、死に対する祈をささげていた。われわれは恐怖でさむけがした。そしてひたすら岸に急いだ。友人たちはカヌーからとびおりて死物狂いで岸にたどりついた。とくにビセラ氏は大きな危険にさらされたが、彼は泰然自若として、日記を歯にくわえて、はなさなかった」

「あの司祭のかわいそうな召使パンチトは激しく泣いて、われわれに恩人の死体を探させて下さいと乞うた。しかし、すでに一時間経っていた。糧食の絶対的欠乏のために、われわれは彼の悲しい要求を認めることができなかった」

「われわれは友人を失ったことを深く遺憾に思う。彼の死は、彼の生と同じく聖人のようであった」

一行は航行の困難と食糧の不足にひどく苦しんだ。彼らは、エチャラテを舟出してから、四四日たって、サラヤクに到着したとき、餓死の一歩手前にあった。到着したときの状態についてのカステルノー氏の記述はまったく痛ましい。

「三〇マイルの旅行の後、午後三時、インディアンたちは皆、突然カヌーを荒涼たる浜に向け、サラヤクについたと語った。われわれの前には、ほとんど乾いた小さな河床が横たわっていた。人の住む気配がないことと、しかも浜のまわりの暗黒の森林とは、一瞬何か恐ろしい誤解がおこったのではないかと、われわれを戦慄せしめた。われわれがあれまで熱烈に要求した使命が無駄に終ったのではないかと思った。われわれの一行ではただ一人が、サラヤクを知っていたが、彼のカヌーはまだ到着していなかった。われわれは森を通りぬける道をさがし始めた。しかし成功しなかった。われわれは完全に落胆し、眼に涙が浮かんできた（この勇敢なフランス人がこのような状態になるには、さまざまの苦労を重ねてきたに相違ない）」

「一時間以上も不安な状態にあった。やっと案内人が到着した。彼は、その町は河からかなり距離があると語った。そしてさんざん探したあげく、渓谷の中に、町に通ずる狭い路の入口を発見した。デヴィユ氏と私とはすっかり弱っており、足は腫れ上っていたので歩行困難であった。カラスコ氏は町に行きたくてたまらず、友達と一緒に出発した。そしてフロレンティノ（同伯爵の召使）も彼らに同行した。かくてわれわれは哀れにも浜に引きとめられた。そして午後九時頃、われわれは森の中に唄ごえを聞いた。声はやがて明瞭になり、われわれは節廻しがわかるようになった。一瞬の後、『フロレンティノさん』は感きわまって、われわれに走りよった。彼の後に松明《たいまつ》をもった伝道館のインディアンたちと、洋服を着た一人の男がつづいた。最後の男はわれわれに情のこもった握手をし、英語で私はハッケットという名だといった。この伝道館の主任司祭、彼の高名なプラサ神父が老齢のため自身で出迎えられないお詫びをするように彼をつかわしたのだと語った。インディアンたちは鶏、卵、一瓶の葡萄酒をもってきた。夕食はただちにととのえられた。そしてハッケット氏はわれわれの窮状にひどく心をうごかされたらしく、夜おそくまでわれわれと一緒に話した。彼は、伝道館は六マイルばかり奥にあるが、朝早くインディアンを案内によこそうといった。ペルー政府が、約束通りにわれわれの航行を伝道館に通報していたこと、マイナスの司教はその趣きの急使を送っていたことを知った。しかし、プラサ神父は、クスコから伝道館への航行が不可能だと考えて、われわれの霊魂の安寧のためにミサを祝っていたのであった」

私は、下航のための人夫をいくらでも傭うことができたので、一〇月二八日午前一〇時、サラヤクを出発し、そして峡谷の合流点に到着した。ウカヤリ河の様相はわれわれが到着したときとは、はなはだしく変貌していて、それはずっと水嵩はたかまり、流速も激しく、流木で蔽われていた。午後三時、カルボ神父と切ない別れを告げて、カタリナの神父職にもどるブレガティ神父とともに、ペバスからの傭人夫を帰すための大カヌー一隻を伴って出発した。

ウカヤリ河畔に住む民族は移動性にとんでいるために、人口の増減を算定することは困難である。スミスが一八三五年に通りすぎたときに命名した村を今はほとんど発見することはできない。そして彼が挙げなかったものを見出すのである。彼が指摘したサラヤクに次ぐ最大の村で二〇〇人の人口をもつティピシュカ・ヌェヴァは今やまったく消滅してしまった。そして、彼がまったく触れていないサンタ・マリアはおそらく彼がここにいたときより後にできた村で、現在一五〇人の人口を擁している。合流点からサラヤク間の河畔の住民の人口は六三四人と私は推定するのだが、スミスの計算によると六四〇人になっていて奇妙な一致だと思う。この辺の河の叙述はスミスのものがきわめて正確である。

一一月六日 午前五時、オマグアスに到着した。私がナウタにのこしておいた二人のサラヤク人は、もう一隻のカヌーで追いかけてきた。

オマグアスは左岸の高所に位し、雨季には小さい島になって陸から完全に孤立する。現在は、町の南側の狭い水溝によって上陸するのである。住民の数は、二三二人でオマグア族（Omaguas）とパノ族（Panos）に属する。彼らは傭人夫であり、漁師であり、出作り畑を耕作し、きたない、みじめな状態で暮している。私は知事の細君に甘汞、塩および鯨脳塗油を与えた。彼女は哀れな女だった――全くの骸骨同然に痩せて、おまけに持病らしいでき物だらけであった。ラザロや、悲境にある老ヨブを思い出した。私の薬が適当なものだったかどうか疑わしいが、夫も彼女も薬を欲しがっていた。しかし多分彼女は早晩死ぬであろう。こんなひどい話はない。

今朝、動物の間で大騒ぎがあった。pumagarza すなわち虎鶴（この地方の虎のように斑らで色がついているからこの名がついた）はインフィデル族の槍ほど長く鋭い嘴で、山の雌七面鳥《パバ・デル・モンテー》の頭をこなごなに砕いてしまった。代議士猿 diputado（われわれの白猿に対する呼び名である。何故ならばイフラの言によると、それはチャチャポヤス出身の国会議員殿そっくりだから）は Maquisapa（ブラジルでは、coatá とよばれる間抜けづらをした黒猿）の耳と、yanacmachin とよばれるもう一匹の猿の尻尾をたべてしまった。私は美しいチリクリス〔オウムの一種〕がすこぶる臭いと睨んでいるが、ある未知の野蛮なやつが、一等美しいオウムの嘴を咬みとってしまった。蜂鳥とチリクリスとの間に死闘が展開され、一方は毛皮を失い、他方は羽根を失った。そして huangana とよばれる野豚と、coati すなわちメキシコ・マングースとの間にも戦闘の徴候があった。しかしながら、後者は、例によって例のごとく猛烈ではあったが、野豚の歯の一咬みにあっては大変と慎重にも三十六計をきめこんだ。鳥の生活は戦闘の状態の連続である。そして私の顎鬚の上で眠り、私の口髭の中で狩猟をやる。情が深くて、きゃしゃな

pinshi 猿（フムボルトの midas leonina）を除いては、何ものも平和をまもらないのだ。

ナポ河経由で、キトー付近からやってきてタラポトに向かう二隻のカヌーに話しかけた。この一行はナポ河を一〇月三日に船出した。彼らは、河口から二カ月半の行程のナポ河に注ぐコカ河の河口に至ることができるけれども、私のこのボートでは水深が浅いのでそれより上流には行けないだろうと語った。ナポ河流域にはキリスト教化された町がごく僅かあるという。これらのボートの漕手は私が見てきた連中よりも獰猛な面をしていた。私はウアヤガ河の伝道館で大勢のキトーの住民に出あった。彼らの大部分はキテニヨ族（Quitenos）の子孫である。事実、これらの伝道館は以前はキトーの管区の主任司祭の管轄と指揮下にあり、またインディアン伝道を最初に試みたイエズス会士の大部分はキトー地区からやってきたのであった。この地方には、三〇人のイエズス会士が最近ニューグラナダから追放されてエクアドルに赴き、キトーで歓待を受け、同会の古い伝道館を彼らに与えるように要求した。そしてエクアドルの権力の及ぶ範囲では彼らの希望通りになった。ナポ河からきたこの一行は、ナポ河のエクアドル地域の知事 Gefe politico は居住地を去り、最近作業を始めたフランスの鉱山会社に労働者を供給するために、河を遡って行ったと報じた。ナポ河の砂には沢山金が混っていると一般に信じられている。しかしそれがほんとうならば、モヨバムビノ族が採集しているにちがいないと思う。白人は時々インディアンから金屑を沢山手に入れる。しかし、金を発見するために組織された探検隊は成功したためしがなかった。ナポ河のインディアンは以前、政府に金屑で税金を支払ったが、伝道区になったために免税されたので、もはや金は採集されないのである。

マイナス教区の住民は、特別の法律によって、ペルーの他のインディアンが政府に支払っている人頭税一人当り七ドルが免除されている。このような免税は、住民が森を開拓して農業によって辛うじて糊口の資を得るにすぎないという理由に基づいている。同州の人びとはこれを賢明な法律だと思っていない。その法律の成立以来、インディアンの性格が堕落したと考えている。彼らは、インディアンをして働くことを強制するような法律が国家のためにも住民のためにも必要であると考えている。

一一月七日　イキトスは人口二二七人の漁村である。そのかなりの部分、つまり九八人まではサン・ボルハの白人と混血種《メステイソ》およびパスタサ河とサンチャゴ河のウアムビア族（Huambias）によって二、三年前、駆逐された上流教区の住民たちであった。この事件は一八四一年におこった。一八四三年に、同じインディアン達が、マラニョン河上流に位置するサンタ・テレサ村の住民を皆殺しにした。私の友イフラは、事件当時同地にいた。彼は死体を埋葬してやり「マイナス紀行」に事件の詳細を発表した。

一八四三年一〇月、イフラはモヨバムバの一七人の若者とともにサンチャゴ河の砂を洗って金を求める遠征隊を組織した。彼らは県から武器をかり、その上軽防禦軍として、弓矢で武装したラグナの六六人のコカミヤ族を徴用した。彼らはまたヘベロのインディアンを八五人、洗金のための労働者としてやとった。彼らの出発後、一八四一年にサンチャゴとボルハから追放された人びとが、故郷を回復し、蛮人に報復することを希望して四五〇人も一行に加わった。

一行は陸路モヨバムバからバルサ・プエルトに赴いた。それから北に進んでヘベロに出、カウア・パナス河口のバランカの港に到着した。そこから彼らはアマゾン河を遡ってサンチャゴ河口に至らんと船出した。バランカでは、サンタ・テレサの虐殺事件のこまかな情報をうけとった。

一人のモヨバムビノ人、カヌト・アコスタは、一行が金をとりつくしてしまい、彼がサンタ・テレサ付近の人びとによって公認された少量の金さえあつめることができなくなるのではないかと、先に急ぐと、サンタ・テレサでウアムビア族の大部隊に出会った。彼らは、サンチャゴ河を「交易」という表向きの目的のために下ってきていたのだった。アムブスチャという名の同部族の司祭にアコスタは、大勢のキリスト教徒が手に武器を携えて人民を征服し、奴隷化しようとやってきつつあると語った。司祭は話題を転じて、アコスタに包み袋の中に何をもっているかを尋ねた。その返答は、他の言葉よりもいっそう馬鹿げた邪悪なものであった。なぜならば、インディアンの信じやすいのを利用しようと思って、あるいは彼を畏怖せしめんと願って、アコスタは、彼の袋の中にウアムビア族の全部族を殺すに足る伝染病をもっているといったのである。それは死刑執行命令だった。司祭は槍を身体につきさし、甲高い口笛を鳴らした。まわりの家々の間に散らばっていた彼の部族民たちは虐殺を開始した。彼らは四七人の男を殺し、六〇人の女を連れ去った。二、三人の男が森の中に脱れた。インディアンたちは、一人は七歳、もう一人は九歳の少年を助けた。そして彼らを、一隻の筏に乗せて、採金隊に対して、「お前たちがやってくるのを知っている。おれたちは友人パトゥロ族（Paturos）、チンガノ族（Chinganos）の助けをかりてお前たちと、この国の領有を争う用意がある」と伝言して、アマゾン河に押し流した。その筏は、バランカを通りすぎて漂流するうちに発見された。

黄金探求家たちはマラニョン河の辺境に、黄金を見出すことはできなかった。それやこれやで仲間割れし、蛮人を怖れるようになった。そんな次第でサンチャゴ河口に到着する前に分裂して目的を放棄してしまった。

イフラと二、三名のものたちは、ペルーの樹皮の採集をすることになった。彼らは二、三年間ウアヤガ河口付近の森林中で過ごした。そのうちに厖大な樹皮を集めたので、イフラが浮かぶ家と形容したような、陸上の家のあらゆる設備と便宜をそなえた巨大な筏に乗せて、それをパラに下した。パラに着いて、積荷を薬屋に検査してもらうと、良質だといわれた。そしてある商会は八万ポンドと評価した。しかし、彼らはその申し出をことわった。一隻、船をやとって、積荷をリヴァプールにもっていったが、そこの薬屋は、数年の労働の結晶をまったく無価値なものであると言明したのであった。

一一月九日　午前一〇時ペバスに着いた。ペバスの住民が、ナウタの友人、バルディビア神父の指揮のもとに、流れを約四分の一マイル遡ったアムビヤクというところに新しい町を建設しつつあった。この河は、ペバスの二マイル上流で、アマゾン河に注ぐ河である。
新しい村は、まだ名前がなかった。イフラは、それが、新長官の名に因んで、エチェニケとよばれることを希望した。だが私は、インディアン語でしかも音のよい「アムビヤク」を主張した。人口はすでに三二八人を数え、ペバスのほとんど全人口が移ってきたのだ。住民は主にオレゴネ族

(Oregones)、すなわち大耳族で、彼らは一片の木を耳の切り口にさしこんで、だんだんその寸法を大きくして、ついには耳朶《じだ》が肩にたれさがるようにする。しかしながら、現在はこの習慣をつづけておらず、私はこのようにして変形した耳をもった二、三人の老人をみかけただけだった。

午後ペバスの町を訪れた。今はほとんど無人に近く草や花とともに生い茂っているのみであった。われわれは家の間を牛が徘徊しているのに出会った。それは肥えており、良好な状態にあった。町は河の岸のすぐそばにある。ここでは河にめずらしく島が認められず、四分の三マイルの広さをもち、見たところ深くて早かった。岸に狭い鉱脈となって露出している黒いスレートの標本を新しい町にもってきて燃やしてみた。それは瀝青《れきせい》の強い臭気をはなって一晩中燃えた。

一一月一五日　イフラと私は、一緒にヤグア族(Yaguas)のサン・ホセ教区に赴いた。これはヤグア・インディアンの村で、人口二六〇人、アムビヤク、すなわちエチェニケから東北に約一〇マイルの地点にある。

サン・ホセは幾分凸凹した地帯をこえて、森の小径《こみち》を通りぬけたところにある。途中、二条《すじ》か三条の小石の河床をもった小川をこえなければならない。渓谷の両側には黒いスレートの岩が現われている——私がチャスタのポンゴ河を立ち去ってから見た最初の石である。輝かしい羽毛の鳥が時時われわれの道を横切り、森には芳しい香がたちこめていた。

ヤグア族は行列をつくり教会の鐘をならし、太鼓の音楽を奏でて司祭を出迎えた。小径につき立てられた棕櫚の葉の小さいアーチの下をとおって僧院に彼を導いた。そこでわれわれは歩行のつかれを充分に休息させることができた。

彼らは外見と衣服とではまったく完璧な蛮人だけれども、ご面相は、空ろで間が抜けていて、全然蛮的なところはない。彼らの平常の衣服は腰のまわりの木皮の帯と、帯の前後にぶらさがった長さ一フィートばかりの、モップみたいな木皮の房である。そして頸や腕のまわりに、同様の房を数珠玉と一緒にぶらさげている。これが日常の服装である。祭りの日には身体中を明褐色に塗り、この地の上に赤と青とで幻想的な模様を描くのである。肩の上におよぶコンゴウインコの長い尻尾の羽根を腕輪につきさし、小さな鳥の翼の羽根からつくった帽子をかぶる。これで一般的な服装は完成するが、目と鼻と口を露出しただけで、あとは全部短い白い羽毛をくっつけた伊達男を見たことがある。

司祭とバラヨ族（Varayos）の一部のものは上衣とズボンをまとい、彼らはその下に民族的衣裳を一着、着用に及んでいると聞いている。女子の衣服は尻のまわりに一ヤードか二ヤードの綿布をぐるぐるまきつけたものだ。彼らは酒と踊りには強い連中だけれども、働くことを憎む。

彼らは独特の家をもっている。きわめて長くて細い柱が約三〇フィートの間隔で、相対して地上にうちこまれる。その端をてっぺんで相い結び、高さ約二〇フィートのゴチック風のアーチをつくる。やや低い柱をアーチのすき間に立てる。全体は二、三の出入口をのこして地面まで葺く。家は外から見ると巨大な蜂の巣のように見える。内側は、籐の壁でくぎって、小さい部屋をつくり、それぞれ一部屋が一家族の寝室になる。四家族か五家族が一軒を占め、中央の広間は共同で使用される。掃除をしたり、地ならしをしないので、忌わしい乱雑なものである。各戸の前に一つの水溜りがある。なぜならば、この家の構造上、雨は、中天からも、屋根からも、直接にその中に注ぎこむからである。

夕べのお勤めの後、インディアンたちはお祭りを始めるために帰って行った。彼らは一晩中はおろか翌朝一〇時まで太鼓を鳴らしつづけた。一〇時に彼らは一団となってわれわれをミサにつれて行った。大部分は夜の乱痴気騒ぎで前よりも疲れはて、地上にだらしない、間の抜けたふうをして坐っていた。そして時々お互いに喋ったり笑ったりして、神聖な儀式に感応しなかった。

この教会があまり貧しいので、万一私が帰還したならば、合衆国のローマ・カトリック教徒に寄付金を訴えようと決心した。司祭の衣裳はボロボロだった。水盤は、一つの瓢簞《ひょうたん》、一つの小さな土製の水差し、および一枚の木綿タオルであった。そして聖体は鬚剃《ひげそ》り箱の中におさめられ、聖葡萄酒が酢の薬味瓶におさめられているのを見て、私は痛ましく感じた。

ミサと行列の後で、インディアンたちは、われわれとともに僧院にもどり、朝食をとっている間、音楽でもてなしてくれた。太鼓が小さかったことはもっけの幸いで、さもなければ、本当に聾になるところだった。六つの太鼓はのべつ幕なしに打った。一人の鼓手が眠りだしたが、それでもわれわれはちょっとも楽にならなかった。何故ならば、隣の男が彼の代わりに太鼓を叩いたからである。ほとんど男の人口の全部が僧院の中に群り集まった。朝食はインディアンがもってきた。すなわち各家族が一皿ずつ提供したのである。老婆たちは皿が自慢で、われわれが食べるのをみて満足して、さかんにすすめた。彼らは嬉戯を昼も夜もつづけた。

月曜日にわれわれは、珍奇なものを見るためにインディアンの家を訪れた。男たちはハンモックの中に伸びていて、マサト酒の宿酔を発していた。辛抱強く、忍耐力のある女達はハンモックをつくるために棕櫚《チャンビラ》糸を撚っているか、旦那様のお酒をつくるためにユカ芋を洗っていた。われわれは、一つか二つのハンモックと、測深索用チャンビラの撚り糸以外には何も手に入れることはできなかった。インディアンたちはハンモックをかくしていたのでわれわれは杖でそこらをつつきまわって、ハンモックを探して歩いた。かくした理由は、彼らの大部分は、神父《パドレ》に借金があるからで、この借金を払うことは、文明人と同様野蛮人にも趣味に合わないことらしい。

彼らの唯一の製造品は粗末なハンモックで、ペルーではchambira、ブラジルではtucumとよばれる。棕櫚の一種の「てっぺん」の繊維からできている。その樹木はとても硬く、長く鋭い刺で護られている。木のCogolloすなわち「てっぺん」を切り、葉を適当な幅に裂き、葉の外部を蔽《おお》っている繊維を剝《は》ぎとる——この作業は指で器用に行なわれる——のは一日仕事である。普通の大きさの「てっぺん」から約半ポンドの繊維を産出する。その繊維を撚って、その一部を染色し三ないし四ポンドのハンモックを織る。かくして、でき上ったハンモック一枚は銀貨で二〇セント半、あるいは物資で二五セントうけとるとすれば、彼らの労賃はひどく安いことになる。

女はこの糸をとても器用に撚る。彼女らは地上に坐り、多数の微細な繊維よりなる二本の糸を左手の親指と他の指との間にとり、少し間隔をおいて右腿の上におく。右手のすぐ手もとの腿の下にある一巻で彼女は各糸を撚る。そのとき、彼女は、ほとんど目にとまらない腕の動きで二本を一緒にし、そして腿の上の一巻きが綱をつくる。一人の女が、一日にだいたい普通の撚糸の寸法で五〇尋《ひろ》撚る。

インディアンは私にある鳥をもってきてくれた。しかし彼らは、森の中にはいって行って珍しい鳥を狩りにゆくにはあまりに呑兵衛であり、怠けものであった。彼らの家の付近で射ちとることのできる鳥をもってきたのにすぎなかった。

サン・ホセの気候はきわめて心持よい。それはペバスよりも乾燥していて健康によいようにみえる。蚊も少ない。私が過ごした二夜の間、大気はきわめて明晰であった。私は普段よりも、もっと遠く、もっと小さな星をみることができた。

この村の歴史は、インディアンの神父や教会に対する愛着心を示すものだ。

数年前、ホセ・デ・ラ・ローザ・アルバ神父は彼がサンタ・マリアとよんだ、現在の駐在地から、北東に二日行程のヤグア族の村に伝道館を建設した。所用で彼はペバスに行ったとき、思いがけなくも、そこに一五日間引きとめられた。インディアンたちは彼がそこに帰ってこないのを見て、一同論じ合った。「神父さんはわれわれのところから立ち去った。われわれは彼のところに行こう」と。そこで彼らは司祭がのこした私有財産をとりあつめ、教会の器具や調度を、扉にいたるまで担いで家に火をつけて出発し、ペバスで神父と一緒になった。神父は彼らを現在のところにみちびいた。そこで家々をたてて居を定めたのであった。

小神父もまたインディアンにかなりの影響力をもっている。もっとも、彼らは神父が彼らの要求に同意しないときには、彼の行為をローザ神父のそれと比較する。

ペルーのインディアンの状態を見るのは痛ましい（ブラジルのインディアンはそれ以上に悪い）。彼らの文明は粗野で、そして何事も教えられない。一般に善良でよく働く、善意の神父たちは、教会に対する服従、その儀式の遵守《じゅんしゅ》を教えるが、「教義《ドクトリナ》」の内容をつゆほどさとることなく、鸚鵡《おうむ》のようにくり返すことで満足しているようにみえる。しかしながら司祭たちは、インディアンが悪いのだ――彼らは理解できないのだという。ティエラ・ブランカのロレンテ神父《パドレ》は信徒をいささか進歩させたから、もう彼らの理解力に多少訴えてもよいと思った。そこで彼は、彼らがまだ見たことのない処女マリアの小さな石膏像を示して、この像は神の母を表象していることを説明しようと努めた。そして彼女を崇拝し、祈禱《きとう》を捧げるように教えた。彼女は人間の中でもっとも尊いものであること、彼女の息子の仲裁によって人間の罪障が許されるのだ等々を説明しようと努めた。インディアンはその像を手から手に回しながら大いに注意を払った。神父さんは彼らに反応があると考えた。しかし、彼らの注意はまったくその像そのものに注がれて、お説教は無駄だったことを示した。一人のインディアンはその像が男なのか女なのかを知ろうと思って司祭のお説教を中断した。その司祭は説教を絶望して止めてしまい、再び感覚に訴える教会の儀式のみにたちもどった。それは（人間的にいえば）彼らの尊敬と服従とをかち得るものであり、彼らの文明を進化せしめるためには、他の宗教的教化体系よりも、はるかに適当なものである。

インディアンの心は正に子供の心にそっくりであるから、教訓によるよりむしろお手本によって生長するのに相違ない。私は健全な規律をともなったよいお手本は、この柔和な民族に益するところが大であると思う。もっともインディアンの性質をよく知っている理知的な人びとも少なくない。彼らはインディアンを取り扱うには首を吊すのが何よりだと考えている。彼らは良い市民にはならないし、奴隷にはなおむかない。そして（控え目な言葉をもってすれば）「彼の占めている空間の方が彼が存在することよりももっと価値がある」と躊躇することなく述べる。私が、彼らと交通しようとすれば、彼らを破滅に導く結果に終わる。しかも合衆国におけるインディアンの場合は、この信念の裏書きをしているものと思う。彼らは法の拘束や単調な労働には堪えられない。白人が彼らの改善をはかると、消滅するまで後退する。これが運命であるようにみえる。文明は、蛮人の頸筋の上を踏みつけ、生命を奪うまで踏みにじっても前進しないではいられない。

私はこの場合、ペルー政府は次のことに心すべきだと思う。——教区の行政のために、簡単な法典を起草すべきであること、国費で賄われた給料をもって知的な知事を任命すること、小型の村落を禁止しインディアンを集中させること、独裁権をほしいままにし、しかもたっぷり俸給をもらう秀れた総督を任命すること、彼の意のままに使用できる二〇〇〇人の兵力を養うために住民に課税すること、そして、特権と土地の譲渡によって植民を誘《いざな》い、同地方を公開すること。たとえインディアンが進歩しなくても、この方法なら、大してひどい目にもあわずに少なくても彼らはポンと投げ出されるだけですむであろうし、この光栄ある国は、人類の生活向上のために正当な役割をはたすであろうと思う。

一一月一八日 エチェニケにもどってきた。休まず歩いて三時間かかった。オレホネ族(Orejones)は蛮習のいくらかを失い、だんだん開化しつつあるとはいえ、女に仕事の大部分をやらせて恬《てん》として恥じないほど野蛮である。私は今日、二〇人の怠惰な悪漢どもがそこらをぶらぶら遊び歩き、同数の女たちが土と水とを運んできて、それをどろどろに踏みつぶし、僧院の壁を塗っているのを見た。また女たちが、町の雑草や藪をとりのけているのを見た。しかも彼女らの大部分は、子供を背負っていた。彼女たちはきわめて早婚である。まだ子供だとしか思えない女たちが、赤ん坊をつれており、それが、彼女ら自身の赤ん坊なんだと私は耳にした。彼女らはお産では大して苦しまない。そして分娩後数時間で入浴し、出作り畑《チャクラ》に行ってユカ芋の一荷を家にもってくるのである。

一一月二四日　出発の準備をする。われわれのボートにナウタでお粗末千万なまいはだ〔槙肌：水漏れを防ぐため、継ぎ目に詰める木の繊維〕を充分に詰めておいたが、もう一度詰めなければならなくなった。詰めものは、machinapuro とよばれる木の内皮を打ちつぶしたものである。それは非常に工合がよく、しかも森にはふんだんにある。それは、厚木綿毛布当り《マンタダ》、すなわち一人のインディアンが彼の毛布で運べるかぎり、一二セント半である。インディアンは一人一日で二マンタダを採集し打ちほごすことができる。一〇ないし一二マンタダが私のボートを充塡するのに必要である。この地方の瀝青《チャン》は蟻の一種が木の中に堆積したものだという。私はそれを一度もそのままの状態で見たことはなかった。インディアンは瀝青を集め、軟らかくなるまで加熱して、薄く幅広い煉瓦形に練り上げる。それは重量一アロバ〔二五ポンド〕が六二セント半であるが、粗悪品で、よりよい種類のは、黒蠟とガム・コーパルとを混ぜてつくる。

バルディビア神父はわれわれを大変親切にもてなしてくれた。われわれは彼のアグアディエンテ酒をのみ尽くした。そして彼はときどき、ロレンテの教会のためにもってきた葡萄酒をご馳走した。それは弱い白葡萄酒である。故郷ではとても喉に通らないようなしろ物であったが、ここではとてもおいしく感ぜられた。きわめて多くの事物についても同じことがいえる。最初は好まなかったけれども、焼いた未熟のプランティンは今日ではパンの絶好の代用食となった。ユカ芋を炙ったのはまったく大ご馳走となった。われわれは赤い頭の小魚をフライにしてとてもおいしく食べた。私の示唆によって神父も、二、三尾を揚げさせては一杯のチョコレートとともに彼の夕食の食卓にのせた。われわれの口に合うものが少なかったせいか、それともココアが新鮮なせいか知らないが、以前は嫌いだったチョコレートが今ではすっかり舌ざわりがよくて、しかも爽快なものとなった。豆を簡単に炙って粉にする。そしてチョコレートはコーヒーと同じ方法で作られる。

夕食の後、われわれ――つまり、神父、総督、イフラ及び私は、蚊を払うために扇をもって、シガーに火をつけ、ハンモックに身体をすっかり伸ばして、就寝前の一時間を心持よい会話に過ごした。この国では司祭は、世論の力によるとはいえ、知事よりも、否、総督よりも権力をもっている。私はナウタでその一例をみた。そこでは、ある男がアレバロには面と向かって対抗していたが、神父の命令には、不平をいいながらもあえて争うことなく従うのであった。事実、バルディビア神父は、半分はインディアンの血を承けており、また単純そのものの心の持主であるが、断固たるところもあり、しかも精力的な男である。ある時、森を開いて新しい町をつくろうとする神父の願いに反して、ペバスの知事がその村のインディアンたちを、ナポ河のサルサ集めに連れ去ることに成功した。知事が帰ったとき、司祭は彼とはとても一緒に生活することはできない、どちらかが職を辞して出て行かねばならないといった。知事は、司祭の権力と影響力を知っているので、競争することなく彼の地位から退いた。神父が新しい村をつくるのには、多くの反対と摩擦があった。ペバスの女たち（白人の妻たち）まで彼の仕事を笑い、あざけりにやってきた。しかし、神父はバラヨ族をよび、ご婦人たちを、カヌーにつれて行き、馬鹿丁寧な礼儀をもって、彼女たちを帰宅させた。

われわれはインディアンから catao〔アマゾン河畔の大戟科植物、ブラジルでは assain という〕の有毒な乳汁をもっとたくさん手に入れたばかりか、乳樹の乳も手に入れた。新鮮なときは、彼らはこれをのむ。瓢箪に入れて私のところにもってきたときには、ちょうど搾りたてのように泡だち、きわめて豊かで魅惑的にみえた。しかしながら、それはすみやかに凝固し、膠《にかわ》のように固く、粘っこくなる。インディアンたちは、この性質を利用して、眉毛をとり去るのに用いる。それは見たほどに痛い手術ではない。なぜならば、彼らの眉毛は生ぶ毛程度にすぎないから。乳が凝固するとそれは膨脹し、瀝青で封をした壜のガラスの栓がはずれてしまった。われわれはまたこの地方の偏桃を手に入れたが、よそではどこでも見たことがない。それは大きさといい、外観といい、普通の黒いクルミに似ているが、味はブラジル・ナッツ〔ポルトガル語でカスタラヤという〕に似ている〔アーモンドすなわち偏桃の実がブラジル・ナッツに似ているということは合点がゆかないが、原文のままにしておく〕。

一一月二六日　過去一両日、大雨が降った。数多くの人びとがカタル性疾患と頭痛にかかった。神父は雨季のはじめに住民の半数はこの病気にかかるのだと語った。この病気は romadizo とよばれ、インフルエンザに似ている。イフラと私は二人とも、頸と肩の背がリューマチ性の痛みで不快だった。これは別に不思議なことと思っていない。というのは、いつも、塗りたての壁に寝巻がふれてしっぽりと濡れるほどの湿っぽい部屋の中で寝ていたのだから。しかも、雨は、枕元の開いた窓から私の頭や肩の上に降り注いでいた。長靴は毎朝どろどろになり、鉄砲はなかば水びたしになった。

私はロマディソで大変苦しんでいる神父の召使にドーヴァー散を一五錠やった（これが適当だったかどうかはわからない）。また数日来、激しい下痢を患っている神父の姉妹に、一五滴の阿片チンキをやった。この老婦人は直ちに回復し、こんな素敵な薬《メディオ》に出あったのは初めてだといった。私は処方を付して、それを一瓶渡し、これは恐ろしい毒薬だといったら、彼女はあっけにとられたようだった。当地の一流のインテリでさえ、おかしなことには、医薬の性質については全くの無知である。彼らの大部分は、甘汞や阿片のようなありきたりの薬でさえその効力はおろか、名前さえ知らないのである。大部分のスペイン人も同様ではないかと疑われる。おそらくスペイン人の医師は、科学をいつも偉大な神秘として一般には教えなかったのだと思う。

われわれは午後一時にエチェニケから出航した。音楽的ではあるが、ちょっと離れると、錫の鍋のカタコト鳴る音と区別をつけるのがすこぶるむずかしいような裏声でバルディビア神父はミサを歌ってくれた。そして私に、もし万一合衆国から帰ってくる機会があるならば、塩魚とサルサ根でお代を払うから小さなピアノを一台と、フレンチ・ホーンを一管もってきてくれるよう委任した。私は私の友人——博識にして紳士的なアレバロと、敬虔で、単純な心をもち、誠実で小柄なペバスの司祭に、お世話になり、またいろいろ教えてもらったことに厚くお礼をいわざるを得なかった。われわれは二五マイル離れたコチキナスに午後八時半に到着した。

人喰い鰐

コチキナス、正確にいえば新コチキナスは人口二四〇人の惨めな漁村である。住民の大部分は魚とりや賃労働を求めて外に出かけているので、村には四〇人も住んでいない。旧コチキナスはさらに四マイル下流にあって、はるかによい場所のようである。しかし、ヤバリ河の野蛮人の攻撃を怖れてこの場所に移住したのである。

われわれが朝食をとるために立ちよった旧い町は、一二〇人の住民をもち、そのうち、二五人が白人で、ほかは、マルボ族（Marubos）とよばれるヤバリ河のインディアンである。彼らはヤグア族よりも簡単な服装をしており、臀部にぶらさげた雑巾なしで済ませている。彼らは小さなカールした口髭、顎鬚を生やし、他のインディアンよりも色が黒く、狩猟にのみたよって生活している。

一一月二九日　午前九時、二〇マイルの旅行の後、われわれはCaballo cocha（馬の湖）の渓谷に入った。それは幅約八〇ヤード、真中で水深一八フィートである。水は澄んでおり、アマゾン河の泥水とは気持よいほどの対照をなしている。しかし、渓谷の中は水がよどんで流れないので、澄ますときわめて良質の飲用水が得られる。主流の水ほど飲用には適さないように思われた。

村は渓谷の畔に位しており、その入口から一マイル半、湖からも同じ距離である。それは、ティクナ・インディアン（Ticunas Indians）を主とする七五人の住民からなっている。彼らはマラニョン河の一般のインディアンよりも色が黒い。もっともマルボ族ほどではないが。彼らは無鬚でマルボ族のようにニグロ的な顔つきをしていない。住居は内側から泥が塗ってあって、私が見てきた他のインディアンの家よりもはるかに体裁よく、快適である。しかしながら、これは全く司祭フロレス神父の活動と精力とによるもので、神父は彼らの生活をよりよい状態に導いているようにみえる。インディアンは今や教会をたてつつあり、それが完成の暁には、山地《モンターニャ》地方随一のものとなるであろう。

男たちはみな品よく上衣とズボンをつけている。そして女たちは、腰に綿布をまいているほかに胸をおおう短い上着《チユニツク》を着ている。フロレス神父は、バルディビアの真率な単純性と心のあたたかさと、親愛なるカルボ神父の高貴なる忍耐力、寛仁大度とやさしさとを欠いてはいるが、インディアンにとってはより良い人物であり、彼らを操縦するのに誰よりも成功している。彼はインディアンが教会にやってくることを気にかけていない。何故ならば日曜日の朝、ミサにインディアンは一人もこないからである。もっとも神父はわれわれにお勤めに出席することの重要性について訓戒をたれたのであったが、しかし彼らは神父をおそれ、彼のために働き、自分自身と家を清潔にし、村の道路を秩序正しく清掃することに注意している。そして、この村のインディアンは、他の地方のそれのように忌わしい飲酒と舞踏とで日曜日を終えるようなことはなかった。

町は、広い平野に位置している。土壌は軽く、どちらかといえば砂混りの性質で、それは雨季にさえ急速に水を吸収し、歩行を常に心持よくする。アマゾン河畔の他の村々では、めったにないことである。気候はきわめて暑いそうである。村はまた森でびっしり囲まれていて、微風をさえぎっているから、乾季にはとくに暑かろうと思われる。しかし雨季にはあまり暑くない。

鰐のために、峡谷で水浴することはきわめて危険である。私の到着する直前に、一人の婦人が夫と一緒に、夕べの帳《とばり》が下りてから水浴していたところを、この怪物によって連れてゆかれた。材木のかげに横たわっていたこの爬虫類が匍《は》い出してきたので、不幸な亭主は棒で四、五回したたかぶん殴ってみたが、岸辺で腰を下ろし、瓢簞で頭の上に水を注いでいた彼の妻を、口にくわえて運び去った。その後彼女の屍《しかばね》は渓谷の何処からも発見することはできなかった。翌朝、神父は鰐どもに宣戦布告をした。鰐を殲滅させるために、インディアンは銛と槍で武装して出動した。彼らは沢山の鰐を殺した。そして、彼らが殺した最初の奴の胃の中からまだ消化されない女の体の一部が現われたことは注目すべきで、これこそ犯人だと皆は考えた。私は相当沢山の鰐がよってたかって女を食べたのではないかと考えている。

湖は直径二マイル半の美しい、ほとんど円形の水面であって、中心部で深さ二〇フィートである。そこには数多くの水禽がいるが、主として鶴と鵜である。

フロレス神父は、いつものように、われわれに彼の家の一室を与え、そして食卓をともにした。私は彼がもっているきわめて古めかしい銀の匙を賞讃した。そしてイフラは、柄についている武装した人像とライオンの頭とから、フェルディナンドとイザベラの時代のものだと判断した。すると神父は、かの人種特有の慇懃《いんぎん》さをもって、私にそれを受けとるように言い張った。私はヴァンダリア号のR・E・ジョンソン中尉からもらった、モロッコ皮のケースに納められた綺麗な大コップ一組を神父に強いてうけとってもらって、私の最大の鄭重さを示した。

暗くなってのち、彼はインディアンが、病人の治癒のために行なう呪術を見に行こうといいだした。遠くから音楽が聞こえてきた。そして音楽が流れ出てくる大きな家に近づいたが、神父は、この中ではいつも誰かが病気であるといった。われわれは閉ざされた扉のところで傾聴した。内では大勢の人が歌っているらしかった。私はすっかり魅せられてしまった。今までに一度もこのような調べを聞いたことがないし、器楽でさえこれに匹敵することはできないだろうと思う。私はインディアンが動物のまねをする能力にしばしば驚いてきた。しかしこのような音楽を聞いたことがなかった。その調べは、人間の喉から出てくるものとは到底信じられないくらい、低く、かすかで、喉音的で、同時に甘美であり瀏喨《りゅうりょう》〔澄んでよく通る音〕でもあった。そしてそれらは他界の精霊たちに話しかけるのに適した音だと思われた。

誰かが扉に近づいてきたので、司祭と私とは逃げた。何故ならば、私たちは、他人の家の戸口で聴き耳をたてるほどに卑しいけれども、捕まるのは恥かしいからである。しかしその後、聞こえないのでわれわれはもどってきた。イフラは例の大胆さをもって戸を開けて内にはいろうと提議した。戸をあける物音で一部の人びとは引退ったが、われわれは音楽を聞くことができ、内部の事情を見ることもできた。われわれがはいったとき、たった二人のインディアンが――一人は老人で一人は若者――床の上に燃えさかるコーバル〔一種の樹脂〕の小さな堆積のかたわらに坐し、煙草を噛みながら土製の壺に唾を吐いていた。その若者は不機嫌な顔をして壁の方に顔を向けた。神父が老人の頭をなでて、音楽をつづけるように希望したとき、この老人はほほえみはしたが、そのほほえみたるや、愉快さも満足もない、迷惑そうな感じのほほえみであった。

小屋は大きなもので、暗黒の中ではいっそう大きく見えた。その端にはあかりが燃えていたが、一マイルも離れているかのように感ぜられた。イフラはその大きさを大股に歩測して、二四歩であることを発見した。屋根を支えている柱と柱の間にハンモックが重ねて吊られており、どれもこれも人間がはいっているらしかった。家の一隅には籐の仕切りがあって、その中に一人の少女がいることを私は知っていた。彼女は多分われわれを好奇の眼をもって見つめたであろうが、われわれは彼女を見ることができなかった。私は以前に、山地《モンターニャ》地方の大部分のインディアンの間では、少女が女になる時期になると、家族が祝宴に要する費用を捻出できるまで、彼女を閉じ込めるのが慣習だと聞いていた。そしてその祝宴の時にはみなが招待され、全員が酔っぱらい、乙女は多くの儀式をやって席に引き出され、求婚してもかまわない部族の女であることが公表される。この幽閉はときどき四、五カ月もつづく。何故ならば、インディアンは準備を急がないからである。しかし、ユカ芋を集め、マサト酒を醸造し、乾燥した猿の肉がたっぷりできれば準備完了である。そこで、あわれな少女が屋外につれ出される時に、彼女は日に当らないために真白くなっていることもめずらしくない。娘たちは、こういう年頃になっても、憂鬱な禁錮よりも元気に歩きまわる方を好んで、女になったことを家族にはかくすこともあるようである。

一二月一日　私は村の家々の付近に六ないし八フィートの高さの、それぞれ yanapanga と

pucapangaとよばれる一対の灌木が生えているのに気づいた。前者の葉からは黒色の染料がとれ、後者の葉からは、色も豊かな緋の染料ができる。商業用のインディゴのように（もっとも、もちろん色は別だが）、これらの葉から新しい染料ができはしないかと想像した。そして私がブラジルに到着したとき、この地のインディアンが洋紅と、色の輝きのまったく同じのcarajuruとよばれるプカンガの緋の粉を作っていることを発見した。この染料を商業用にしようとする努力がなされてきたものと信ずるが、何故失敗したかは知らない。私は故郷に見本をもって帰った。

フロレス神父の二人の兄弟はナポ河畔にサルサ根をとりに遡って行って、間歇熱《テルティーナ》にかかり、すっかり病人になっていた。これは悪性のマラリヤである。病人は消耗し、黄色くなり、そして脾臓がはれる。私はマラニョン河を下ってくるときに、いくつかの例を見たが、すべて支流で罹病したものであった。この病気が本流で発生した例は一つも見もしなければ聞きもしなかった。

一二月四日　北東からつめたい風が吹き、しかも雨が降りしきるロレトを午前六時半に出発した。気温は七六度（摂氏二四・四度）の温度をもって寒いとよぶのは奇妙である。しかし、実際その温度で私はきわめて不快になり、猿どもはほとんどこごえていた。

ペルー、ブラジル国境の中立地帯の長さは、河の屈曲部から、二〇マイルばかりである。ナウタで購入したボートに、アメリカの国旗をかかげていた。しかしブラジルの水域でそれをかかげることは多分許されないだろうと聞いていた。したがって、タバティンガで船籍を登録するときには、ブラジルの国旗を掲げた。そして私が制服を着て上陸したので、これまた制服を着た隊長によって迎えられた。私は彼に、直ちに私のブラジルの旅券を提出した。

全く森の中に埋れたペルーの村々に比べ、タバティンガは、森を四〇ないし五〇エーカー切り開いた緑の草原に囲まれ、その真中に実を結ばないオレンジの古木の杜がこんもりとしているのを見るのは全く愉快だった。家屋は僅かしか見られなかった。何故ならばティクナ族が今なお森の中にいるからである。目にとまる家々は兵営と、ここに住む白人——しかしながら、インディアンとの対比における「白人の家」である。この地のただ一人の純粋な白人はブラジルに長らく居住し、大勢のブラジル人家族を伴っているフランス人であった。この屯所は、ジョゼー・ヴィリスモ・ドス・サントス・リマ海軍中尉殿と一人の士官候補生、一人の軍曹、一人の伍長によって指揮された二〇人の兵士によって警備されている。タバティンガの人口は約二〇〇人で、主にティクナ部族のインディアンである。それは正面が幅約半マイルばかりの河で、最前線は砦から最長の着弾距離にあり、国境の屯所としては恰好の位置を占めている。砦は現在廃墟となっており、大砲は、二門の長い真鍮の一二ポンド野砲である。

私は合衆国の旗をかかげなかった。隊長はそれを喜んだらしかった。彼は、合衆国旗が河の下流では反乱をひきおこすかもしれないといい、カステルノー伯は、数年前にここを通過したが、彼からブラジルの旗をかりて、舟にかかげたと私に語った。彼はまた、私のボートはアマゾン河の下流を航行するには小さすぎるといって、彼のボートと交換することを熱心に主張した。私は何度も断った。しかし、きわめて熱心にすすめるので、私のパスポートに書かれている、ワシントンにおけるブラジル公使の要求「ブラジル当局者は余の航行に便宜をはかり、これを妨害すべからず」を遵守せんとする国際的な義務と、外国船舶の国内水域航行を禁ずる王国法令〔当時はまだブラジルは共和国ではなかった〕との矛盾に困惑している彼の立場をみてとって、私はその申し出を受諾して、ボートを交換した。かくて彼は私の国境旅券に、ブラジル船に乗って河を下航しつつあると書くことができたのである。

一二月八日　朝は雨模様。われわれは、午前一〇時にサン・パウロに着いた。この村は現在の河の水位から、二、三〇〇フィート上方――私が今まで見たうちでもっとも高い位置――の丘の上にある。町に上って行くのは土壌が白粘土なので、とりわけ雨後には困難で退屈である。この丘の頂上に湿っぽい、草が生えた平地があるが、背後にはあまり遠くまで拡がっていない。この地は背後に沼地があるので健康的でないといわれる。人口は三五〇人で、三〇人の白人と、残りはトウクマ族とジュリエ・インディアン（Juries Indians）とからなっている。

一二月九日　サン・アントニオはイサ河の河口から約二マイル下流の村である。それは、四、五軒のブラジル人の家と、二、三軒のインディアンの小屋からなっている。住民は煙草気違いで、私にいくらか売ってくれるように熱心に乞うた。私はお金では売らないが、食物か、珍しい鳥獣となら交換しようと申し出た。彼らは町をくまなく探したが、五羽の鶏と、半ダースの卵と、二匹の小さな亀と三束のプランティンをあつめることができただけであった。彼らは、私がすでに手に入れたような動物しかもたず、ようやくコンゴウインコとpavoncitoすなわち小孔雀を一羽ずつ買い入れただけであった。これらのものに対して支払った煙草は、各人が一服やるのには充分でなかったので、お金でいくらか売ってくれと歎願した。彼らは夜更けてカヌーにやってきて強奪するのじゃないかと心配したほど、煙草に対して強い欲望を示した。私が頑として聴き容れないのをみて、悪しざまに罵りながら立ち去っていったが、これはイフラの怒りを極度に刺戟した。われわれがナウタで買った煙草の手持ちは今や極度に減少した。ウカヤリ河の航行中、食糧や珍しいものを買い入れるために、また時々一服やらないと満足しない傭人夫に与えるために、使用したからである。われわれはまた、丁寧だった知事や司祭に対しても煙草を気前よく振舞ってきた。そして今やわれわれは、自分たちがパラに到着するまで使用できる分量しかもっていない。

一二月一〇日　サン・アントニオから二〇マイルで、われわれはトウナンティンス河の河口に入った。それは、幅約五〇フィートで深くて流れが早い。この町は河口から約半マイル左岸の、小高い緑の丘の上に美しく位置している。人口は、私にはそんなに沢山いるとは想像できないけれども、二〇〇人と三〇〇人の間といわれる。それはカイシャナ族（Cayshanas）とジュリエ族と、約二五人の白人よりなっている。

われわれはポルトガルの村々には、ごく僅かしかインディアンを見なかった。彼らは離れて、森の中に住んでいるらしい。そしてだんだん、文明の前進のまえに消滅しつつある。彼らは役畜として使われ、特別の配慮が払われていない。午後二時トウナンティンスを去る。

一二月一一日　ジュタイのインディアンは、キリスト教化したマラガ族（Maraguas）であって二日行程遡った両岸に住んでいる。家屋を木でつくり、泥で壁を塗り、なかなか力学に趣味と愛着をもっている。マラガ・カトウキナ族（Maraguas-Catuquinas）は、そのうち少数が洗礼をうけ、なお二日行程上流に住み、カトウキナス・インディアンはさらに四日行程上流に分布している。

私がタバティンガから連れてきたティクナ族はサラヤキノ族（Sarayaquinos）よりも一層怠惰で不注意者である。それは彼らが無理に労役を強いられ、しかも、給料が支払ってもらえないと考えているからだと想像した。そこで私は各人に祝儀としてナイフ、鋏および小さな鏡を与えた。ところが彼らは、この後もまえより良くは決してならなかった。哀れな奴め！　彼らは長い間、酷使され虐待されてきたので、今では親切にすら不感症になっているのだ。水先案内人として、あるいはティクナ族の監督として、あるいは私に対する監視として遣わされて同行した黒人の兵士は呑んだくれで役にたたなかった。彼は河について何も知っておらず、私の酒をくすねたものと私は信じている。

一二月一四日　午前四時半に出発した。霧の朝だ。一〇時に、フォンテボアから三六マイルのジュルア河口にはいった。その左岸はきわめて低く、草と灌木柳に蔽われ、右岸は高く森になっている。それは河口で半マイルの幅があるが、一マイル遡ると、大きな島によって、二つの狭い水路に分かれているようにみえた。ジュルア河の合流で、アマゾン河は一マイル四分の一の幅であるが、ここでは大きな島が一つ正面にあって、河は多分他の側におけるのと同じ幅であろう。

ジュルア河のインディアンは、後ほどバタリャ氏から聞いたところではアラウア族（Arauas）とカタウシ族（Catauxis）であって八日遡行すれば出会うという。彼らのうち若干は洗礼をうけている。しかしアラウア族はしばしば、この河を通る商人を強奪し、殺戮する不実な部族だと記述されている。さらに二カ月行程遡ればクリノ族（Culinos）とナワ族（Nawas）の異教徒がいる。これら二つの間にカナマリ族（Canamaris）とよばれる一民族がいたが、彼らはほとんど全くアラウア族によって殲滅させられた。インディアンの人口を正確に知ることはほとんど不可能である。しかし、私が見てきたところから、また諸部族の名前の雑多なことから、それは大したものでないと判断される。ジュルア河の産物はサルサ・マンティガ〔一般にバターの意味であるが、ここでは植物油と理解すべきであろう〕、コパイバ〔樹脂〕、セリンガ〔ゴム〕、ココア及びファリンニアである。カネルアとよばれる溝（小流《イガラツパ》）の口に、ブラジル・ナッツがある。今年はジュルア河へのあらゆる遠征は、アラウア族の敵対行為のために失敗だった。

カステルノー氏は、この河で交易する人々から聞いた情報を要約して、約七八〇マイルすなわち南緯二一度付近まで遡ることができるかもしれないと推測している。ある男が彼に、一枚の小さなメダルを示したが、それは、ジュルア河の支流タルアカ河のインディアンから取ったもので、それはスペインの二五セント貨幣であった。タルアカ河の合流点の少し上手で、ジュルア河は分岐する。

左からくる流れは、白色の水をもっている。そしてその畔に住むインディアンは、水源に白人の村落があると語っている。

カステルノー氏はジュルア河の両岸に住むインディアンに関してきわめて奇妙な物語を採集した。「私はノローニャ神父（Noronha）のきわめて奇妙な一文を黙っているわけにはゆかない。しかもそれは他の点ではいちじるしく厳粛な性格の著述の中に見出されるのである。カウアマ族（Cauamas）とウジナ族（Uginas）というインディアンは（と神父はいう）、同河の水源付近に住む。前者はきわめて背が低く、五掌（約三フィート半）をこすかこさないかである。そして後者は（これについては疑いないが）尻尾をもっており、しかもインディアンとコアタ猿との混交によって生まれるのである。この事実の原因が何であれ、私は三つの理由によってそれを信用する。すなわち、第一に、人間が尻尾をもっていけないという生理的理由はなんら存在しないから。第二に、私がこのことに関して質問した多くのインディアンが、その尻尾は長さ一掌半だといって確証したから。第三に、カルメル派托鉢僧、およびカストロ・デ・アベラエンスの司祭たる神父修道僧ホセ・デ・サンタ・テレサ・リベイロ師はジャプラ河からきたインディアンが同一のものを見たと私に確言し、そして私に次のような証文を送ってきたのであった。

「余、カルメル山聖母厳修会士ホセ・デ・サンタ・テレサ・リベイロは、余の司祭としての資格において、また聖なる福音書著者にかけて証明し、誓う。後にノゲラの村が建設されしパラウアウの旧村に余が伝道者なりしとき、一七五五年、ペルナムブコ（あるいはバイア）の土人、マヌエル・

ダ・シルバなる男と会見せり。彼はジャプラ河のインディアン若干名とともにきたりしが、その中に、件のマヌエルが一本の尻尾を有すと言明したる一人——一人の異教《インフィデル》の動物ありき。しかして、余はこのような法外なる事実を信ずることを肯《がえ》んぜざるため、彼はそのインディアンを連行しきたり、亀を「檻」の中より移動せしめよとの口実のもとに、脱衣せしめ、余は真実をたしかむるためにかたわらに立ちたり。余は、誤謬の余地なく、かの男は指一本の厚さ、半掌の長さにして、平滑無毛の皮膚に蔽われたる一本の尻尾を有することを認めたり。件のマヌエルは余にかのインディアンは、尻尾のあまり長きことをよろこばず、あまりに早く尻尾が伸びるが故に、毎月尻尾の尖端を切断すると述べたりと語りぬ。余はこの男が何れの部族に属するや、また彼の全部族はみな同様の尻尾を有するや否やもしらず。されど、後に余は、ジュルア河岸に有尾民族のあることを了解せり。かくて余はこの証書に署名し、かつその包含せる一切の真なることを断言してこれを封ずるものなり。

一七六八年一〇月一四日

カストロ・デ・アベラエンス教会

神父、ホセ・デ・サンタ・テレサ・リベイロ」

バエナ氏（パラ州の名士）はこれらの奇怪な主張をくりかえすのを適当と考えた。彼は、ジュルア河について語りつついう、「この河にはカナマ族（Canamas）といわれるインディアンがいるが、彼らの高さは五掌をこえない。またウジナ族とよばれる他のものがおり、多くの人びととの報告にしたがえば彼らは三ないし四掌の尾をもっている（ポルトガルの四掌と一インチで大体イギリスの一ヤードである）。しかし、私はこれらの主張を、各人が好きなように信頼したほうがよいと考える」

カステルノー氏は、物語の後、つぎのように述べている。「私はただ一言つけ加えよう。アマゾン河を下るとき、私はかつて、フォンテボア付近に巨大な黒色のコアタ猿を見た。それは一人のインディアン女のものだったので、私は、大枚を投じてその奇異なる動物を求めた。しかし、彼女は哄笑を爆発させ私の申し出を拒絶した。『あんた、そんなことしても無駄だよ』と小屋にいた一インディアンはいった。『あれは彼女の亭主なんだ』私が四、五匹もっているコアタ猿は大きな、黒色の太鼓腹の猿である。身長は平均二フィート半であって、頭のてっぺんに僅かな薄毛を有し、老黒人にそっくりである」

私が連れていたティクナ族は、今までなんらかの交渉をもった連中のうちで、ずぬけて怠け者で役にたたない連中だった。私はこれが同部族の特徴ではないと信ずる。何故ならば、カバヨ・コチャではフロレス神父のもとでは結構良く生活していたし、流域の白人の間でも評判は決して悪くない。タバティンガで駐屯兵が近くにいるため、彼らは、風儀に決して良い影響を受けていないように思われる。ともあれ、これらの男たちは怠惰で料理の手伝いなどは全然しない。

一二月一六日　私は南岸にいて、そして二つの島の間の河口が私のそばにあるのに気づいて、私はジャプラ河の河口に向かって東方に道を横に曲った。われわれは島の通路を走りぬけ、ジュルア河口から一〇五マイル離れたところに、午後三時に到着した。

ジャプラ河は二つの河口をもっていて、その間の距離は二、三〇〇ヤード以内である。西口は、幅一〇〇ヤードで他のものより大きい。それは余り高くはないが（一〇ないし一五フィート）嶮しい、急な河岸をもっていて、美しく澄んだ黄色い流れである。流速は一時間にたった四分の三マイルしか進まなかった。流速のおそいことは近隣のより大きな奔流の影響かもしれず、また河口から上流の水はアマゾン河の「黒い水」〔アマゾン河には黒い水（agua prieta）と白い水（agua blanca）の二種類の流れがある。黒い水とは一見黒色であるが実は澄んだ水であり、白い水とは白濁した水のことである〕であろうと考えた。

ジャプラ河のインディアンは、ミラウア族（Mirauas）（大きな部族）、クリトウ族（Curitus）およびマク族（Macus）とよばれる三部族である。旅行者は河口から一六日で彼らの住地に達することができる。マク族は家屋をもたないが、森の中を放浪し、河岸に出没し、すきさえあればいつでも強盗殺人をやる（インディアンを奴隷にしようとする古いブラジルの制度が生んだ結果である）。ジャプラ河の産物はジュルア河のそれと同じで、そのほか、ペルーでプカパンガとよばれる藪の葉から作った光輝燦然たる緋の染料、カラジュルが少しある。インディアンはそれを木の内皮でつくった小さな袋に入れて、一ポンドあたり、二五セントの価で売る。私はそれが広く商品にならないことを不思議に思っている。

エガスのクリスマス

エガスの指導的人物の大部分は、黒人の奴隷を所有している。しかし、彼らは一般に家庭で家事に使用されている。若い黒人の男一人は、二五〇ドルの価値があり、もし職人ならば五〇〇ドルの価値がある。大バターリヤは私にこれ以上奴隷を買わないといった。彼は奴隷についても、土人《タプイオス》についてもともに運が悪かった。奴隷たちは、スペイン（ペルー、エクアドル及びニューグラナダをここではスペインとよんでいる）に逃走した。そして、二カ月間に、異常出血によって土人《タプイオス》を六人失ってしまった。私はこの病気は彼の家庭に限られているかどうか聞いた。しかし彼は、それは一般的な病で、アサク（ペルーの catao）の有毒な乳汁を軽微に含んでいる湖の水を飲むと引きおこされるようだと語った。多くのアサクの木が湖の水辺に生えるのである。私は、これが原因だとは思わない。この病気は、雨風にさらされることや、悪い食糧やら、果実の不注意な摂取によっておこるものと想像している。もっとも果実は僅かのオレンジとレモンのほかには全く見うけなかったけれども。バナナの一房を買うのさえ困難である。エガスには、支流でサルサ根を採集しているときにかかるマラリヤのほかには何もほかの病気はない。

一二月二五日　エガスでクリスマスの時期に出あってきわめて陽気だった。人びとはそれを活気《スピリット》をもって、しかも、多量のお酒《スピリッツ》ももってぶっつづけに行なった。何故なら、街路に大勢の酔っぱらいを見たからである。私は昨夜深夜のミサに出席した。教会は着飾った人びとで、しかも幾人かの顔の色は黒いがきわめて美しいご婦人でいっぱいだった。会衆は熱心であったが、私は、これわかかったハンド・オルガンの演奏による音楽のため、大して熱心にはなれなかった。それはときどき、キーキー、グーグーと鳴り、ハンドルの回転する音のほかは何も聞えない部分もあった。また湖で行列が行なわれた。のろしと音楽をもって動きまわる、一隻の大きな、あかりをいっぱいつけたボートと、湖に錨を下ろした材木舟やカヌーの灯の長い一列は完全な効果をおさめた。歌と、タムバリンと太鼓の音楽を伴った、黒人男女の行列は一晩中通りを行進していた。

上流階級は少量のシャンパン、テネリフ葡萄酒、またはイギリスのビールをのんでいた。生薑《はじかみ》ビールはこの気候では評判のよい、うける飲物である。サイダーを全然見かけないのにはおどろいた。下流のヤンキーがそれを上流に送らないことが不思議だ。ヤンキー時計はふんだんにあって一個一〇ドルから二〇ドルの値である。

一二月二六日　大バターリヤは親切にも彼自身の食卓からおいしいものを送ってわれわれをもてなしてくれた。そのうちの最大のもてなしはたくみにできたパンであった。われわれはウアナコを去って以来、もう五カ月間、全然パンを味わったことがなかったので、非常に嬉しかった。

クリスマスの日に彼は一対の立派な大きいスポンジ・ケーキを送ってくれた。この一片と、かなりのビールとは、長いあいだ塩魚とファリンニアで生きてきたわれわれにとって、まさに王侯の午餐であった。イフラは嬉しさでほほえんだ。われわれは大バターリヤの家をちょっと訪ねても、きわめて良質のチョコレートにありつくことができた。そして、私が不平をいわなければならなかったただ一つのことは、いつも店でもてなしをうけたことである。通則として、ブラジル人は、外人を家族に引き合わせるのを好まず、細君たちは、単調で幾分隔離された生活をおくっているのだ。ある知的で、元気なブラジル婦人が、彼女の国の慣習は、女を過度に拘束し束縛するものであると私に語り、そして、「いろいろ見聞したり勉強したり、おまけにえらくなってもいっこう差支えない他の国に移住したいという希望をもっていたために、どんなに旦那様を選択するのに苦労したかは、お話し申し上げたくないの」とほほえんでいった。

一二月二八日　われわれはエガスを午後二時、雨中に出発した。ちょうど雨季に追われて旅行しているようである。われわれがどこかで数日間留るときはいつも、雨季が追いついてくる。

私はここでサラヤクの漕手たちと別れた。彼らを失うのは非常に残念だった。彼らはたしかに怠けものではあったが、頓馬で無精なティクナ族にくらべれば活動的であり、真面目だった。彼らは常に（もっとも幾分不注意だったが）忠実でよくいうことを聞いた。私は別れのつらさはお互いさまだと信じている。彼らの真摯な声の調子と、情熱的な態度はその感情そのものを物語っていた。老アンドレスが膝をかがめ、私の手に接吻し、そして深い感情をこめて、「ご機嫌よう旦那様《アディオス・ミ・パトロン》」とふるえる声でいうのを聞いたならば、どんな巧言令色《おべんちゃら》の廷臣でも、こんなふるえ声で君主に話しかけることができたらばと、うらやましく思うであろう。彼らは大バターリヤと契約した一名を除いて、皆サラヤクに帰りつつある。多くのペルー・インディアンがブラジルで働いているのは奇妙なことだ。しかし、それは彼らが野蛮の状態から一段と向上したことを示すものなのである。何故ならば、ブラジルでは、酷い取扱いをうけペルーでもっている自由まで奪われるかわりに、彼らにも何ものかが支払われるのである。彼らは、蝶番と鍵のついた一つの木箱（彼らがもっとも欲するもの）と、その中にお祭り用にしまっておく色シャツとズボンだけにすぎないにしても、とにかく彼らは財産を獲得するのである。このような箱とその中味、一本の斧、短い一本のサーベル及び赤い毛《ウール》の縁なし帽子をもって、ペルーのインディアンは故郷に錦を飾り、そして他のものは、同じような幸運を希望して、「下流に行く」ような気を起こさせられるのである。彼らはしばしば何年間も家を留守にする。カルボ神父は彼らは家族を棄てるとこぼした。しかし、私の判断では、これは彼らにとって害悪であるよりもむしろ福利である。何故ならば、故郷にあっては、男は、女に大部分食わせてもらっているのであるから。

私はブラジルにいるペルーのインディアンの数を計算できなかった。私は土人の大部分は上流アマゾンからきたコカマ族とコカミヤ族であることに気づいた。

アマゾナス州では、外人は、軍事的及び公民的諸義務をのがれているので、土人に対して幾分有利である。兵役の義務はロハ同然で引っぱり出されるので、土人《タプイオス》の悩みの種である。教育の低い土人の一部の者は、秀れた知能と勤勉とによって交易を独占し繁栄している外人に対して、いまなおいくらか嫉妬心を抱いている。これが一八三六年から一八四〇年にわたるカバノス（農奴小屋《ケビン》に住む人びと）の恐ろしい革命を生んだ。そのとき、多くのポルトガル人が殺されたり追放されたりした。これらの人達がこの州における多数の活動的な外人なのである。私は、この州における財産と生命は常にこの故に危険にさらされていると聞いた。そして、州統領は州会における彼の演説によって、財産保有者の数よりも、はるかに多数を占め、常に陰謀家、野心家、悪人の影響を受けやすい六万人の土人《タプイオス》の統治のために諸法令がつくられねばならぬことを、厳粛無比な言葉で、想起せしめたのである。

プルス河のインディアン

アマゾナス州の首都パラの町〔現在のアマゾナス州の首都マナウスは当時インディアンの住地であった。この町は現在ほとんど廃墟になっている〕は、河口より約七マイルの左岸の高い凸凹の土地にたてられている。その海抜は、沸騰点よりみれば、一四七五フィートである。それは河の状態にしたがって水の量は多かったり少なかったりしているが、二、三本の渓谷の交叉点で、河には、やっとわたれる橋がかかっている。家々は一般に木とアドベ煉瓦でたてられ、だいたいタイル張りの一階建で、二階建も三軒か四軒まじっている。床《ゆか》もまたタイル張りで壁にはアマゾン河の岸に豊富な色つき土が塗られている。

各部屋には、ハンモックを吊す数本の鉤が壁に打ちこまれている。住民は暑さのためにハンモックで眠る方が快適だと思っている。もっとも私はいつも寒さに悩まされ、毎晩毛布で余儀なくわが身をくるんでいたのであったが、蚊はほとんどいない。このような昆虫はいつも「黒い水」にはまれである〔しかしマラリヤを媒介するアノフェレスは「黒い水」の地帯に多い〕。

レオカディア夫人はこの町のイタリア人、エンリケ・アントニイの美しい、利巧な人好きのする細君である。彼女は私の使命に大きな関心を示し、いつも個人的に親切だった。コーヒーとバターのついたトーストの朝食が終わると、彼女はいつも私に、タピオカのカスタード、一椀のお汁《カルド》、あるいは疲れた病人に向くおいしく気もちのよい何かを、いつも送ってくれた。多くのブラジル婦人に似ず、家事が許す限り、彼女は紳士たちと一緒に坐って、外国語を喋ったり、また世の中に何があるかを見聞するために外国を訪れたいという彼女の願いを表明して、会話の知的な部分を担当したのである。私がその家に滞在している間に、彼女は息子を生み、その赤ん坊がルイスとよばれることとなり、しかも私が名付親《コンパドレ》を引き受けるほどにわれわれは仲良くなった。しかし教会が、異教徒が名付親の地位に立つことを裁可しなかったことは、正当なことであろう。

イフラはここで私と別れ、ウィリアムズと流れを遡って帰った。彼は今度の働きに対して受けとった金のほとんど全部で、農園を開墾するに必要なインディアンを傭うのに好都合な品物を買った。彼は私が今度汽船で商売にやってくるときには木綿とコーヒーの大収穫を用意して待ってますよと私にいった。

イフラは、忍耐力と判断力——この二つを除いては、生存競争に成功するのに必要なあらゆる資質をそなえている。彼は勇敢、剛毅であり、知的で、しかも不撓不屈である。河の浜と一枚の毛布があれば何処にでも寝た。そして彼はコーヒーと葉巻があれば生きてゆける人種である。しかし、癇癪持ちで思慮の足りないことは、繁栄に対するせっかくの計画を傷つけてしまう。彼は、親譲りのセロパスコの王の鉱山《ミナ・デル・レイ》の高貴な財産をつかいはたした。彼はミナスという大きくて重要な州の知事に任命されたが、選挙に干渉して追い出された。次に、サンチャゴ河の砂を洗って金《きん》を求める一行に加わったが、仲間と喧嘩別れをした。それから無限の労働を払って厖大なペルーの樹皮をあつめた。そして、パラにおける代価八万ドルを謝絶して、それをイギリスにもっていったが、そこでは無価値だと宣告された。彼は企業と勤勉の結実を失った。

彼のインディアンのとりあつかいについては、私は無限の懸念とある種の心配とを抱いたが、孤独な旅を元気づけ、小柄なペルー人を弟のように親しくさせてくれた、彼の不撓の精力、元気旺盛、信義を決して忘れないであろう。

付近のインディアンはムラ族（Muras）とよばれる。彼らは怠惰な放浪生活をおくり、狩猟と漁撈で生きている。ごく一部のものは町にきて白人に仕えている。ほとんど全部が洗礼を施すために子供を町につれてくる。その主たる理由は儀式に興味があるからではなくて、人の好い白人に名付親《コンパドレ》になることを承知させることができるからで、そうすればその名付親は教会への謝礼とお酒の一壜を父に、そして一ヤードか二ヤードの綿布をお祝いとしてくれるからである。アントニイは、その部族の半数以上の名付親だと語っている。

彼らは全くの蛮人で、子供の多くを育てる気がないので殺す。善良な女あるじの語ったところによると、彼女の父が田舎の家に歩いていっての帰路、森で物音を聞いた。その地点に向かっていくと、土人《タプイオス》の若い女が、ちょうど生まれたばかりの子供を埋めるために地面に穴を掘っているのを発見した。彼がそれを干渉してはばもうとすると彼女は虎のようにとびかかってきた。しかしながら、この老紳士は、彼女を棍棒で殴って服従させ、その子供を家につれてくるように命じた。そして彼は子供を他の婦人の世話にまかせた。

女たちは分娩に大して苦しまず、産婆の仕事も自分でできる。夫とその妻が一隻のカヌーで一緒に旅行しているとき、女が夫に上陸したいと申し出る。女は森の中にかくれ、ほんのわずかたって、生まれたての赤ん坊と一緒に帰ってくることがある。そして赤ん坊に河水で産湯をつかわせて背負い、再び彼女の櫂をとることがあると聞いている。この国の淑女でさえ、お産の床《とこ》につく期間はごく短い。私の小さな同名者（ルイス）の母は彼が生れてから七日で家事に従事していた。これは多分、気候、ゆるい着物をつける習慣、娯楽の欠如という三つの原因によるのだ。

四年前、セラピイムは、航海中に、プルス河の浜に坐礁した一隻のボートに出あった。彼はその構造からみても、また自分がその期間同河を航行しているただ一人の交易者であった事実からいっても、それがブラジル人のボートでないことを知った。また下に鉄環があることから、インディアンのボートでないと判断した。その結果到達した唯一の結論は、このボートが、上流の開化した民族から漂ってきて、早瀬を越すとき破船したのだということであった。セラピイムと一緒にいたインディアンは一〇日間上流に遡ると、馬の背に乗り、羊や牛の群を飼っている白人に出会うだろうと語った。セラピイムはそのときおそらく、プルス河口から六〇〇マイルのところにいたと思われる。彼の最後の航行は一八カ月かかり、そして彼は二五壺のコパイバと、一五〇アロバーのサルサ根をもって下った。

カタウシスとプルス河のインディアンはヤグア族の家について記したのと全く同様の家屋をたてる。一村落には一軒以上の家はほとんど認められない。それはマロッカ（malocca）とよばれ一〇から一五家族がその中に住む。子供たちは生まれるとすぐ結婚のとりきめがなされ、一〇歳か一二歳で一緒になる。少年は彼の部族の一人前の男としての地位をみとめられる前に、苦痛をたえしのぶ能力が試験される。

死者は古代ペルー人と同一の姿勢で埋葬される。膝と肘を一緒に縛り、屍体は大きい土甕の中位におかれる。この甕をマロッカ〔村……ここでは一村一家屋に住んでいるので、その家屋の意味である〕の床《ゆか》に掘った穴の中におき、屍体のまわりには土が詰められる。二個のこれより小さい甕が、口を下にして大きい甕の上におかれ、全体が土ですっかり蔽われる。

プルス河のインディアンは、アマゾン河の渓谷の他のインディアンと同様に、不注意で不精であって、大部分は裸で歩く。食物としてトウモロコシとマンディオカを僅かばかり耕作し、身体と武器を塗抹するカラジュル（carajurú）を少しつくる。しかしながらセラピイムはコパイバとサルサ根を集荷するためのインディアンを入手するのに全然困らなかった。私がパラに到着したとき、彼はプルス河から余り遠くへだたっていないところにいた。かわいそうに、リューマチの犠牲となり、手足は蚊の残したしみで本当に真黒かった。私は彼から情報とプルス河での武器などの贈物のお礼に、パラでは「ポタッサのイオドゥレット」と呼ばれる、アマゾン河では高く評価されている薬物と、阿片《ル・ロア》を送った。

アマゾン河を横断するとき、河流に流されて、目ざす農場の下手に上陸したので、ココア農場を通って一マイルも歩いた。この河の右岸のオビドスとアレムケルとの間はココア園によって縁《ふち》どられている。私は美しい一つのココア園を知っている。木々は枝々をくみあわせ、大きな葉で太陽の光線をさえぎり、日陰をつくっている。大地は完全に平坦で、しかも枯葉の敷物で蔽われている。枝と幹になりさがった大きな黄金色の果実は緑陰の間に美しく効果的に輝いている。ココア園の木の下路を歩く娯しさの唯一の欠点は蚊が多いことである。時間と場所によっては、蚊群の攻撃が神経質なものには耐えられない。木の間をひらひらと舞っている美しい鳥を射撃するのは、じっとしていないのでなかなか困難である。

ちょうどいまはココアの収穫期で、各農園の人たちが、家の前の広場で果実の外殻を割り、種子を板の上に拡げて日光で乾燥していた。彼らは種子を包んでいる膠質のパルプの汁を搾り出し、暑い日のための清涼飲料をこしらえる。それはカカオ葡萄酒《ヴィニーョ・デ・カカオ》とよばれ、白色の粘り気のある果汁である。快い酸味があり、全く爽快である。醱酵《はっこう》させて蒸溜すれば、それは強い酒となる。

カカオの外殻を燃やした灰は、強いアルカリ性で、石鹼《せっけん》をつくるために用いられている。

われわれは、訪ねていった紳士、ジョーゼ・ダ・シルバ氏に親切に迎えられた。彼は忙しく収穫に従事していた。われわれが明け方から何も食べていないのを知ったとき、彼は全くもてなしのよい田舎流儀で叫んで細君を呼んだ。「おい、みなさんのために何か料理せい、おなかが空いているぞ」お蔭でわれわれは亀と鶏の夕食にありついた。

ココアを収穫するほかに、ダ・シルバ氏はブラジル・ナッツ（カスタニヤ）から綺麗な、美しい油を搾り出していた。種子を炉であぶり、木の臼で粉砕し、それから、マンディオカを濾すのに使用する枝編み袋で油を搾り出すのである。この油はよく燃え、匂いは悪いが皮膚の上につけたり、軟膏をつくったりするには軟かくて肌ざわりがよいと彼は語った。この油はまだ外国市場に進出していない。

この紳士の言明から、ココアに関してつぎのごとき事実を知った。

種子は八月に園圃の苗床に播く。芽が出てくると、ときどき水をやり、また棕櫚の木で日蔽いをして太陽の直射を防ぎ、虫に食われないよう注意深く用心することが必要である。一月に苗をココア園の定位置に移植する。それは方形に配慮された一二本の棕櫚の中央に移される。プランティン、トウモロコシ、または速成する作物が、ココアが若木の間、太陽からさらに保護するために、列の間に植えられる。それらは、ココアの木の生長を圧迫するようになりだすと掘って捨てるのである。良好な土地ならば三年たつと、若木は実りはじめ、その後多年にわたって実りつづける。もっとも言い伝えでは、七〇年か八〇年の後には衰えをみせるという。

ココア樹は一〇月か一一月に第一回、そして二月か三月に第二回の蕾を出す。夏の収穫期は一月と二月で、大量にとれる冬の収穫期は、六、七月である。第二回目の収穫物が開花するまでには、第一回目の収穫は終わっていない。われわれは花を見る機会をもたなかった。そしてオビドスで、今年の冬作は多分全く駄目だろうと聞いた。

成木二〇〇〇本ごとに、奴隷一人が、その世話と収穫のために必要とされる。

若木のときは、いっそうの注意を必要とし、そして二〇〇〇本に二人が必要である。木は根元の付近をきれいに掃除し、虫を注意深く撲滅する。しかし、枯葉の厚い蔽いは除かれることなく、腐って肥料になるのにまかされる。

タパジョースのインディアン

イタイトゥバからタパジョース河瀑布まで、およびムンドルク（Mundrucus）及びマウエ・インディアン（Maues Indians）の間における旅行記の断章。
アルフォンス・モーガン・ド・ランクール
（Alphonse Maugin de Lincourt）

インディアンたちは、——時には小さな櫂で漕ぎ、時には針金でしばった長い竿を用いながら、あるいは一方においてボートを綱で曳き、一方では泳ぎながらボートを肩で運び——われわれをついにカショエイラス河の対岸に上陸させた。

第五の瀑布の落ち口に到着すると、インディアンたちは一瞬ためらったが岸に向かって漕いだ。あるものは火をおこし、他のものはハンモックを森の木にしばりつけている間、狩人は弓と二本の矢をもっていった。これら諸地方では、一瞬の後に彼は魚と亀をもって帰ってくるほど豊富にいるのである。

＊

インディアンたちは、日中の疲労で消耗してしまい、その夜は見張りができなかった。岸辺には虎や豹が出没するので私は神経を尖らせた。浜づたいに、眠気さましに歩きながら、奇妙な光景を目撃した。しかし、（私が住民から教わったところでは）頻繁に起こる光景だった。一匹の巨大な虎が、私から約四〇歩距たった水面と同じ高さの岩の上にすっかり体を伸ばしていた。ときどき彼は尻尾で水を叩いた。そして同じ瞬間に前足の一本を挙げて魚、しばしば巨大な寸法の魚を捕えた。魚は、物音にあざむかれ、大好物の森の木の実の落ちる音だと勘違いして、疑いをさしはさまずに接近して、たちまち虎の爪にかかるのである。私は、銃をもっていたので、ぶっ放したかった。けれども、私はただ一人だし、もし夜中に狙いがはずれて、アメリカ虎に、傷あるいは瀕死の傷を負わせたならば、彼は残る力をふりしぼって、敵に躍りかかってくる。私は生命を賭けるのを止めた。私は虎の邪魔をしなかった。そして彼は満足すると立ち去って行った。

＊

次の朝、イタイトゥバでわれわれよりも先に立ち去ったクヤバノ族（Cuyabanos）の隊商に追いついた。ダイヤモンドと金屑とを塩や生活必需品と交換しにやってきて、それらをクヤバにもって帰る途中である。

タパジョース河を縁どっている森林には野蛮なインディアンが出没し、彼らはしばしばモンサンオ族（Monçanos）を襲う。そして危険な熱病が、ときどきインディアンの矢が見のがした連中の命を奪い去ってしまう。

＊

私はサンタ・アンナ・ドス・カショエイラスで隊商と別れ、ルートをタパジョース河の水源に向けつづけた。そして今やムンドルク族が居住する地方にはいった。

＊

アマゾン河のもっとも好戦的な民族、ムンドルク族はその数一万五〇〇〇または二万を下らず、そしてあらゆる他の部族の恐怖の的である。

彼らは黒人を徹底的にきらっているらしいが、白人に対しては、かすかな同情をもっている。雨季の間、彼らは平野にサルサ根を抜きにいく。彼らはそれを普通の金物《かなもの》やラム酒と交換する。一年の他の六カ月は戦争に捧げられている。

マロッカ（村）ごとに兵器庫または砦があり、戦士たちは夜そこにとどまる。日中は彼らは彼らの家族とともに生活する。

男女を問わず子供たちは、一〇歳になるやならずでムルムルとよばれる棕櫚の木の刺からつくった一種の灰で文身《いれずみ》される。もし子供が少年ならば、父親は、泣きごとをいうことさえ許さない哀れな生き物の身体の上に、額から腰まで長い血の線を引き、そこに灰か、ある種のやにの灰をふりかける。

これらの印《しるし》は決して消されない。ムンドルク族の間では義務的にほどこされる最初の文身が時として女の媚態をかち得るのに充分であるとしても、戦士の資格を得るには充分でない。彼らはすくなくとも、四肢に顔料 geni papo (huitoc) やら roucou (annatto) をたっぷり塗り、おまけに羽毛で身体を飾らねばならない。これがなければ、ヨーロッパ人がシャツなしで上着を着たら礼儀にはずれるのと同様に考えられる。

女たちは腕輪と色のついた数珠玉、貝ガラや虎の歯のカラーをつけてもよいが羽毛をまとうことはできない。

戦争のときは、酋長たちは、平戦士に対して生殺与奪の権を握る。ムンドルク族は決して捕虜を殺さない。反対に、彼らを人道的にとりあつかい、文身を施し、しかる後に自分たちの子供とみなす。

この好戦的な部族は、他の諸部族のように、ブラジルがヨーロッパ人によって征服されて以来絶滅されるどころか、かえって毎年、もっとも獰猛な蛮人に対して行なっている長い戦争にもかかわらず、人口は増加しているのだ。

白人のかつての友人として、彼らはタパジョース河とマディラ河との間の、アマゾン辺境地方の土地を白人に委ね、諸瀑布の上手のタパジョース河の深い孤独の中に、かつて放棄したことのない独立生活を営むために逃げ去ったのだった。

＊

私は、一八三五年の擾乱《じょうらん》の間、パラの反乱軍を畏怖せしめたムンドルク族の老酋長、ジョアキムを訪れた。彼はまったくの老ぼれである。私を大いに歓迎し、遠い国からの旅人が彼に会うことを求めたので、得意になったらしかった。彼は私にひどいポルトガル語で語った。

「わしはツウチャンのジョアキムだ。わしは白人が好きで、彼らを一度も裏切ったことはない。わしは彼らをまもるために、マディラ河辺境の友人たち、わしのココア園、わしの家を捨てた。わしのカヌーをもって何人のカバノス（反乱者）を殺したことか……。

今やわしは年をとって弱くなった。しかし、もしわしが女どもの間にとどまっていて、わしのココア園を荒したあのムラ族の山賊どもを追い払うために直ちに出撃しなければ、わしは魔法にかけられて、ここで犬のように死んでしまうだろう」

＊

ムンドルク族は病気が彼らを苦しめるということを信じない。病気の犠牲が出ると、彼らはそれは知らない敵が呪術をかけたのだという。そしてPugé すなわちマロッカの呪術師は死のうとしている男の家族から尋ねられると、呪術をかけた罪のある人物の名をいう。

私はサンタ・アンナで河を横断して森にはいって、瀑布づたいには下らない決心をした。六人のインディアンが、ボートとともにイタイトゥバに帰った。他の三人は、未だいかなるヨーロッパ人の旅行者も訪《おとな》うたことのない、そして私がとても知りたいと思うマウエ・インディアンのところまで私と同行するために残った。

*

私が鉄砲を与えたインディアンの狩人は、私のハンモックを運び、先頭を歩いた。私は一梃の鉄砲と、一袋の火薬、コムパス、紙、鉛筆およびグアラナ〔前出〕をもって彼のあとにつづいた。他の二人のインディアンは、ファリンニアを少々、旅行必需品及び旅行中私が採集した珍しい植物を乾かすための小型圧搾器を負って背後に従った。

*

翌日の夕ぐれごろ、マンドゥ・アッスのインディアン部落に着いた。マウエ・インディアンは、ムンドルク族のように文身せず、あるいはよししたとしても、四日か五日たてば消えてしまう植物の汁で紋様をえがくだけである。

*

以前、マウエ族が白人の敵だった時代、彼らは、ムンドルク族によって征服され従属せしめられた。現在は隣族とは平和に暮しており、喜んで白人と交渉する。男は良い姿をしており、強健で活動的である。女は一般に美しい。ムンドルク族よりも好戦的ではないので、好んで文明に服従する。彼らは小ざっぱりした小屋をバナナの木、コーヒー、あるいはグアラナで囲む。

ゴヤスとマット・グロッソの西、中央諸州のブラジル人が、一年のある時季に猛威をふるうチブスに対抗するために同じ重さの金を支払って購入する貴重な医薬品のグアラナ樹は、マウエ・インディアンに負うているのだ。彼らだけが如何にこれを調製するかを知っており、そして完全にそれを独占している。

＊

村の小屋にいた私の狩人は昨晩 surucucurano 蛇に咬まれた若いインディアンを見せに、私を連れていった。私は傷口をあけて放血し再び揮発性塩類を用いた。私が手術している間、負傷者の姉妹である妖しいまでに美しい若いインディアン娘が足をささえていた。彼女は驚愕して私を見まもったが、アルカリに浸した綿布で傷口を繃帯《ほうたい》している間に彼女は消え失せ、以後全く見かけなかった。

その若いインディアンは助かった。老ツウチャンはそのことを知った。そして感謝するために、いな、むしろ、私をためすために、私に一つの土壺《カラバシュ》をさし出した。その中には強い腐った臭いがぷんぷんする白っぽい、見るのもいやな飲物が入れてあった。この嫌悪すべき酒はカシリ酒（マサト）であって、悪魔をすら嘔吐せしめるという飲物だ。しかしインディアンたちは、情熱的にそれを愛している。私は経験によって、飲むことを断ったならば、このお高くとまっているマウエ族をおこらせるだろうし、この村《マロツカ》にとどまっている間、土壺一杯の水さえ私には与えられないだろうと考えた。そうすれば私はきっと欠乏のために死んでしまうであろう。私は目をつむって飲んだ。

＊

カシリ酒は、ユカ芋（マンジョカ）を湯につけて柔らかくし、村の老婆がこれを噛みくだく。マンジョカ根の精である。女達はそれを大きな土製の鍋に吐きだし強い火にかけて沸騰させる。それから、土壺に移して、腐敗性の醱酵がおこるまで貯蔵しておく。

＊

インディアンはそれから、パリカ〔後に説明がある〕をとってきた。サブカイヤ〔桃金嬢《てんにんか》科植物の名称〕製の臼の中で、硬い糊状のパリカをこねて粉末となし貝製の入れ物の中にしまった。一枚の皿の上にこの粉末をあけ、食蟻獣《タマンドウア・ハンデイラ》の一種の髪でつくった長いはけで指が粉末に触れないよう注意しながら平らにならす。それから、王鷲《ガビアンレアル》の大羽根を数本たばねたパイプをもって、鼻孔の下におき、皿の上の粉を強力な吸気とともに吸い上げる。瞬間目玉は頭からとび出し、口はひきつり、四肢は痙攣する。私はそれを見るのが恐ろしかった。吸引者は坐ることを余儀なくさせられる。さもなければ、ぶっ倒れてしまうだろう。彼は酔う。しかしこの麻酔は五分ぐらいつづくだけである。麻酔からさめるといっそう陽気になる。

＊

翌日タガリティの村《マロツカ》で、ツウチャンが、森からサルサ根を背負って、汗だらけになって、ふらふらになって歩いている二人の若い子供を見て、彼のところに呼び寄せ、いくらかのパリカを打ち、無理やりにそれを吸いこませているのを見た。

そのとき私は、ツウチャン・マウエは村《マロツカ》においては家父長的権威をもち、すべてのものを自分の子供のようにとりあつかうことを知った。彼はパリカによって子供たちは熱病や他の病気から免れることができるものと確信して、子供たちにパリカをとりに行くことを強制した。そして事実、私は直《じ》き子供たちが、元気がよくなると、小屋から出て遊びながら小川に走って行き、とびこむのを見た。

数種類の植物の精がパリカを構成している。第一に、花が手に入らなかったので分類できない蔓草の灰。第二に荳《まめ》科の acacia angico の種子。第三に Menispermes 科の abuta (cocculus) の葉の汁。

＊

マウエ・インディアンの住む森が危険な熱病の発祥地であって、この熱病がサルサ根を購入しにくるブラジル商人を見逃すことはまれであるのにもかかわらず、彼らが病気になったり、苦痛を訴えるのを一度も見たことがない。

*

私はしばしば、サカノ酋長であり、マウエ部族の王である、大ツウチャンについて耳にした。彼は、フランスの王たちとは異なって、臣下の熱心な願いにもかかわらず、兄弟に有利になるように譲位し、深奥な孤独の中に余生を送ろうと隠退したのだ。私は、歩いて一一日の行程にあるイタイトゥバに赴く前に、この新大陸の哲学者に会うことを欲した。

*

私は蛇に咬まれたインディアンに会うために、そしておそらく、あのインディアン娘にも会うためも少しはあって、再びマッスに行った。彼はまだびっこだったが、前よりは良く歩いた。少女を買収することはできなかった。約束、腕輪、贋の真珠のカラー――すべては無益だった。

*

ムンドルク族の女たちの徳操を攻撃することを欲しないが、彼女は中でも貞潔であるだろうと信ずる気持になった。というのは、ムンドルク婦人の中でラム酒の小さな盃一杯の誘惑に抗するような徳操をもった気性のきつい女が一人でも存在するとは証明されていないからだ。

*

真のマウエ族の間で行なわれている奇妙なインディアンのお祭りに出席した。他のブラジルの諸民族（彼らは刺で文身するか、鼻、唇、耳に穿孔している）の例にならって、戦士たちにさまざまの責苦と、身体的な苦しみと、死さえも軽蔑する習慣を与えるために、血の洗礼を規定する古代法に従って、マウエ族は先祖代々トカンディイラの大祭を保持しきたったのである。

＊

このマウエ人でないかぎり、有毒な蟻をみたした棕櫚の幹の中にすくなくとも一〇回は腕を通さなくては、妻をめとることはできない。私が見たこの怖ろしい洗礼をうける男は、一六歳にはなっていなかった。彼らは彼を酋長たちのところに連れていった。そこには、責め具が彼を待っていた。彼の腕を怖ろしい手袋につっこんだとき、なおいっそう恐ろしい音楽の伴奏で、村《マロツカ》の小屋の前で歌ったり踊ったりしなければならなかった。

耐え忍んでいる責苦は、よろめくほど強くなってきた（父親や、親類は、この若い犠牲者のうめきや、めめしさを、家族にふりかかる最大の不名誉として恐れる。彼らは、しばしば彼の傍で踊りまわり、元気づけて助ける）。ついに彼は最後の小屋にきた。彼は蒼白だった。彼の歯はがたがたになった。腕は腫れ上った。彼は老酋長の前に手袋を置きにいった。そこではなお、その村《マロツカ》の全インディアンの祝辞を耐え忍んで聞かなければならなかった。若い娘たちさえ無慈悲にも彼を抱擁し、彼を女たちの仲間全部の間に引きずりまわした。しかし件《くだん》のインディアンは彼女らの愛撫には無感動で、ただ一つのことだけを——逃げることを求めた。ついに彼は成功した。そして流れの中にとびこんで、夜まで潰っていた。

Tocandeiraの蟻は咬むばかりでなく、熊蜂のように針で武装もしている。そして、痛みはいっそう猛烈で、黒サソリの針で生じた痛みに匹敵する。

＊

マンドゥ＝アッス村《マロッカ》の周囲でこの蟻を四、五匹つかまえる機会を得た。私はそれらを小さな錫《すず》の箱にしまった。後で、私は若いマウエ族をどんな目にあわせるのかを知りたくて、自分をちょっと咬ませてみた。午前一〇時に咬まれた。私はそれから夕方まで劇しい痛みを感じ、四、五時間発熱した。

＊

マンドゥ＝アッスにおいて、村の大祭に招待された。酋長は私の相手をつとめてくれた。人びとは立ったままでおり、後に食事をした。マウエ族は、ムンドルク族ほど不潔でないので、それほど不快の念を忍ばなくても食べられた。ムンドルク族は猿や鹿の皮を剝がないで、それらをばらばらに切り、大きな土製の壺にめちゃめちゃに投げこんで、肉も、毛も、羽毛も一緒くたに料理するのであった。マウエ族は、すくなくとも、毛を焼き肉を炙った。

電気鰻

私は三月二八日、午前七時にサンタレムを去った。

われわれは一晩中、河の流れとともに漂った。そして朝に、サンタレムの何人かが所有する小さなココア園にとまった。河の水はそのときは、ほとんど家の戸口のところまで上っていた。そしてこの地方は、背後は全く沼のようにみえた。私はこれ以上荒涼として、不健康にみえるところを見たことがない。ところが妻と六人の子供とともに住んでいる男は、ここでは一度も病気に罹《かか》ったことがないと私に述べた。みな強く丈夫そうであった。この男は、サンタレムで奉仕しなければならない兵役さえなければ、家族を養うことは楽であると語った。その兵役は毎年、四、五カ月間彼を仕事と家族から引きはなすのである。

三月三〇日　インディアンの水先案内人から、河についての知識をうることはとても困難である。どの流れについて質問しても、共通の答は「長く流れている。早瀬がある。蛮人が岸に住んでいる。そこには何でもある」である。私はいつも、ペルーのインディアンが「そこにはバナナがある。ユカ芋がある。なんでもある」というのを想い起こした。

シングー河口付近のグルパ司令官の家で、私は、同河口付近のポルト・デ・モスでの自治体裁判官の職を占めるために赴任する途上の老紳士に出会った。彼はインディアンのムラ部族について痛烈に語り、彼らは怠けもので嘘つきだといった。

彼の述べるところによれば、白人はムラ族に一隻のボートを供給し、さらに前もって、上着とシャツ、ズボンと帽子をひとそろい支払ってやる。次に食物として魚とファリンニアを、嗜好品として煙草を供給して、ピラルク（pirarucu）〔アマゾン河にいる鱒に似た非魚科の大魚〕を取らせにやる。ところがインディアンたちは出発すると、それは「あばよ」の意味である。あるいは、よし、彼が帰ってきても、漁撈にあまり時間を費しすぎたので、とってきた魚では費用と時間を償うには足りないことになる始末である。

私はこの老紳士と、インディアン住民の更生案を語った。彼は、武力で彼らをもっと完全な服属組織にしめあげるべきであり、またあらゆる手段によって、働くことを強制すべきであると考えていた。あるポルトガル人が、全インディアンを絞首刑に処せれば、最上の更生策だろうといったと私は彼に語った。これには私の友人も少々驚いたらしかった。そして何もそんな徹底的なことをやる必要はないといった。彼は、年寄りは殺した方がよいことは認めるといった。しかし、彼らは銃殺する方がよく、絞首刑にすべきではないと彼は考えていた。これは、誠意をもった言であると私は信じている。この老紳士の博愛がおかしかった。

一六一六年にフランシスコ・カルディラ・ド・カステロ・ブランコによって創設されたサンタ・マリア・デ・ベレム・ド・グラオン・パラの町はグアマ河とパラ河との合流点の低い陸地の屈曲部に位置しており、海から約八〇マイル距たっている。

パラの主な魅力は、他のあらゆる熱帯の町と同じく、安逸《ドルチエ・ファアル・ニエンテ》である。これらの国々の住民は野心的でない。彼らは、より寒い風土のより男性的な人びとと異なって、隣人が先を行くのを見ても別に心配しない。彼らは労せずして暮し、大地が自発的に提供する果実をたのしんで満足している。そして、大多数のブラジル人は、質は決して大したものでなくても、口に糊すべき食物、飲むべきコーヒーか茶、ふかすべき葉巻、横たわるべきハンモックがあれば、それですっかり満足しているように私は想像している。

もちろんこれは風土の影響だ。ポルトガル民族が、海洋と科学の発見において――勇敢な探検において――成功した植民において――芸文と軍備において――その実力は、他のいかなる国家にもひけをとらなかった時代があった。大胆で野心的なイギリス人、元気でコスモポリタン的なフランス人や、頑健で、根気がよく計画的なアメリカ人は、誰かが彼よりも先に立つことを好まないけれども、彼らも時がたつにつれて、労働することを禁ずる風土の弛緩的影響と、労働する必要なく生計を維持できる場所の魅力に同様に屈服するだろうと私は信じて疑わない。

それ故に、この国の豊かで色とりどりの生産物を商業的目的のために利用できるようにし、また人間の欲望を満足せしむるのには、労働が強制的であることが必要である。ブラジルとその経済学者には、いかにして、またいかなる方法によってこれが実現されるかを調査し決定する義務がある。

文明社会に共通の感情はアフリカの奴隷貿易の再開には反対である。それ故、ブラジルは、土地を開拓するのに必要な強制的労働力をどこか他所に探し求めなければならない。ブラジルのインディアンは働こうとしない。ペルーのヤマと同様に、彼らは、自らの生計をたてる以上の労働をするくらいなら死ぬだろう。もしブラジルが、わが民族に対するいわれのない嫉妬心と子供じみた恐怖をすてて、アマゾン渓谷に植民者を招くならば、わが南部開拓移民の間には、母国における奴隷制に関する危惧のために、保障さえ十分ならば、彼らの奴隷を同国に移し、その国土を耕作し、資源を開発し、そしてブラジルの力と富とを異常に増大せしむるような人びとを見出すことができるかもしれない。

黒人の奴隷はブラジルではとても幸せらしい。これはあらゆる外人によって注意されている。そして、パラにおいては、泉から洗濯物の籠をもってやってくる、陽気でおしゃべりで、幸福そうな顔をした黒人女の一団が、しばしば私に奴隷制の害悪を指摘してくれた。

パラの男の奴隷の所有者たちは、各人に、一日四ないし五テストゥーン（二〇テストゥーンが一ドルである）を要求し、彼が自分のできる方法でそれを調達してくるのに任せている。奴隷たちは団体または組合を組織して、その首領を選挙する。この首領が彼らの仕事を指揮監督し、彼らに運搬を依頼する商会と接触を保っている。全英米商会のために運搬をやる黒人団体の数は四〇である。各人は、一袋または一箱をつめるのに約三セント、それを波止場まで運んでいって、艀《はしけ》につみこむと四セントもらう。かなりの大きさの舟一隻に、荷を積み降しするには、一五〇から二〇〇ドルかかる。

私はこれらの黒人団がココアを波止場に運んでいくのをしばしば見た。彼らはいつもおしゃべりし、また陽気に歌をうたって、五分ごとに頭上の袋と一種のダンスをやって、仕事を倍加していた。首領は仕事が急迫しているときでなければ働かないが、荷が置かれると、連中を軍隊流に整列させ、次の積荷のために彼らを行進して帰らせる。

マラジョウ島には溝が錯綜して走っているので、雨季には低地が氾濫して沼地を形づくり、多数の牛の墓場となる。この季節には、牛は洪水のおよばない陸地の小山の上に集合し、その中の多くは、たくさん住んでいる山猫の犠牲となる。これらの溝はまた鰐でいっぱいである。パラの前領事スミス氏はマラジョウ島でかつて鰐の屍骸を見たが、長さが三〇フィートあったと私に語った。

私はパラであまたの奇妙な、そして美しい動物をみた。ノリス氏は、若干の電気鰻と一対の巨大で、美しいアナコンダ蛇を飼っていた。これらの蛇がたてるシュウッシュウッという音を聞くまで、私は、蛇が発するという音を聞いたことがなかった。そしてこの音は私を不快と恐怖でみたしたのであった。その物音は遠くで蒸気がもれる音にそっくりであった。口も裂けよと金網にかじりつきとぐろを巻いていた奴が、いきなりさっと飛び出す物凄い速度と劇しさには神経の弱い男は度肝をぬかれてしまう。そのとき、はっととび退かないでいられるものはほとんどあるまい。こういう動物は、長さ約一八フィートで、その皮は、ほとんど毎月脱皮するのだが、周囲一八インチを算するのである。彼らはたまにしか食べない。適当なときに、一匹の雛か鼠が彼らに与えられる。彼らは食物を頭と、身体のとぐろの一巻との間で、つぶし殺して、慎重に呑みこむ。彼らは、全然食物なし六カ月は生きるだろうと私は想像している。

大ぜいの紳士が、家の付近に虎を飼っている。それらはおとなしく、しかも、熟知の人と対するときはふざけたがる。しかし未知の人に害悪を加えるといけないので鎖でつないである。彼らの悪戯《いたずら》たるや、これまたおとなしいものではない。というのは、彼らの爪は、触れれば、まず印《しるし》がつくからだ。

アメリカ人、ポンド氏は、一対の黒虎を飼っているが、これは、私が見たうちで一番美しい動物だった。胴体の地の色はきわめて暗い栗色であった。しかし、ちょっと見ただけではその動物が石炭のように黒く見えるほど、黒点でびっしり被われていた。その色の光輝——眼の野性的にぎらぎらする光り——その牙と爪の恐ろしい外観——そして法外な強さ——は堂々たる外貌を与えていた。それらは、ベンガル虎ほど大きくはなかった。けれども、普通の山猫よりはずっと大きかった。パラでは仔のうちから育てられていた。

電気鰻はパラ付近の溝や掘割にうじゃうじゃ見出される。私が見たので一番大きなものは直径約四インチ、長さ五フィートだった。その衝撃は、私には不愉快だったが痛くはなかった。しかしながら、他の人よりずっと感じやすい人たちがいる。ドルフィン号のリー大佐は鰻の衝撃を全然感じることができなかったが、あるご婦人は、目まいがして倒れそうになるほど強く感じたのである。動物の方が人間よりもいっそう強く感じるらしい。ノリス氏は、一匹の馬が桶から水をのんでいたところ、その中にこの鰻が一匹いて、馬の足を全く痙攣させてしまったと語った。馬がのんでいた水によって、直接胃に電気衝撃が伝えられたのかもしれない。フムボルト（Humboldt）は馬をつかって電気鰻をとる方法について興味深い記述を与えている。そしてこれは、馬がこの衝撃に特別に敏感なことを示すものなのだ、と彼はいっている。

　待つのがじれったいし、おまけにわれわれのところには、生きてはいるが、すっかり弱った電気鰻しか届けられず、その結果が、どうもはっきりしないものなので、野天で、しかも河岸で実験を行なうべく、カニョン・デ・ベラに赴いた。網でもって電気鰻をとらえるのは、何しろ極端に素早いものなので、とてもむずかしく、それらは泥の中に蛇みたいに潜ってしまう。われわれはバルバスコを用いたくなかった。こいつを使うと電気鰻を弱らせてしまうだろうから。だからインディアンは「馬で釣る《エラバルバスカール・コン・カバロス》」のを常としたのである。われわれにはこの素頓狂な釣り方の何たるかを解することはむずかしかった。しかしやがて案内人が、野生の馬とラバを探し求めて、大草原《サバナ》から帰ってくるのを認めた。彼らは約三〇匹をつれてきた。それを無理に池の中に追いこんだのである。

　馬の蹄によって生じた途方もない物音が、この魚を泥の中から飛び出させ、そして、闘争心を刺戟する。大きな水蛇に似ている黄色がかった鉛色の鰻は水面を泳ぎ、かの馬やラバの腹の下に群がる。こんな構造の違った動物の間の争いはまったく素晴らしいみものだ。銛と長くてすらっとした葦をもったインディアンたちはひしひしと池をとりかこみ、あるものは水面に枝が水平に拡がっている木に登る。

　騒がしい叫び声と、葦の長さとで、彼らは馬が走り去って池の岸に到着するのを防いでいる。物音に肝を潰した鰻どもは、自衛のためにくりかえし彼らの電気を放電する。長い間彼らは勝利を得ているようにみえる。四、五頭の馬が、四方八方から生命にもっとも大事な器官にうけた見えざる打撃の暴力のもとに沈む。そして衝撃の力と頻度に気絶してそれらは水の下へと消える。他のものはたてがみを逆立てて、苦悩をあらわす憔悴した眼をして、はあはあと息遣いして身を起こし、そして襲いかかった嵐から逃れようと努力する。それらはインディアンによって池の真中に追い返される。しかし少数は、釣り手の活発な見張りを逃れるのに成功する。これらは一歩一歩よろめいて岸にたどりつくと、疲労困憊し、四肢は電気鰻の電撃で感覚を失って、砂の上に伸びてしまう。

五分以内で二頭の馬が溺れた。長さが五フィートあり、馬の腹に向かって肉薄するこの鰻はその電気器官の全延長にわたって放電を行なう。それは一度で、胸に、腹に、そして腹部の神経網を襲う。肢体の一カ所にだけ同一の魚が触れることによって生ずる人間への影響よりも、馬が感ずる影響の方がいっそう強力なのはあたりまえだ。馬は殺されはしないが、ただ気絶するだけだ。それらは他の馬たちと鰻たちとの間の長びいた闘いのうちに、立つこと能わずして溺死する。

われわれはこれに関与した全動物を成功裡に殺すことによってこの釣りが終わることにはほとんど疑問をもたなかった。しかし、だんだんこの不均衡な闘いの猛烈さは減少し、そして疲れた電気鰻は消散した。それらは失った電力を回復するのに長い休息と充分な栄養とを必要とする。ラバと馬は恐怖が薄らぐと、たてがみはもはや逆立っておらず、目も、前ほど恐れを示していない。長い糸のついた小さな銛で捕えられたときは、電気鰻は沼のふちに小心翼々と近づくのである。糸がきわめて乾燥しているときは、インディアンはその魚を空中にあげるのに何ら衝撃を感じない。二、三分のうちに、われわれは五匹の大鰻をとった。そしてその大部分は、わずかに傷ついただけであった。

五月一二日、リー大佐の親切なお招きにより、合衆国測量艦ドルフィン号に乗船した。これよりさき、私の蒐集品をノリス氏の快走船ピアレス号にのせて送っておいた。

第二部

チチャとチュペ

一八五一年七月九日、著者は、合衆国はヴァージニアの産ヘンリー・リチャーズと、スペイン系ペルー人のホセ・カサスとともにタルマから東南に向かった。

山々はだんだんなだらかになり、一種のきれいな草で蔽われている。羊飼いの女たちは、数千匹の羊や仔羊のあとについて行く。少女たちは、羊毛をつむぎながら皆でおしゃべりをしている。すると犬がだらだらとそのあとをついて行く。もしわれわれが羊群の近くを通りすぎると、羊は走って退き、犬が物凄い攻撃を加えてくる。そしてわれわれと羊群との間隔を保つ。道ばたの良質の水をたたえた泉の水温は四八度であった。東南には雪をいただいた峰々が全容をあらわしている。日は暖かで快適である。馬に乗った紳士淑女の陽気な一行がやってきた。われわれとすれちがうとき、紳士たちは帽子をとった。淑女たちは白い麦藁帽子をかぶって美しく見えた。彼女たちの姿は、乗馬服を着て、引立ってみえ、なかなか馬を上手にのりこなしている。涼しい山の空気は彼女たちに新鮮な肌の色を与え、その肌の色は羚羊《かもしか》のような眼をした長い黒髪と素敵な対照をなしている。私は彼女たちの着物が幾分短いと思った。

ここの気候は素晴らしく、人間は長生きする。七〇歳、八〇歳、いや九〇歳は普通である。一二〇歳と一三〇歳に達した人もいる。私はインディアンが一番長生きするという印象をうけている。混血児《メスティソ》とスペイン系のクレオーレ人の娘たちは、八歳か九歳で、子供を産むといわれている。

ファファ渓谷を去って、けわしい丘陵地帯を通った。大麦の刈株の中では雌羊が仔羊を産んでいる最中だ。

犂のあとにつづいて、豆を播いている女は、肩に赤ん坊をおぶっている。その赤ん坊がギャーギャー騒ぎ立てるところをみると、どうやらその子は豆がお気に召さないらしい。

犂は雄牛の角にくびきをかけて、牽かれる。それは二片の木よりなっている。——把手と犂の刃先は一片の木でできており、それに柄がついている。刃先は方型の鉄葉で被われ、切込みがないので、ちょうどノース・カロライナの牛の舌のように、土壌を両側に分けて畝がつくられる。丘ではインディアンが植付をしていたが、一方ほかのインディアンたちは、土地から芽を出した植物に灌漑するために河流から大きな甕で水を運んでいる。

路上のインディアンは、日曜日の嬉戯に疲れてきわめて悲しげにみえる。馬の背にのった男は、背に赤ん坊をしょった妻や、彼のみじめな小さな馬と同様に全く不快である。三マイルごとに道路には、石のしるしが立てられている。この里程標のいくつかは、嬉戯の終わった月曜の朝につくられたものに相違あるまい。

イスクチャカの町は、荒涼たる山々に囲まれた谷の真只中に心地よく位置を占めている。ファファ河は曲りくねって大西洋に注いでいるが、われわれは太平洋への急坂を登っているのだ。

山間の危険で急な峠の頂上に、近所の人たちが木製の十字架をたてている。旅行者たちは、たいてい通りすがりに、通過の安全を祈ったり、感謝して帽子を脱ぐ。女たちはしばしば、この象徴を花輪でかざり、敬虔に十字を切って通りすぎて行く。ホセは乞うて、バロメーターを十字架の片腕にぶらさげた。私がそれを読んでいる間、彼はすっかり感歎して見つめていた。

グアンドの小さなインディアンの町はわれわれが見たうちで最初の石でできたものだった。それは山頂高く位して、荒涼たる外観を呈していた。狭い街路の片側に小さな学校の生徒たちが陣どって、反対側の先生に学課の復習をしてもらっていた。われわれが彼らの間を通ると、少年たちは皆、起立して、丁寧にお辞儀をした。住民の間には、異常に多数の老婆がいる。彼女らの歳を聞きたい誘惑は大きかった。しかし、ある人びとは、この種の質問を嫌うのだ。私がうっかりこんなことを聞くと答えを得られないばかりでなく敵をつくるおそれがあった。谷の中の一軒のインディアンの小屋がこの付近の住民の生活を代表している。ホセがこの家の夫婦を訪ねて、「私ははるか北の住民だが、ここにはどんな人間がいるのかを北の連中に知らせるためにやってきたんだ」とキチュア語でいう。老インディアンはコカの葉をたくさん噛んでいる。女はあきれたような顔をし子供は機嫌を損じている。もっとも全員は「命数きわまった」かのごとく、無感動でじっと立ちつくしている。男は長い棒で大麦を脱穀していた。われわれが到着したとき、女は料理をしており、子供は犬と遊んでいた。夜ともなれば非常に寒いが、日中は暖かくて心持よい。教会と道路の近くの僅かな家々をアコバムビアとよんでいる。まわりのインディアンたちは、祈りの鐘声に応える。

早朝われわれはパンカラを去った。

このあたりでは、インディアンの少女たちが、急峻な峠の頂上に陣どってチチャとチュペとを売っている。チチャはインディアンのお気に入りの飲物である。老婆たちは、トウモロコシの入った木製の槽のまわりに場所を占める。各人はトウモロコシを一口頬ばり（もし歯があるならば）歯の間でよく噛み砕き、それを槽の中にまさに吐気を催させるような動作で、吐き出す。臼の石〔老婆の歯〕はしばしば相当磨耗しているので作業は時間と忍耐とを必要とする。このかたまりに水を加え、大きな銅器の中で煮る。その後、大きな土製の壺に移しその中で醱酵するにまかされる。それは醸造者によって鑑札なしに売ることができる。陶酔性の飲物だが、とても健康に良いとインディアンはいう。チュペはペルーの国民的料理であって、何からでもできるスープである。それは普通、羊肉、馬鈴薯、卵、米にすべて胡椒をよく利かせたものである。

くたびれた旅人が、息もたえだえに、丘の頂上にたどりつくと、少女たちがまってましたと誘惑する。私は彼女たちのところに立ちどまり、スペイン語で話しかけたが、彼女はキチュア語で答えた。そして、朝中その上に腰をおろしていたために暖かみを保ってきたと思われる彼女のチュペを指さした。私は丁寧にお礼をいって前進した。あちこちに点々とインディアンの小屋が見られる。右手の谷間には、羊群がむらがり、女羊飼いの陽気な笑声は、山々にこだまする。羊群の後を歩いていた二人の少女は、お互いの頸に腕をまわし冗談をいって笑いながら、一日中丘の間をさ迷うために家を出る。羊は今しも檻から放たれて、霜のおいた牧草をかみながら、一匹また一匹と走って行く。犬は不機嫌そうに首と尾をたれてついて行く。まるで、誰か友だちでもいれば、家にとどまっている方がましだ……といった態度で。

あたりのインディアンは、この渓谷の古い寺院サン・ファゴの聖徒の日を祝うためにマルカス屯所に集まっていた。屯所の親切な主人はちょうど寺から帰ったところで、まわりの他の大部分の連中と同様、多少酔っていた。インディアンたちは奇妙な服装をして、太鼓と横笛をもって、女子の群衆の中を行進した。一部のものは、雌牛の角と黒い面をつけ、他のものは、縁が上ぞりの帽子をかぶり、金のレースのついた上衣を着ていた。他方女たちは、さまざまの色彩で装っていた。若いクレオーレたちは馬の背に乗って走り廻っていた。少女たちは歌をうたい情熱的に恋人の肩にぶらさがっていた。全群衆はチチャのご馳走に酔っていた。この朝はお祈りで費された。その後、司祭を先頭に大行列があった。われわれは、夕方の儀式に出席した。風景は奇妙で、美しくもあった。眼下には、教会があり、そこから屯所の建物までの道路の両側には民衆がふちどり、女たちの叫び声と歌声が太鼓の音に混って聞えてきた。山の斜面を、セージ（Sage）のサーカス一行がゆっくり進む。妙な顔をしたメキシコ人の道化師である。巧みな乗手である色黒のグアヤクイル（Guayaquil）の少女が美しい顔だちのポルトガル人とならび、デブの細君は日にやけた顔でこれにつづく。それからポニイとその遊び友達の犬、美しいペルー人の少女、召使たち、荷物をのせたラバの長い一列、これらすべては群衆と混り合ってゆく。日が西山に傾くと、雷鳴と電光とをともなって嵐が西南から吹きだした。

マカチャラの小さな町を通りすぎるとき、私は、ホセに街路の側に坐っている一人のインディアン女が何歳かを問わせた。彼女は、「神様が、あなたを祝福しますように、一〇〇歳です。とても貧乏です」と答えた。

アヤクチョの町は人口一万、家々は二階建で、大きな部屋に中庭をもっている。街路は直角に走り、舗装されている。大広場には、重い鐘と、鉄締めの扉のある石造の大伽藍が建っている。全市が宏壮豪奢な規模でたてられている。現在の住民は、人口と富とにおいて衰退を示している。街路にはボロをまとった子供と乞食がたむろしている。大廻廊の下には眠そうな老兵たちが、剣つき鉄砲をもってぶらぶらしているのが見られる。頸までボタンをかけた士官が刀をブラブラさせて街路を行進し、今まで見たうちで、一番不潔な顔つきの司祭たちもいる。

この町は、以前は美しい金銀装飾品の製造で有名であった。それらはスペインに輸出され、高く評価されていた。古い装飾品は今なお売られている。それは純金純銀でつくられ、鳥獣を奇妙にかたどったものもある。広場のまわりの小さな店で、綿製品を売っているが、すべてに活気がなく、凋落の図絵はいたましい。盲《めし》いた人びとが、ちんばの人たちと手をとりあって歩いている。忙しい車輪や業務の物音は全然聞かれない。死のような沈黙が夜となく昼となく支配し、それは巨大な尖塔の鐘の音に破られるばかりである。そこでは、弊衣をまとった住民が、貴金属でうなっている祭壇のまえにひざまずくのである。わずかの例外を除いては、政府と教会とを助けるために税金をとられているので、この地方では司祭たちが、唯一の肥ってみえる人びとである。

一八五一年、八月四日、月曜日、午前八時、気温五九度（摂氏一五度）。湿球五四度。われわれのコースは、トゥナの花が咲き、シャボテンの垣がある乾燥した凡々たる道路の彼方に、再び東に向かって伸びている。

われわれのラバ追いの一人――キチュア・インディアン――は妻をつれていた。新婚早々で、彼らはとても睦まじく、新婚旅行のようである。彼の妻は男のように白馬に乗って、その青いドレスと緋のマントは引きたってみえる。彼女は幅広いリボンのついた麦藁帽子をかぶっている。その髪はこの国の風習にしたがって二本の辮髪《べんぱつ》に編み上げて肩にかけている。インディアンたちは、彼女が馬に乗って通りすぎると挨拶し、そしてご両人に何か愉快なことをいう。彼女はお辞儀して微笑し、それを受ける。一方、夫君は謙遜な顔をし、彼のつとめに大変熱を入れる。ところが、彼は他の人たちからは見えない山々の間にくると、たえず喃々《なん》と彼女の傍でお喋りをしているのである。

ヘロニモという小さな町にはいると、全住民がむき出しの頭をして街路や入口にひざまずいている。教会の鐘が鳴っている。大勢の人が町を通り抜けようとしている。

両側に深い渓谷の迫る狭い山の背の上で、東に雪をいただいた山々を眺め、ラバ追いたちにクランバとよばれる古い砦を見た。キチュア・インディアンのラバ追いたちは、ポンチョにくるまって地上にひざまずいて眺めていたが、私の写生を見て悦び、また驚いた。インディアンの一隊が、山の峰を黙って上ってきた。彼らは旅行中には静かである。家庭では彼らは吹奏楽器と太鼓で演奏をする。少女たちはしばしば歌うが、口笛を吹くことはない。彼らは、興奮したときを除いては、大したお喋りではない。しかし女は興奮するときわめて舌が速くなる。また、私は彼らが積極的な思想家であるとも思わない。目玉はたえず動いている。なぜならば、目ざとく、付近のものは何でも、素速い、陰険な一瞥で注意するからだ。彼らの聴力はきわめて良い。たえず獲物に注意を払っているので、動物の慣性・特性に関する知識も深い。彼らは火器を使用しないで、獲物を罠《わな》でとる。また、これらのインディアンは弓矢を用いない。一行中の少年が双のコンドルの翼をもっていた。その一つは胴体の接ぎ目から尖端まで四フィート五インチあった。骨と関節は重い鉄の扉の蝶番を想い起こさせる。その少年はコンドルを罠で捕えたが、重すぎるので翼を切りとった。それでも翼の重さが彼の背中を苦しめているようにみえた。コンドルが、海岸沿いに打ち上げられた死魚を啄んでいるのをしばしば見た。この猛鳥が巣をつくるのは高い山中の峰である。もっとも勇敢で、経験に富んだ木登りの上手な少年たちでも、雛をつかまえたり、卵を盗むことはできない。われわれは巣を探し求め、この巨大な鳥が、仔山羊をその嘴と爪で捕えて雛に運ぶために、谷から舞い上ったり、または若いビクーニャをもって山から山へと飛びかようのを見たいものだと思った。インディアンは、コンドルを餌をかけてとる。餌の近くに身をかくして、それに投縄をかける。また大きな餌の下に身をかくして、よってきた鳥の脚をつかまえる。

八月一九日　われわれが出会った人びとはシナ人のような顔をしており、昔の紳士のような服装——短いズボン、大きなボタンと、大きなポケットの蓋のある緋と青い布の長いコートを着ていた。リマタムボのインディアン町を馬に乗って通り抜けるとき、隅にバリケードをつくって、まわりに席をしつらえた広場に集まる群衆が目についた。色とりどりの旗が風にそよいでいた。吹奏楽器の奇妙な物音に合わせて太鼓が打たれていた。われわれはちょうど闘牛が見られるときに到着したのである。闘牛士《マタドレス》たちはサーカスの道化役のような服装をしていた。人びとは壁のそばで、大きなチチャの壺をうけとって並べるのにおおわらわだった。皆がいい着物を着、行儀がよかった。少年たちは囲みの周りに集まった。囲みの扉は広場に向かって開いている。少女たちは女の席にシャンと坐って陽気で嬉しそうに見えた。集まっているすべての人びとのなかに、青い着物を綺麗に着たスペイン系の二人の白人がいた。その町は近在からの人びとでいっぱいだった。六人のインディアンの闘牛士《マタドレス》の後につづいて、楽隊が広場を行進した。闘牛士《マタドレス》が位置につくと、きびしい沈黙がつづいた。一枚の扉が開き、嘴を綱でしばり、その綱の端に一人の大きな男がついている一匹の巨大なコンドルが飛び出した。この不意打ちは喝采と笑いとをよび起こした。鳥は大きな翼を羽搏《はばた》いて逃れようとして飛びまわった。再び音楽が始まった。コンドルは連れ去られた。場内が静まると若い獰猛な雄牛が跳び込んできた。インディアンが喝采すると、それは中央の位置に、ちょうど観衆を待っていたかのように進んできた。直ちに勝負が始まった。頭を振って突進して一人の男をノック・ダウンした。そのインディアンはぺたりと地上に伏した。牛は怒って咆哮し、彼を角でほうり上げるために、角を身体の下にもってゆこうと、前足で土をはね返しながら、たけり狂った。うまくゆかないので、牛は膝をついたが、それでもそのインディアンをつき上げることはできない。数回攻撃して、すっかり疲弊してしまったとき、他の牛たちがやってきて、その牛をなぶって向こうにやった。それから牛は扉を襲ったが、人びとがあんまり笑ったので、怒り心頭に発してもどってきた。しかしながら、場内には観衆が大ぜいいたので途方にくれ、われわれ全部のうち誰を攻撃してよいか決心がつきかねた。牛は音楽とともに引きかえしていった。

鴨、鷲鳥、シギおよび大きな黒いタイシャクシギが渓谷のあちこちに多数見られた。雨季には土地の一部が氾濫する。今は牛に良い牧草地があちこちに見うけられる。このような土地は、外貌から判断して大きな湖の遺物たること明らかである。山から洗われた年々の堆積物で、雨季の末には水の深さが減少する。土地はだんだんに隆起し、水路が形づくられ、水がはけ出され、早晩その渓谷を洪水から守ってくれるであろう。魚が尽きたとき、有角畜とシェパードの群れが人の後を襲う。インディアンたちは犂で大麦の株をくだいている。

小さな山峡の頂上まで上ると道路は舗装されており、よくできた石造りの水道が大きなアーチの下を通っている。われわれは立ちどまった。そして新世界の古代の珍奇――何世紀も昔、インカの居住地だったクスコの町を歓喜をもって見つめた。眺めは美しい。丘陵のすぐ足もとの谷間の西に、太陽の寺院の廃墟を見る。カトリックの尖塔が、大都市の小さな建物の真中に立ちはだかっている。

谷間の底は緑で敷きつめられており、遠く離れて教会の反対側には明るい青空に白雪を頂いたアンデス山脈がある。突如として重い雲が南から町を襲い、われわれは豪雨のさなかを広場に到着した。

八月二三日　午前八時、気温五七度（摂氏一三・八度）。湿球五五度。

クスコの町は人口に乏しく三万四六〇三人である。南部にごく少数のアフリカ奴隷がいる。

私は探検に対してきわめて友好的な行為、すなわち、われわれを助けたいという申し出を受けた。長官は、アンデス東方の低地における護衛として二〇人の兵士をつけることを申し出た。大ぜいの若者が私に同行することを志願した。彼らの示唆に従って、議会によって認められた二万ドルの支払いがペルーの大統領に願い出られた。それはクスコの東方の山々を縫っているプルス河と同じものだと思われている、リオ・マドレ・デ・ディオス河の探検のためであった。一人の元気な青年将校が兵士たちを指揮するのを願い出たと聞き、大変嬉しかった。今まで行なわれていた調査から、リオ・マドレ・デ・ディオス河の水源は、文明の線を越えて蛮人（チュンチョ・インディアン）の世界にかなり入りこんでいる。

九月一六日　私がマドレ・デ・ディオス河の踏査に出発する予定日になったが、志願者たちも正規兵たちも用意ができていなかった。リチャーズは病気で荷物と一緒に居残った。一行はホセと一人のインディアン少年だけだった。少年は一匹の老馬に器具と、キャンプ道具少々、ビスケットの一箱を積んだ。

九月二二日　インディアンの一人が病気になった。私は胆汁病治療の丸薬を三錠のませたが、おかげで一眠りの後、彼はなおった。朝早くにバルサ樹をたくさん伐ったので、材木をしばり合わせて、最初の北米人製の筏《バルサ》はアマゾン河の支流にのり出した。私はリーチラーと一人の老インディアンと一緒に、反対岸に向けてのり出した。上流にも下流にも滝があった。流れは迅速だった。われわれは竿を用いたが、やがて河が深すぎるので竿を使用できないことがわかった。滝を越えた後、小さな岩の島に上陸した。リーチラーは神父に会いに行った。帰途、筏を失った。流れが速すぎたので、命からがら泳がねばならなかった。一方、われわれの舟も迅速に流されて岩にぶつかって難破したのである。午後一時、日のあたるところで、一〇〇度（摂氏三七・七度）。水温は七〇度（摂氏二一・一度）。夕方、リーチラーは、神父とインディアンたちとともに材木を伐っていた。彼は島に泳ぎ渡り、森で寝るよりもよいといって、その島で私と一夜をすごした。豪雨のなかで、アンデス山派にこだまする高い雷鳴を耳にして岩の上に横たわった。深夜、老インディアンはわれわれを水びたしの寝台から呼びおこした。河の水は増しつつあった。夜は暗いし、雨は土砂降りだった。われわれは逃げ出すことができないとわかったとき、一本のマッチをつけた。島と岸との間にさかまく河水が見えた。三フィートも水嵩がませばわれわれは流されてしまうだろう。リーチラーは、泳いでは岸にたどりつけないと私に確言した。老インディアンは、「泳げない人をつれてきたなんて、私は悪い男だった」といった。水の縁《ふち》に印《しるし》をつけた。そしてわれわれは運命を待つため坐ったが、気が気ではなかった。水の咆哮は恐ろしかった。リーチラーは水辺の印を見ていて、われわれの島が洪水によってぐっと小さくなるのを知った。老インディアンは犬の遠吠えを聞く。チュンチョ族が、陸地で神父を攻撃しているのではないかと想像する。私は彼らをこんなに遠くつれてきてしまったことを悔んだ。もし現在の割合で流れが水嵩を増していけば、われわれは駄目になるに違いない。突然、仰向いている老インディアンは眼を輝かせて私の方を向き、東南を指して、キチュア語で「暁だ」といった。私はそのインディアンがほほえむのを見たとき、救われた気持になった。そのほほえみは意味ありげであり、自然であり、ぬけ目なかった。日の光が射すと、嵐は晴れた。われわれは牢獄を調査した。水はどろどろになっていた。流木が傍に躍りながらやってきた。大きな材木が、漂いながら、頭上に転がった。大きな嘴をもった野生歳鳥《トウカン》が、その巣に向かって飛びながら悲鳴をあげた。魚は洪水を喜んでいるらしく、河に増水しろと合図をするかのように空中に飛び上った。一方、老神父は彼のかぎ煙草色の法衣を着て、水がひいていると身ぶりで示した。河の中ほどをゆく水の急速な運動によって起こった波は、われわれの背丈ほども高まって、島におしよせてくる。嵐が去った後、水はきわめてすみやかにひいて、われわれは対岸の陸地に到着した。

アンデス山脈の頂上にたどりついたとき、バロメーターの管が途中でこわれていたことに気がついた。コーヒー沸しの頭に、寒暖計を挿入する穴を一つあけ、水を沸騰させて山の高さを決定した。

その日は快く、われわれはアンデスの頂上に最後の攻撃を加えて休息をとる。雲が立ちのぼって、アンデスの一つの峰の、のっぺりした頂上の上にかかっているが、一方、東方に期待していた雄大な光景を見る。豊穣な低地を九〇〇〇フィート以上の高度から見下ろす。それはさながら大洋を見下ろすようである。規則的な山脈は、北西と南東に走り、遠くなるほど低くなってはいるが、そのありさまは山々に向かっていく海の波のようである。地表は森の木の美しい茂みで蔽われ、群葉は深い蒼色をしている。羅針盤によって、北東点の方向をたどり、われわれは山脈が中断しているところをみとめる。そこから、マドレ・デ・ディオス河が大西洋に向かって、大きくうねり、直角にぶつかって山脈を貫き、河道を切り開いているのだ。地図を見ると、東方ではベニ河が東流してマディラ河に注いでいる。西方では、われわれが以前注意したように、サンタ・アンナ河がウカヤリ河に注いでいる。われわれは、一大河がその四つの河口から、南緯四度、西経六一度でアマゾン河に大量の水を注いでいるのを知っているが、そこではもはやプルス河と呼ばれている。マドレ・デ・ディオス河の地理的位置がプルス河と同一であることを信ぜざるを得ない。これは重要なことだ。もし汽船でわれわれが、現在見ているところまで航行可能ならば、それは南ペルーへの自然の大道をなしているはずだ。全ペルーの金銀も、あの美しい園の未開発の商業的資源とはくらべものにならない。

マドレ・デ・ディオス河の水源から六日目の夕暮、二一日の旅を終わって、クスコに帰り着いた。リチャーズはまだ大層やつれてはいたが、健康を回復しつつあった。長官は、私に軍隊を同行させることが認められなかったことに遺憾の意を表した。そしてペルー政府のために、好意をもって、私の東方訪問の報告を文書にしてもらいたいと申し出た。

インカの遺跡

クスコの町は人口約二万だが、リマとの間のどの場所よりも人口中に占めるクレオーレ〔南米の白黒混血児〕の割合が多い。町の学校には、三〇〇人の少年が在学していた。バルコニーの上の幅広の外套と縁なし帽子をかぶった、少年たちのあいだを歩いていると、大変脂染《あぶらじ》みた小さな本を夢中になって読んでいる若者に出会った。彼が唯一人の勉強する気のある少年のようである。彼はいった。「詩が今日の私の学課です」バイロンのような人になるのと、それとも百姓になるのとどちらが好きかと質問すると、彼は素早く「バイロンのような人です」と大声で答えた。まわりの少年たちは笑った。化粧室の壁には、三〇〇ばかりのナポレオン型の、鍔《つば》のそりかえった帽子が並んで懸っていた。校長は、生徒たちが長官に敬意を表するために行列するときかぶるのだと私に教えてくれた。ペルーは二〇〇万足らずの人口だが、その過半数は友好的な原住民である。

この国の住民は、あらゆる面において「不断の革命的精神」を好まない。そして、「科学と芸文」には進歩がまったくない。この国ではクレオーレの母親が、赤ん坊を両手で抱いて、くすぐってキスするとき、「私の可愛い小さい僧正」だとか、「私の大統領」と呼びかけるそうである。母親は赤ん坊の頭を水で濡らすことを、物おぼえがわるくなるといっていやがる。そして、喉頭炎にならないようにと、昼間は眠らせない。少年の誕生日には盛大にお祝をする。父親はおめでとうをいわれ、母親の愛国心が賞讃される。この国では全人口にたいする女子の割合が大きい。女たちは、充分発育し、健康で、活動的で陽気である。一般的にいって、男はそうでない。

クスコでは、毎日曜の夕方には入場料五〇セントで、闘鶏がある。入口が二つある闘鶏場は石造建築で、そのまわりにぐるっと二重の座席がある。長さ三インチの鋭い、そして龍騎兵のサーベルに似たガフ〔闘鶏のけづめにつける鉄距〕を雄鶏のけづめにつける。戦闘はごく速やかに決せられる。多量の金銭が賭けられ、学生もこれに参加する。ご婦人は入場が許されていないが、それでもお気に入りの鶏がそばを通りすぎて闘鶏場につれてゆかれるときに、それらの鶏に賭けるのである。警察署長は、制服を着て、緑色の布をかけた小さなテーブルを前にして司会する。その机の上で、彼はじぶんで賭《かけ》をやり、もし勝てば、彼の金銭を積み重ねる。彼は、戦闘開始の用意ができたとき、小さなベルを鳴らし、戦闘を知らせる。この地方には、闘鶏用の鶏はほとんどいないが、ガフの助けをうけた鶏が勝手に使用されている。

クスコの教会や僧院を訪問するのは面白い。それらの多くは巨大であって、廃墟と化したインカの町から切り出された石でつくられている。装飾は豊富で高価である。山地《モンターニャ》から持ってきた装飾用材の彫刻は上手にできている。インディアンを、彼らの信仰からカトリックの信仰に改宗せしむるために用いられた油絵の陳列を発見してわれわれは吃驚《びっくり》した。サン・フランシスコの僧院の一つの絵は、天国と地獄との間のどこかの墓地をあらわしており、死者が立ち上りつつあるのが見られる。翼の生えた天使たちが、雲の間から下りてきて、善人を運び去った。他方、悪魔の子分たちは悪人をとらえ、断崖のはるか下の燃えさかる火の中にほうりこんだ。この絵は、あわれなインディアンの心に、永続的な効果を生んでいる。

長くつづいた日でりのために、砂糖黍、トウモロコシおよび馬鈴薯などの作物は、雨の不足に苦しんでいる。八月三一日の日曜日、長官はわれわれ一行に行列に参加しないかと誘った。一隊の兵士、楽隊を先頭に、上反《うわぞ》りの帽子をかぶった学生と、幸福そうな顔の校長の用意はすっかりととのっていた。そこに制服で盛装した長官が現われた。われわれは伽藍に向かって行進した。伽藍は大広場と同様に人でいっぱいだった。はいってみると席が全然しつらえられてなく、長官は司祭たちの一人に、鋭い言葉をかけた。三枚の等身大の聖像が、群衆の頭上の台にかかげられた。音楽が始まり、われわれは、そのあとについて町を通って行った。近郊から集まってきたインディアンたちは、非常に興味をもったようであったが、われわれのあるものにはそれは単なる木製品にすぎなかった。帽子を手にもって、われわれは押し通った。

狭い通りで、もう一つの行列を通過させるために立ちどまった。その行列は、美しい女たちがまじっている点を除くと、われわれの行列と同様のものであった。頭上に運ばれた聖像は、エル・パトリアルカ・サン・ホセと呼ばれ、多くの司祭や女が歌をうたってあとにつづいた。その後に、銀をふんだんにはめこみ、また金《きん》で飾った、ピカピカの高価な褐色の絹のドレスを着た女人の聖像がつづいた。彼女の黒髪は、肩に優雅にゆったりと垂れ、両腕に、一人の赤ん坊をかかえていた。われわれは、「ベレンの聖マリヤ」Nuestra Señora de Belen のあとにしたがって、伽藍まで行った。鐘が彼女の到着を告げ知らせ、人びとはひざまずいて祈った。

「聖マリヤ」は、祭壇の前に運ばれた。台の前部の下にいる人びとはひざまずき、三度身をかがめた。他方、背後の人たちはじっと立ったままであったが、それは彼女がまるで、お辞儀をしているかのような感を与えたのであった。インディアンが喝采をしたとき、女たちは非常に興奮し、小さな子供たちは涙を流し、あらんかぎりの力で金切声を上げた。インディアンの男たちでさえすすり泣いた。「ベレンの聖マリヤ」を通しての神への祈念は、周辺一帯の枯死しそうな作物のために雨を乞うことであった。

スペインの征服直後、カヤオ湾の漁師たちは、一つの箱を拾い上げた。それをあけてみると、一通の手紙をもった「ベレンの聖マリヤ」とその子供が出てきた。手紙には、〝彼女たちは「諸王の町」に向けられたものである〟と書いてあった。リマ市は諸王の町であるとピサロがみずから述べている。そして、彼女はリマ市のものであると主張された。しかし、クスコは諸王の土着の町であったので、紛争が起こった。クスコの人たちは、ロバの背にのせてアンデスを越えて運搬できるくらいの箱にはいってやってきた以上、彼女はリマ市に派遣されたのではないと宣言した。この主張は「聖マリヤ」を首肯せしめ、彼女は山々を越えて旅行した。

インディアンや、クレオーレの多くは、作物に雨が多すぎたり、少なすぎたりするとき、祈りながら、彼女を連れて街路を通れば、願いは神に聴きとどけられ、彼らの畑に必要な水を送ると信じている。そして、現在のように彼らが病気に見舞われたとき、またインフルエンザが子供たちの命を冒すようなときにも「ベレンの聖マリヤ」に願をかける。

サン・ドミンゴの僧院は、日、月、星辰の寺院の廃墟の上に築かれている。それらはともに古代ペルー人によって崇拝された。——道徳律にそむく崇拝だった。寺院の太陽は、銀と金の大塊でできていたし、月や星も同様だったと聞いている。スペイン人たちが、クスコを占領したとき、この寺院の宝物は賭博で浪費されたのであった。

　インカ時代以前には、この地方のインディアンは、地中の穴、割れ目、または巨大なオーバーハングの岩の下、および野熊、ビスカチャス、または鷲のように洞穴に住んでいたと考えられている。彼らは野獣のように草や根っこを食べ、砂漠の動物のように、お互いの間をほっつき歩いた。彼らはチュンチョ族のように、猛獣、巨鳥、および蛇を崇拝した。他にもさまざまの言語と、さまざまの鳥獣の崇拝とをもった多くの部族があった。戦時には、捕虜を殺してその肉を食い、その血を飲み、彼らの皮膚で、太鼓の皮をつくり、骨格で杖をつくった。彼らは群れをなして横行し、弱肉強食、まるで猿のように掠奪しあった。彼らは、敵の子供たちを、仔羊か仔牛のように肥らせて、食べたといわれてきている。

　まったく異なった人種の一組の男女が突如として出現した。彼らは、どこからきたものかわからなかった。大湖チチカカからやってきたのだという噂であった。その男と彼の姉妹は、彼らの父、太陽からインディアンたちを野蛮な生活から引き出して、動物のようにではなく、人間のように生きることを教えるために、どのようにして土地を開墾して食糧を栽培するかを示すために、また衣服をつくって、それを着ることを教えるために遣わされたのだとインディアンたちに語った。インディアンたちは喜び、走り出て近隣のものに知らせ、彼らはその男のまわりに集まった。他方、姉妹でもあり、妻でもある女は、女たちに、動物の毛からどのようにして糸を紡ぎ衣服をつくるかを教えた。

彼らが教えられた言語はキチュアと呼ばれた。彼らはまた、日、月、星辰を崇拝するよう、谷の西の端に諸都市をつくるよう、また彼らの神が東に現われたときに、神をみることができるように日の出に起きるようにと教えられた。彼らはその男を、マンコ・カパク（Manco Capac）またはインカと呼んだ。彼らは彼を太陽の子孫として敬愛した。その女を彼らはコヤ・ママ（Coya Mama）と呼んだ。

マンコ・カパクは多年インディアンに君臨し、その期間に彼と彼の妻は、西はアプリマク河から東はポルコタムボ河まで、南はクスコからチチカカ湖に至るまで、そして北は、アプリマク河が、サンタ・アンナ河に注ぐところまでのインディアンを教化した。

月は、太陽の姉妹にして妻であるとして崇拝され、そしてマンコ・カパクの母だと信ぜられていた。宵の明星、金星は、太陽の従者と考えられた。また「七星」の群れを、母なる月の下女と呼んで尊崇した。彼らは電光、雷鳴、および虹といった要素を含んだ崇拝形式と、祈禱とをもっていた。

マンコ・カパクの気だては親切でやさしかったので、インディアンたちは、彼を愛し、服従した。彼は原住民の風習に大変化を与える基礎をつくり、教会と国民とを組織した。

私は、個人の家庭に保存された蒐集品から古代ペルーの奇妙な作品のスケッチをすることを許された。彼らは彼らの小博物館をとても高く評価して、標本を譲り渡すことは金輪際ないけれども、さらにこの上の増補ならば何んでも受けとろうと欲張っている。

町の北側の高い丘の上に、古代の城砦サクサウアマムの城壁の遺物がある。絵の中で、一番寸法の大きい石は、基底において二二フィート、（地中に埋まった部分やら壁全体の高さを別問題にすれば）垂直面は二〇フィート半である。傍に立っているインディアンは、充分に成長した大人であった。われわれは古代ペルー人が、どうしてこんな重い塊を処理し、そしてほとんど平坦な半マイルの道を運んだか見当がつかなかった。しかし、レイヤール氏のアジアにおける最近の発見でも、人力と機械的熟練によって、これほどのことができたかどうかはまったく明らかでない。

この城砦によって占められた地域は、約一二エーカーもあろう。外壁の角度と、平面図は対称的に設計されており、この城砦にはいる階段は、内側から巨大な石でもって容易に閉めることができ、かくて扉を壁自体と同様、外部からはまったく安全にするようにつくられてある。壁は丘陵の頂上を丸くとりかこんでおり、丘の最高点は廃墟よりもかなりぬきんでている。廃墟の北側からみると、そこには石に彫られた多くの座席と平たい場所とがあり、そこから、練兵場のようにみえる平たい場所で芝居が演ぜられるのをみたものと想像される。岩の間に一つの穴があって、それは半マイル距っている太陽の寺院まで、丘の下を通ずる地下道の入口だといわれている。私はそれにはいってみたが、遠くまで進むことができず、疑問を感じて出てきた。インカの命令のもとにつくられた地下道が、タルマとクスコとの間にも存在すると、一部の人びとに信ぜられている。

この砦の傍をめぐり、クスコの町を貫いて流れる小流で、鍋に砂を入れて洗ったところが、黄金の粒を発見した。インディアンたちは、今は金洗いよりも土地の耕作を求めており、その方がいっそう有利であることを知っている。インカが支配していた間、この貴金属は、装飾品と器具に使用されただけであって、現在のように通貨には用いられなかった。
インカの統治していた期間、しばしば近隣インディアン諸部族が、説得または武力によってインカの支配下におかれ、ついにその領土は西は太平洋岸から、アンデス山脈の東方斜面に至るまで、また北は赤道付近のキトーから南緯四〇度付近のチリーまで及んだ。インカ族の一部は偉大な戦士であった。彼らの領土があまりに大きくなってしまったので、第一二代のインカは、初代によって設定された憲法に違反して、王国の南部を彼の長子に与え、北部をもう一人の息子に与えることを決定するまでは、インカは他の領土に、彼らの法と宗教とを拡げようという決意をもって国境に進軍したのであった。これらの兄弟たちは喧嘩をした。フランシスコ・ピサロはその勝者を捕虜にし、その首をくくらせた。それは今なおスペイン人を驚嘆させる文明をもったペルー帝国の没落を完全なものにした。

私はクスコで、インカ皇室の子孫だと称している一人の老婆にあった。彼女は、彼女自身の母よりも先の系譜を遡ることができなかった。老淑女たちは、子供たちに、この地方における不思議な物語を語っている。インカと同じ血筋のものだと称している人たちは、他の人たちとは全然別な高慢な態度で彼らの隣人やインディアンに臨んでいる。城砦、道路および水路の廃墟の中で、紡績、機織、染色の技術、奇妙に彫刻された石器および金属鋳造がインカの真の遺物なのだ。インカの人びとは石を切り、金属を加工するのが好きだったらしいが、木工のいかなる痕跡も見出せなかった。

スペイン人はペルーに、雌雄の馬、有角畜、ロバ、山羊、豚、羊、家猫、貨幣および良種の犬をつれてきた。彼らはクスコの谷間に葡萄を植え、圧迫者をペルーの領土から追い出すのに協力した

（非インカ族の）ペルー人たちをも奴隷にした。

一八二五年には、路上で出あったインディアンたちの顔から戦争のニュースを読み取ることができたと、一人の旅行者が私に語った。もし、ある戦闘が、共和軍に有利に決せられると、インディアンたちは空を見あげて愉快そうにみえた。また、スペイン側に有利ならば、彼らは首をたれて悲しげであった。彼らの先祖とスペイン人との間にたたかわれた激戦と、彼らの宗教と政府の覆滅との歴史は、代々語りつがれた。風俗習慣のさまざまの変化が彼らの幸福に干渉した。未開人は決して侵害を被ったことを忘れない。そして、敵をにくみ、友を愛するのは、われわれのある者と同様インディアンの特性なのだ。彼らは、今日まで、マンコ・カパクのお手本の記憶をたのしんでいる。彼はこの国民の気質に合うように彼の行為を形づくったように見える。「日月星辰」のごとき天体の崇拝は、天文学的知識があった証拠であって、この知識をもつことにより、信者たちは天体の運動と変化とを規制している自然法に無知な人びとに、優越したのである。

彼らの風俗習慣と事業とは、アジア、アフリカの遠古のそれらと、区別し難いほど近似している。エジプトとアッシリアにおける最近の諸発見のなかには、インカのそれと同一の橋と偶像、器具、武器および粘土や石の器具、合金――錫によって硬化された銅――の器具が発見される。

およそエジプト、アッシリア文明とペルーの文明との間で違っているものは、故意と改良の結果であろう。活動的で、進取的で、また知的な航海者であったティリア人をアレクサンダー大帝が征服したことと、インダス河畔でつくられた船によって行なわれたアラビア海への探検記録とは、北米大陸の東海岸へ北欧の航海者が訪れたように、何か適宜な手段によってアジア文明と南アメリカとの間にきわめて古い交渉があったのではないかということを想像させる。

とある未知の国から到着して、アンデス山脈の原住諸部族の間に農業、技芸、製造術および体系的道徳を導入した奇異な一外人夫妻が存在したことは、ペルー土人の歴史における伝説的虚構ではなくて、たしかな事実であると思われてならない。

現在のインディアンは、インカの支配者たちが、彼らの父祖に対し、親切、温和、人道的であったことに対して感謝に満ちた深い想い出を抱いている。その反面、今では特異な諸変化によって改変されたとはいえ、インカの後をうけついだ政府（スペイン人）のために経験せしめられた苦悩と貧困とを前者と比較して不快に思っている。

ペルーの土人は、錫を少量加えて鍛えた青銅または銅の器具によって斑岩と花崗岩を切って重要な作業をなしとげた。このような道具によって、銀の硬い鉱脈を採掘し、エメラルドを彫刻したと想像されている。ド・フンボルト氏は、クスコから遠からぬインディアンによって開鑿された銀鉱から拾った一本の鑿をヨーロッパにもってきたが、分析してみると、それは六パーセントの錫と結合した九四パーセントの銅を含むことが判明した。私は、ペルーのある古代銀鉱で使用した青銅のかなてこ、あるいは長い鑿の不完全な検査の結果を知ることができた。正確な分析は未だできていないが、一〇パーセントから、一二パーセントの錫が銅と結合しているように思われている。

この合金は銅鐘、大砲、鉄砲の点火孔、鏡、楽器、以前には不貫通性甲冑を鋳るために使用されている。

製造術における、エジプト人、アッシリア人および古代ペルー人の親近性は、文明アジアの一部とアンデス山脈の原住民の間のきわめて古い交通について示唆を与えている。そしてそれは、彼らの灌漑農耕法、肥料の使用、橋を建設し吊架すること、堤防と水道、鉱山の採掘、編むこと、網をつくること、紡績、紡織および染色、道路、郵便、宿場、穀倉、武器、防具等における類似点を参照することによって、さらに明らかになる。

実際、スペイン人によるペルー人征服以前の風俗習慣が遠古のオリエント諸民族のそれに類似していることは、双方の文化の特異性に親炙した歴史家の言及するところである。

サン・セバスチィアンの小さな町に集まった多くのインディアンは、小さな寺院の聖者の日を祝っていた。大通りを旗で飾り、道の両側の柱と柱の間にアーチをつくって、その間に糸を張り渡し、それに銀の貨幣が吊り下げられてある。われわれが通った第一のアーチは、一ドル貨幣で飾られ、その次は五〇セント、それから二五セント、一シリング、および六ペンスで飾られている。土器は幻想的に彩色された水差し、把手のある甕、壺および甕――あらゆる土器がかけられている他のアーチがつくられていた。それはあまりに頭上近くぶらさがっていたので、誰かが一つの標本をぐいと引っぱったところ、この不謹慎な所業によって糸がたれさがり、ほとんど全部がわれわれの馬蹄のもとに潰《つい》え去った。

インディアンたちは、あるものは黒色の仮面をつけ、他のものは頭と肩の上に雌牛の角と雌牛の頭部の皮をかぶって、小さな広場で踊っていた。群衆が、一匹の若い雄牛の尻尾を引っぱったり、上にのったりしていじめていた。このあわれな動物は、籐笛と獣皮太鼓の音楽におびやかされてくたびれるまで追いつめられ、逃げられなくなったのだ。

われわれは広場に立ちどまり、弓矢と戦棍と、大きな木剣を使っての模擬戦闘を観覧したが、それは長官とその家族の幸福のために行なわれたものであった。それはアンデス山脈のキチュア・インディアンと低地のチュンチョ族とのあいだの戦いをかたどっていた。チュンチョ靴をはいた死者、負傷者および捕虜は悲惨だった。他方、喜んだキチュア族は敵を一つまた一つと、小きざみに切りきざむ動作をやってのけ、彼らを片隅に、木場の棒きれのように積み重ねた。

教会の戸はすっかり開かれていた。祭壇は獣脂蠟燭であかあかと照らされていた。外の壁沿いに巨大なチチャの甕の列が立ち並び、女たちはそれを注意深く監視しながら売っていた——土製のジョッキ一杯六ペンスで。事件全体は、このような風習に慣れていない者たちには、納得しがたい奇妙なカクテルだった。古代インディアンの慣習の多くが「許され」ている。このことは牛の角やチチャの方が、お金のかかる教会の要求よりも好きな原住民たちによい影響を与えている。

クスコの通りのバルコニーから、ご婦人たちの頭上に、花の驟雨が降った。群衆は、「新しいクスコ人万歳！」と喝采した。多くの家庭の、淑女と子供たちは市役所《プレフエクツーラ》に招待された。夜ともなれば、彼女たちにブラス・バンドはセレナーデを奏でた。われわれは、クスコ東方の雪の山々に昇るほどに、輝きをもった月の出を見たことがない。月は、この面白い谷間の上に、光りを静かにふりそそぐ。その深夜の静寂を破る二つの物音がある——雄ロバの嘶《いなな》きと、犬の遠吠えである。両者ともに、月が銀色の嶺々の間をのぞきこむときに、起こるらしい。

長官の家は陽気である。紳士たちは、夕方に、その日のニュースについて語り、カルタをしたり何くれをするために会合する。クスコの淑女の間では、日曜日の礼拝の後を除いては、ほとんど外出しない。彼女たちが通りを歩いているのをほとんどみかけない。土曜の夕方、女たちは広場に新しい靴を買うために赴くが、その時こそもっともだしぬけに女たちに会える時なのである。このような時には、大きな銀盆を片手に、残る手に小さな銀の聖像をもった司祭たちが現われる。淑女たちが、インディアンに靴代を払うと、神父は、接吻されるべき像を差し出し、そして銀盆に、喜捨、または、靴革の代金に対する教会の税をうけとる。もし、司祭が、同じ土曜日に二度銀盆を差し出したのでなければ、お金を払わないで、像に接吻するようなものはほとんどいない。二度目のときは、彼女たちは、恥ずかしがって献金を断るのである。このような日には、貧しい家族は、古本、鉄片、馬蹄、長釘、くつわのはみ、あぶみ、あるいは何でもお金に代えられるものをインディアンの召使いに託し、彼女はできるだけ高く、それを売りさばく。クスコには金持はほとんどいない。わずかの例外を除いては、人びとは怠けもので、貧乏人である。谷間に荘園を、町には商館をもっている精力的な幾人かは、金持ちといわれる——つまり、生きてゆくのに必要以上のものをもっているのだ。

インディアンは、ここでは、よそよりも、コカをたくさん用い、あまり多量に噛むために健康を損っているようである。町に住んでいる連中は、田舎の連中にくらべて、痩《や》せて、みじめに見える。

インディアンは、ひどく無視されているらしい。病気になっても、死ぬかあるいは良くなるのをじっとして待つのみである。医者の料金は高いので、インディアンは、医者《せんせい》にみてもらうことはできない。土人の医者はもっとも穏健であって、風土を一番よく理解している。クスコには少数の外国人がおり、その中にはフランス人のパン屋がいる。人びとは、彼のパンと同様、彼とお喋りするのが好きらしい。

町は、小売商人と仕立屋でいっぱいで、日なたぼっこをして日々を過ごしている。薄明になってくると、街路の戸は閉ざされ、町は暗い物憂い外観を呈する。ランプが飯屋、政府の建物および賭場の正面に吊りさげられる。若い人たちは、クラブで玉突きをやるが、その部屋の一方はナポレオン・ボナパルト、他の側にはジョージ・ワシントンの肖像を飾っている。一人のフランス人が店を経営している。

フランス人はとびぬけて人気のある外国人である。彼らはじきに土地の女と結婚し、そしてスペイン人の風俗習慣を採用する。イギリス人はそんなにしてまで結婚しない。長いことその国に住んでいたフランス人は、スペイン人とまちがえられることがあるかもしれない。しかし、イギリス人の赤ら顔は、一目で、彼の国民性を明らかに物語る。ジョンブルは、英語を喋る機会を喜ぶが、他方、フランス語はスペイン語の俗語みたいなものだ。フランス人は、土地の人びとの礼儀や風習を実行し、妻と子供全部を誰にでも紹介する。彼は、生涯定住するつもりのようだ。イギリス人は、いつも懐かしい故郷に帰ることを語っている。彼はより活動的で、時には土地を耕作し、あるいは採鉱に従事している。私が、マドレ・デ・ディオスから帰ってから、一隊のキチュア・インディアンとともに、サン・ミグエル農場から南東方に樹皮をあつめに行っていたとき、一人の若いイギリス人はチュンチョ族に殺害された。

一一月六日　小さな日乾煉瓦《アドベ》でつくったフリアカの町に立ちよった。例のごとく一軒の大きな教会があり、荷物用のラバを交代した。われわれは夜をカラコタで過ごし、パンカルコヤでまたラバを代えた。左手に偉大な南の湖チチカカの深くあおい水を見た。東の風はその水を波立たせていた。白い波がしらは、大洋の貿易風地帯を想い起こさせた。大きな不毛の島々が視界をさえぎった。一本の木、一塊の叢《くさむら》も見えない。目に入る唯一の生きものは、この不毛な丘にころがった岩の間に餌を漁る一匹のヤマであった。その光景は荒涼として、恐ろしく静かだった。われわれの唯一の視界は東南方で、そこには、山の嶺々を背景として、島々の頂上の向こうにまた島々の頂上をみた。

風はつめたい。そして太陽の灼けるような光線は、皮膚を焦して火傷にして剝ぎとってしまう。緑のヴェイルは、麦藁帽子をたえず吹き飛ばすので、われわれは、この厄介な代物をポケットに入れる。路上のインディアンはきわめて鄭重である。彼らの間には、クスコからきた人たちにはまず挨拶し、古代の首府に敬意を表する習わしがあるということだ。

インディアン、ことに女の顔には大きな相違がある。あるものは黒人に似て厚い唇、平たい鼻、とん馬な表情をした目をもっている。あるものたちは、明るく、知的で、いきいきしている。頰骨から、顔は斉一に顎に向かって細くなっている。鼻は小さく真直ぐで、先が尖っている。唇は薄い。たとえ、だれかがマンコ・カパクの血をうけていても、彼らがそれを知っているかどうかは疑わしい。彼らのうちの幾人かの外観はまったくのシナ人だが、他のものは、これより背が高い。彼らは後に婆さんをつれて歩く。男たちは交際せず、家族のものがよく似通っていることは顕著である。みな真面目で、行儀よく、そして従事している仕事は些細なことでも興味をもつ。彼らがあわてているのは見たことがない。日の出前に仕事を始め、もしチチャの妨害がなければ、日没とともに終わる。このチチャの干渉は、時として、暗くなった後までも彼らを路上にうろうろさせるのだ。このような時が、不快な感情を、洗い流す機会なのだ。

私は、二人のインディアンが争っているのを見た。一方は、悪いことをしたとわかって、賠償をすることを申し出た。彼は、一杯のチチャをもってきて、相手に飲んでくれと乞うた。しばらくの間、妻が彼を説得しおわるまで、彼は飲むことをこばんだが、それを飲むと、途端に彼らの顔は微笑に変わり悶着は忘れられた。

彼らはまじめで正直で、他人に対して礼儀正しい。衒《てら》いのない親切と丁寧さとが、純粋なかたちで見出される。われわれはしばしば、年ごろの者たちが、あるきながら口説いているのを悦に入って注目した。彼氏にも彼女にも他人に会うときの極度の内気さが必ず伴っている。男たちは彼氏を笑ってからかい、一方、年とった女たちはその娘を叱り、未来永劫に、結婚に反対しているかのようである。

一一月一〇日 プノから見える一つの島から、インディアンたちは、野菜を市場にもってくる。ときどき小さな魚がとられる。湖の底の丸い黒い小石を集めて、羊蹄骨とともに、その町の家の内庭《パティオ》を舗装するために売られる。インディアンたちは、船体、帆、双方の材料になる湖の燈心草で作った筏《バルサ》すなわちボートに乗って湖を航行する。彼らは良い風があるときに帆走しうるのみである。日中、市に行くのはいつも良い風だが、夜帰宅するときはときどき順風が吹く。逆風に抗して前進するときは浅瀬に棹さす。

岸辺や浅瀬の水の色は、海の水のように緑である。深いところは青い。プノの正面の湖の表面は枯れた燈心草の茎でほとんど蔽われている。わずかの野鴨が餌をあさっている。立ち昇る臭気は不快である。チチカカ湖は一時考えられていたような鹹湖《かんこ》ではないけれども、その水はあの町では飲用にされていない。

カラマルカの小さな町にて

チチカカ湖の岸辺に沿って、馬を進めて行くと湖の燈心草からインディアンが汁を啜っていた。彼らはまたそれでサラダをつくる。牛馬も燈心草を求めて背中まで泥に浸って水を渉る。羊は緑のものがほしいらしく、灼熱の丘陵から駆け下りて、岸沿いに燈心草をたべる。豚もまた、彼の分け前を求めてはいってくる。全動物界が、生き物を求めて湖に走る。チチカカ湖は航行と耕作とに対する招待状である。ペルーの山間地方はきわめて乾燥している。

一一月一七日　正午、気温五一度（摂氏一〇・五六度）。湖水温六五度（摂氏一八・三度）。東風。

われわれはタムビヤの駅亭で夜を過ごした。それは湖のほとりの丘の麓にぽつんと建っている。郵便集配人や騎手頭たち、馬鈴薯でわれわれに羊肉スープをつくってくれた数人のインディアン女の料理人が住んでいる。その平野は牛、羊、ヤマ、馬、ラバ、および雄ロバで賑わっている。牧草地は幾分これより新鮮である。風は北から谷間を吹き抜け、気持が悪いほど冷たい。

一梃のインディアンの鋤が、戸の柱に立てかけてあった。リチャーズが、ポケットに手を突込んで熱心にそれを眺めていた間中、インディアンたちはじろじろと彼を見張り、一梃の鋤が何故そんなに珍しいのかと呆れたようにぶつぶつ話し合っていた。木の屈曲した杖の一端に、幅が狭くて細長い鉄片がなまの獣皮索でしばりつけられていた。その索の近くに、同様の仕方で、雌牛の角が一本しばりつけられ、その上に掘り手が彼の脚をのせる。この鋤は、犂や雄牛を使用できない丘陵の側面の土壌を掘るのに用いられている。西部低地では、小さな鉄片が装着された長い棒が用いられている。一人の男がその棒を地中に突込み、もう一人の男が交叉するように打ち込み、双方が呼吸を合わせて芝土をほじくり上げると、第三の男が、膝をついて、両手で芝土をひっくり返す。このようにして掘棒で草地に畝《うね》をつくり、耕された土地に種子をまく。大麦はとても長い鬚が生えた穂を出すけれども、実をつけない。

セピタの小さい町から眺めた、東の雪を冠った山々と湖の暗青色の水との対照は顕著である。ここで、湖からアガシース教授に依頼された鱗のない魚（長さ約八インチ）を二尾手に入れて壜詰にすることに成功した。

ティアウアナコでラバを代えた。

ここから北西に、そしてチチカカ湖の中心の少し南にチチカカ島が位している。そこからマンコ・カパクとその妻がクスコに旅したのであった。彼は航海者であった。チチカカ島はインディアンのアイマラ部族によってとりかこまれているが、彼らの言語は、自国語と同様にキチュア語をしゃべるホセにも理解できなかった。クスコの谷間は、この湖の北西に位する顕著な地点で、クスコへの道路は、鉄道を引いてもよいほど平坦である。インディアンの伝説によれば、マンコ・カパクとその妻は、毎日湖をわたる東風によって、西岸に運ばれ、われわれの通ったクスコとプノ間の道路を徒歩であるいたという。ティアウアナコの古代の大建築物の散在する石造の遺物のなかに、クスコの石造物と類似したものは何んら観察できなかった。またその廃墟はあまり荒廃していたので、その結構の性質をよく理解できなかったが、クスコのものに優るいっそう高度の工学技術を感得し、納得しておどろいた。巨大な石塊は四角に切られていた。そのうちの一つはラバ一匹が通れるほどのアーチの切り通しをもっていた。

町の司祭は、近所には同じ種類の石はまったく見られないから、どこからもってきたのかわからないと私に語った。マンコ・カパクが、ティアウアナコの古代工事に無関係だったと信ずべき理由がある。が、マンコ・カパクの最初の出現がこれらの民族のあいだにおいてであったのにもかかわらず、石の切刻と、同民族の言語の構造とはともに、インカのものとは異なっている。

一二月二日　カラマルカの小さな町にて、午後四時、寒暖計四八度（摂氏八・八度）。湿球四〇度（摂氏四・四度）。雷鳴と電光とを伴った東南嵐雨が西風に変わった。小さな雨滴が凍って、ごく小さな豆粒大の霰《あられ》となって落下した。その後、見わたす限りの全地域は雪で蔽われた。

あたりの光景は冷たく、陰気なものであったが、ひびの入った鐘が耳も聾せんばかりに祈禱の招集を告げて打ちならされている。嵐の後、インディアンたちは戸口の前で戦棍をもって踊りながら、教会を通り抜けて行進する。広場の吹奏楽器と太鼓の奇妙な物音は、いっそう、冷たく陰気な思いをおこさせる。吹奏楽器は寸法と長さの異なった葦を連続してならべたもので、太鼓と調子を合わせて、われわれの耳には、ほとんど音楽らしくもない物音を吹き出すのだが、動作ののろい踊り手はそれらの調子を尊重する。インディアンたちは、長い羽毛のついた帽子をかぶり、白い木綿のシャツ、膝の辺りを赤、青、および白のリボンで飾った短いズボンをはいている。一方、深い黒色の衣服をつけている者は鼓手長の資格で行列の先頭を歩く。ただ一人の司祭を除いては、クレオーレの顔も見られなかった。

朝、行列は駅亭の中庭《パティイオ》の中にはいった。しばらく演奏し踊った後、インディアンの女たちは外側にでて、騎手頭たちが仲間に加わり、音楽師の内側に円をつくって踊りがつづけられた。われわれは錫の茶瓶をもって、戸口に腰をおろして見物した。踊りの後、女たちは引っこみ、そして帽子を手にした。綺麗な顔だちの老アイマラ・インディアンの郵便集配人が荘重真摯な一場の演説を行なった。それに彼らはみな、黙って注意深く耳を傾けた。演説が終わると、吹奏楽器を長くひと吹きし、太鼓が二、三回叩かれた。それから、騎手頭たちが、一人一人短い演説をし、同様にして応答された。女たちがおのおのチチャの壺をもって再び現われた。朝は寒いので、彼女たちはそれを杯に入れて、各人が飲めるだけ給仕した。音楽が再び打ち出された。背中に眠っている赤ん坊を背負って出てきた女たちは、再び踊りに加わった。やがて赤ん坊が爆発して〔泣き出して〕おかしな不調和が始まった。

その言語も、あるいは演説の意味も、あるいはチチャが宗教的勤行に導入されることの是非も理解できなかったので、この祭りの意図は、女たちにセレナーデを奏でてやることにあるのだろうと私は想像したが、未だ疑問のままのこされている。何故ならば、それはたわむれではありえないほど、しかつめらしく、秩序正しく、真面目であるように見えたからである。最初、われわれはその意図をのみこもうと思ったが、チチャが現われるにおよんで降参してしまった。

　インディアンたちはきわめて丁寧でわれわれによく気をつけてくれた。ホセがわれわれ同様、まったくアイマラ語を知らないのにもかかわらず、欲するものを入手するには困難を感じなかった。われわれがまさに立ち去ろうとするとき、老インディアンは、彼自身のポケットから、勘定書をとり出した。それを支払ってやると、彼はうなずいて、ほほえみ、そしてわれわれには満足と思われる何事かをつぶやいた。

コチャバンバの臨終

われわれの旅路は今や東に向かっている。台地を去り、アンデス山脈の小さな狭い一条の小径にはいった。日がコルディエラ山脈に沈むと、鷹は岩の間の塒《ねぐら》に帰って行く。われわれが一軒の孤独な小屋――コンドルチノカの駅亭にラバをすすめて登って行くとき、万物はしずまりかえっていた。一方、インディアンはラバの世話をし、彼の妻は、夕食を料理し、そして小さな子供は、郵便犬と遊んでいる。夜は澄みきって、静かで寒い。

明るい、深蒼色の空と共に朝は明け始める。しかし、熱帯の太陽は盆地の白い縁の上に照りつけて、一年に何フィートもの雪を蒸発させるので、かくして作り出された雲が、住民たちをほかの世界とへだてるカーテンとなってしまう。

アイマラの言語と部族が、人びとの想像力を強く刺戟した結果、彼らの歴史はキチュア族の歴史よりも古いもので、地球のこの部分の原住人種の起源に関する知識を遠い太古に求めようとする人びとには彼らの方がいっそう興味深いものだという信念が生まれた。

チチカカ湖には、われわれが気づいたけれども解決はできない一つの特殊性がある。――風は一年中東から湖を越えて吹くのだが、一方平野の上では風は可変的であり、また旋回している。水が風をひきつけ、活発な運動を与えるものらしい。

アンデス山脈を、穀粉をつんだヤマの群れに出あったりしながら、ゆっくり、くねくねと登って行くと、岩層が四五度の角度で東を指しているのを見出す。大きな嶺の頂上に達すると、その層は垂直である。そして東側では、それは四五度の角度で西に傾いている。

われわれは今やマディラ高原を望み見ているが、高原に入る前に、高い嶺からチチカカ盆地の南方を振り返ってみよう。

南緯二〇度の線から北に流れる水流はチチカカ湖にそそぎ、南に走る水は広大なラ・プラタ盆地に向かう。これらはピルコマヨ河の水流であって、六〇〇マイル以上密林を流れぬけて南緯二五度と二六度との間でパラグァイ河に注いでいる。

ピルコマヨ河は急流で、ベニ河のように滝や岩の河床がある。それはボリビア領内では汽船では航行できないようである。この流れはオルロ県とアルゼンチンとの間に横たわり、ヨーロッパ系のクレオーレ八万三二九六人と、アイマラ・インディアン一六万四六〇九人が住んでいるポトシ県に水源をもっている。

ペルーのセロ・デ・パスコの豊かな姉妹であるかの高名なる、セロ・デ・ポトシの麓に位しているこの町では、現在二六の銀鉱山が採鉱され、一八〇〇が廃鉱となっている。そのほか、政府の計算では、ポルコ・チャヤンタ、チチャスおよびレピス州には放棄された三〇八九の鉱山があり、現在はたった六五の鉱山だけが採鉱されているのだ。

昔、ポトシ県は世界の羨望を煽ったものだ。銀鉱は嶺の頂上に近く露出しているものが見出された。鉱脈が湧水線の下まで追跡されると、そこで放棄され、新しいものが求められた。作業は新しい鉱脈がわずかしか残らなくなるまで、このようにして遂行された。現在では嶺の麓から横に穴を掘り、新しい下の鉱脈にぶつかろうと努めている。これは費用のかかる仕事で、あるものは、ひどい損失を蒙って、鉱脈にぶつかることができずに計画を放棄した。

一二月九日　山脈の麓のタパカリの美しい町に乗り入れた。高い教会の尖塔が、豊かに緑なす柳の木の梢の上に眺められた。庭園には桃がなかば熟していた。ちょうどインディアンの鎌で刈りとられた緑のムラサキウマゴヤシの荷をつんだロバが傍を通りすぎたので、われわれの疲れたラバはしきりに飼料を求めた。午後三時三〇分、寒暖計七二度（摂氏二二・二度）。湿球六〇度（摂氏一五・五度）。積雲。

住民は、これからさきで出会ったものよりずっと色白で、一部のものはインディアンらしく見えないほどだ。彼らは薄着している。女たちは頸のまわりに襞縁のついたドレスをまとい、その裾には自らの手によって数奇をこらした刺繡がなされている。

町の通りは狭いが、舗装されて綺麗である。家々は小さく大家族ですしづめであるが、彼らは、われわれが別れを告げるとき残念に思ったほど陽気でまた幸福そうであった。

渓谷は狭い。乾燥した河床の真中に小さな水流がある。当然、降るべき季節には雨が多量に降る。丘陵の側面は洗われて小水蝕谷をなしている。不毛な乾燥した丘と、緑の陽気な小さな谷をもった山との対照はきわめて大きい。しかし、われわれの注意を惹くものは子供の群れである。あるものは母親の背に眠り、他のものは、だるそうに前にぶらさがる。彼らは戸口をはいまわり、ある時、裸の小さい小僧が、亀のように街路の水溜りを手でかいて渡っているので、私はラバを停めざるをえなくなった。

インディアンの男たちは立派な顔だちである。彼らの姿勢は真直ぐですくすくと発達している。クレオーレたちはインディアンよりも数が多く、彼らの流儀で率直である。風土と食糧が住民に与える影響は不思議なもので、まったく旅人をおどろかせる。

われわれはコチャバンバ県におり、それは二三万一一八八人のクレオーレと四万三七四七人のキチュア・インディアンの人口をもっている。この二人種の比率は、アンデス山脈高所の諸県の住民と比較すると、反対であることが注意されるだろう。スペイン人は、東方に山脈を越えて、ここにボリビアの他の地方よりも、更に心地よい気候を見出し、果物と花を喜んだのであった。

夜が襲ってきたとき、われわれの路は、平坦ではあったが、河床の砂や小石のなかを通って、路を発見することは困難であった。インディアンの小屋の近くで、彼らが歌ったり小さなギターを奏でているのを聞く。山では、ほとんど歌声を聞かなかった。ホセは手荷物をもって先を行ったが、明月が行手の低い丘の上に昇ったとき道を間違えたことを知った。インディアンたちは直ちにわれわれを正しい道にひきもどした。アンデス山脈を下るその日の仕事でほとんど参っていたけれども、われわれは静かな夏の夜をたのしんだ。騎手頭の角笛がチスケの駅亭に達したことを告げた。

一二月一〇日　われわれはコチャバンバの美しい町の中に馬を乗り入れた。それは三万三九六人の人口を有し、南緯一八度のあたりでアンデス山脈の主脈から突出し、また東南東方向に二〇〇マイル以上も、マディラ高原中にのりだし、この渓谷をユングァス渓谷と別なものにしているあの山脈の南側に近く位置している。

ボリビアの大統領は閣僚とともに、当地を訪問中であって、正規軍の大護衛のもとに、まさに立ち去らんとするところであった。

日曜の朝、約束に従ってこの町の二人の有力な商人が、私と宮殿まで同行した。広場で練兵中の兵隊たちは、背は低いが若く、元気そうで、よく訓練された男たちだった。彼らは頑丈な身体つきであって、白人である将校を除いては、ほとんど全部混血種であった。彼らのうちに、一人だけ黒人がいた。彼は鼓手長で、聯隊中で、一番大きな男だった。将校たちは、喉までボタンをかけた制服で盛装して宮殿の扉のあたりを徘徊していたが、厚い日曜日の点呼服を着た兵士たちと同様不愉快そうだった。

大きな中庭《パティオ》に入り、石の階段を昇って、われわれはバルコニーにやってきたが、そこでは高価な制服を着た二人の将校が起立して礼をした。よい絨毯を敷き、また赤、黄、緑という国民的色彩のカーテンを片側にかけてある大広間にはいった。大きな一脚の肘かけ椅子の端には、二つのカーテンがたれさがっており、椅子の正面に一台の小テーブルがあった。制服で盛装し、金で刺繍したビロードの縁なし帽子を目深かにかぶった背が高くて優雅な中年の将校が立ち上った。この紳士が、ボリビア共和国大統領、司令長官、マニエル・イシドロ・ベルス閣下であった。握手をし、ソファに席をすすめられた後、私は彼にいった。「合衆国の大統領は、二つのアメリカの間のより活発な生産物の交換を希望され、私は合衆国とボリビアとの間のより直接的なルートがケープ・ホーン以外に見出されるかもしれないとの望みをもっております」これに対して大統領は、「貴方のラ・パス到着は耳にしており、お目にかかれてうれしい。私の国は幼年期にある。われわれは皆アメリカ人なのだから、私は合衆国とは喜んで手をつなぎたい。貴方は、貴方の事業について、援助と助力を私に求めて差支えない」と答えた。制服を着た数人の人たちがはいってきたので、立ち上って別れを告げた。しかし、その前に、私は、陸軍大臣に紹介されたが、彼は大統領よりも年寄りの軍人だった。

大統領の顔の傷はどうして、できたのかと尋ねると、次のような話をした。一八五〇年九月ベルスは、スクレの並木道を散歩しようとさそわれた。一人の友人が、普通の散歩道の外側を歩こうといった。その道で彼らは馬に乗った人たちに出会ったが、ピストルの銃声とともに、ベルスは頭に三発食らって倒れた。凶漢どもは国内から逃亡した。友人は、ベルスがよくなって、彼のために弁護できるようになる前に、国会の広場で射たれた。計画はうまく仕組まれていた。殺害者たちは、彼が生涯を終わったものと確信して、倒れた彼の前で、前大統領「バイビアン万歳」を叫びつつ馬に乗って立ち去った。バイビアンは、当時ボリビアとアルゼンチン共和国の国境線を徘徊していることが知られていた。

ベルスを暗殺しようとする試みは、彼の人気をいっそう高からしめた。彼が九死に一生を得たのは天佑であり、人民の幸福のために助かったのだとボリビア政府は国民に教訓を垂れている。

コチャバンバの人口は、大体一人の男に対し女五人で、政府が移転してくる季節になると、女の数はさらに増加する。異常な数の結婚式が行なわれる。何故ならばコチャバンバの美人たちは、周辺の町の美人たちより優れていると一般に信じられているからだ。

明け方に、われわれはマモレ河を渡った。マモレ河はここでは、大河《リオ・グランデ》とよばれている。インディアンは膝まで浸って渡渉する。河床の幅は約一五〇ヤードで、底は石と砂利である。毎年この時季には、町の反対側、山脈のすぐ下のカラカラの美しい農園を灌漑するために排水される。日が昇るにつれてカラカラの野菜をもって市場に行くインディアンに出会った。柳が蔭をおとしている道を馬に乗って行くことは、朝のこの時刻には愉快なことである。私の友人の馬は、南米で見かけたうちで、歩きぶりといい、動作といい一番立派なものだった。雄ロバは大きく、寸法に注意を払われ、大事に飼育される。農民はラバや馬よりもロバを要求する。雄牛は犂耕に、ロバは市場通いに用いられる。

花は満開である。苺はほとんど熟している。クリスマスは遠いさきのことではない。桃、オレンジ、無花果等の樹は実をつけている。一行が馬に乗ってわれわれを通りこして行くので、その数で朝の結婚式がいくつあるか勘定できるのである。

インディアンたちは耨《どう》〔くわの一種。土をやわらかくまぶす〕をもって耕作する。彼らは肥料を施し、苺の木のまわりから雑草を抜きとり、土地をきわめて注意ぶかく綺麗に耕す。玉葱、キャベツ、トウモロコシの畑はきわめて立派である。桃の果樹園で一本の葡萄の蔓が木に巻きついて、実をつけているのを見る。東南方の山脈の麓の近くのある荘園で、毎年、五万瓶の葡萄酒がつくられたことがあった。しかし、その工場はチチャのために放棄された。

われわれが帰路につくと、東に雷鳴を聞き、そして重い黒雲が明るい朝の太陽を蔽ってしまった。道路には一頭の荷をつけた雄ロバと、背中に重い荷物を負ったインディアン女がわれわれの前をゆっくり歩いていた。彼女はおっぱいを飲んでいる子供を一人腕にかかえていた。彼女の背後に、二人の頑丈な、よい体をし、怠けものらしい、人種の構成からいうとスペイン系よりもインディアン系統の勝った混血児《メスティソ》を一頭の哀れな盲の馬が運んでいた。彼らの長い脚があまり真直ぐぶらさがっているので、まるで、乗っている動物に自然に付属している脚のようにみえた。彼らは肩のまわりを、心持よいポンチョ〔貫頭衣〕で包んでいた。

しばらく荘園で時間を費して後、帰路再び河畔に着いたが、すっかり水嵩が増しており、インディアンたちは荷をもって横ぎることができなくなっているのを知っておどろいた。われわれのすぐ傍で、馬に乗った多くのクレオーレたちが、乗馬して横断できるかどうかを論じあっていた。背の高い馬に乗った男がその危険を冒した。流れに入ると、馬の首を流れと直角にひきあげて渡渉し無事に渡り終わった。

われわれの二人の怠惰な友人は、踵を小さな盲の仔馬の脇腹に蹴込んで、馬でさえ危険を冒すべきでないくらいの分別は明らかに心得ているのに、盛んにけしかけている。面白い光景である。しかし、騎手たちは思い通りに馬を水に入れたが、流水の上に向かわず下に向かって進んで行った。一番深いところに達したとき、水は馬の尻の上に達した。すると動物はまず尾の方をさげたので、ポンチョと、友人は下にもぐった。彼らの頭が再び水の上に現われたとき、大ぜいのインディアンの笑い叫ぶ声が、谷間にこだました。男たちは、すっかり脅えて、息がつけるようになるや否や、馬にしがみついた。皆は再び沈んだ。最後に、彼らはお互いに助け合って、馬にはじぶんでじぶんの始末をつけさせて、何とかもどってきた。二時間たつと、水は引いてしまい、われわれは水に潜ることなく横断した。

私は大変な悲境にある家族の家に招かれて驚いた。夫であり父である人がまさに死のうとしているのだ。すくなくともそう考えられている。何故、呼ばれたのかわからないままに私は行った。その家は、教会の反対側の街角にあって、紳士淑女が群がっていた。中庭《パティオ》には、花火をしばりつける高さ約一〇フィートの葦製の枠がたくさんあった。正面の通りには人がたかり、中央には家の長さだけ絨毯が敷かれていた。通りに沿ってみわたす限りのバルコニーに顔を出しているご婦人たちは、白衣をつけて、籠にたくさんの花を集めていた。紳士たちは、まるで教会へ行くように、漆黒の着物をきていた。われわれはその家の夫人に紹介された。彼女は大そう苦悩の様子であったが、舞踏会のときのように、熱心に注意を払っていた。彼女の娘たちは、花をつけて着かざり、おまけにわれわれを当惑させるほどの念の入れようであった。父親は明らかに隣室で死のうとしており、医者も彼を見放したといわれていた。

音楽が聞こえてくると皆は一大行列を見るためにバルコニーに赴いた。台にのせた女の大きな木像が運ばれた。正規兵の一隊が伴奏つきで従った。それから司祭と火をつけた蠟燭をもった従者と一列の若い神父たちがやってきたが、皆、バルコニーから降る花の驟雨の下にあった。その木像が家の反対側に現われると、台の正面下にいた男たちは、彼女を絨毯の上におろした。司祭たちは彼女の傍にひざまずいた。町の教会の鐘が打たれ、人びとは彼らの帽子をとってひざまずいて死にゆく男のために祈った。讃美歌をうたってのち、彼らは音楽につれて行進して行った。絨毯はとり去られ、夜になると花火が始まった。病人の寝室から教会の祭壇に通ずる針金は火の使者を行ったりきたりして運んだ。一方、大きな枠にとりつけられた輝かしい花火は通りに沿って揚げられた。この哀れな男のまわりで立てられた騒音は耳を聾するばかりだった。群衆は広場のかたわらの小店で売っているアイスクリームを求めるために、途中で立ち止ったりしながら家に帰った。二、三日後、医者が、病人は危機を脱したと報じた。これらの所業の経費は二〇〇ドルだった。

何日かの間、街を通る行列があった。渓谷のある部分で作物が損害を蒙っているので、楽隊と木像を伴った神父たちは雨を乞うて祈った。彼らが通って行くと、多くのインディアンが加わった。祈禱は雨が降るまでつづき、インディアンたちは、司祭たちが、全能の神をして救いを送るように説得する力をもっているものと信じている。

酒・宗教・インディアン

インディアンは商業に対してあまり多く注意を払わない。彼らは他の木皮と同様にキナを用いるが、ほとんどそれを交易しない。ブラジルのマット・グロッソ州からは、熱病や瘧《おこり》の場合にインディアンが好んで用いる木皮が出る。それは葉がとても小さくて、菫色の花をつけ、皮が硬い大きな木からとれる。彼らはそれを真赤な汁が出るまで煎じる。そしてその汁を飲む。彼らは効能があるといっているが、この木皮はまだ交易品として知られていない。

コチャバンバに滞在していた間、われわれは小児の葬儀を目撃した。多くの淑女がやってきて、その児を墓にほうむるための準備をした。ダイアモンドの環をしっかりとめ、金銀の糸で飾った白絹のフロックを子供に着せた。小さな足と頭はむき出しだった。右手に黄金の十字架を置き、左手には小さな銀の仔羊がおかれた。棺は濃紺の絹で裏うちされ、その内側に小さな寝床をおく。棺は、青と白のリボンで吊りおろされた。淑女たちは準備をしているあいだじゅう、全然ほかの準備をやっているかのように笑ったりお喋りをしたりしていた。母親と家族が支度を見に連れてこられた。黒衣を着た六人の少年がリボンをもってその子供を教会に運んだ。ご婦人たちは、死んだ子供の名付親《コマンドレ》を先頭にして後につづき、その後を友達が徒歩でつづいた。上の姉が、家族中で教会について行ったただの一人であった。少年たちが街路を行進して行くとき、インディアンの女たちは、まわりに群がって華美な眺めを讃嘆した。少年たちに、宝石が一つも盗まれないようにとの注意が与えられた。屍体が教会を去って墓地に赴くとき宝石は取り去られる。そして墓地で、棺は地上の煉瓦壁にしつらえてある棚の上におかれる。棺は、とくにそれが高価なものであるときは、盗まれないように用心される。同じ棺が、数回も八ドルで売られるのである。混血種の間には大ぜい悪いやつがいるという話だ。火をつけた蠟燭をもった二〇人の司祭たちが、ひざまずき、「天使のミサ《ミサ・デ・ラス・アンヘラス》」の音楽とともに祈った。淑女たちは子供の母親の家に帰り、その夕方を、まるで何事もおこらなかったかのごとくにおくった。この国の正規の慣わしでは、屍体が教会にもって行かれる前に、家においで音楽や踊りをやり、またチチャを持ち込んだりする。しかし、この子供の父親は外国人だったので、このような風習をまったく許さなかった。教会によって教えられた教義では、その子供は天に在るのだから、歓喜とお祭り騒ぎをするのは当然のように考えているらしい。生命に対する等閑視と不注意とに対する賜物のようだ。

私はコチャバンバの通りを、葬式が、頭の上にチチャの五ガロン入りの甕をのせた男を先頭にして通りすぎるのを見た。街角で、屍体を運ぶ人たちがくたびれたとき、彼らは皆飲んだり歌ったり、ついには一行の全部が酔っぱらってしまって、墓地に達したものは全然なく、葬式は翌日まで持ち越されたが、その日も、われわれが前日に見たのと同じ式次第で行なわれた。

これは、ただ混血種《メスティソ》の間だけの場合である。インディアンたちはもっと秩序正しい。もっと静かな敬意、自然で、似つかわしい感情を示す。彼らはしばしば屍体の傍に何列にもなって、同僚のインディアンが失われたことを終夜いたみつつ黙って坐る。彼らの間には深い、心からの表現があり、まごうかたなき真実の心の悲嘆をそとにあらわすのである。

富んだクレオーレの葬儀には印刷された葉書で招待される。黒い服をきた紳士が列席するが、彼らは伴奏つきで長く細い蠟燭をもって街路を通る。フランシスコ派の修道僧の一列、および、家々と教会の間の街角にたてられた携帯用祭壇。大衆は秩序にしたがうが、その料金中には、チチャ、葉巻、コカ、葡萄酒、炊事用具の費用がはいっており、それは教会の費用と合算するとほとんど三〇〇ドルにも達する。われわれはこのような勘定を友人のひとりが支払うのを目撃して、ケープ・ホーン周航の船が出帆の夕べ、老水夫によって作成された惨澹たる会食の材料表との差の大きさに驚かされざるをえなかった。

コチャバンバの男たちはあまりな高齢になるまで生きず、現在知られている最年長者は八〇歳である。少女たちは、ときには一三歳で子供を産む。一二歳がクレオーレにとってもインディアンにとってもともに年頃なのである。この国の結婚の比率は人口の量に比して少ない。残念ながら、もっとも道徳的なのは原住民であるといわれている。インディアンは妻と子供たちをやしなうために、土地を耕すが、クレオーレと混血種《メスティソ》は怠けもので結婚もしない連中である。政府の成立以来、一八二六年から一八五一年に至る二五年間に人口は約一〇〇万から一五〇〇万に増加した。この国を去るものは多くなく、来住するものも多くはない。

インディアンの家屋は小さく普通一部屋しかない。家の中央に、街路からのぞかれないようにたてられた日乾煉瓦の高い台が一つある。一隅に日乾煉瓦の寝台があるが、それは腰かけに用いられている。訪問者の衣服に土がつくのを防ぐために土製の壁のまわりに綿布の細長い切れが一枚ぶらさがっている。小さな木箱に衣服、金銭および装身具のごときさまざまの大切なものがしまわれている。壁には聖職者から購入した聖人や天使の絵が少しと、あちこちに花で飾った木製の十字架がかかっている。一隅には土製か銅製の壺ないし釜があって、それは二、三個の大きな石の上におかれ、その石の間に火をおこす。別の一隅には白、黒あるいは黄色のモルモットの一隊が土間でブウブウいったり、穴を掘ったりして、子供たちの大きな慰みになっているが、彼らはチュペ料理に改めてからも、それらが大好きである。

この谷間のインディアンの古い住家は、角《かど》のとれた湿った粘土と石でつくられ、入口は一つしかついていない。このような家はまだたくさん使用されているが、だんだん流行しなくなりつつある。谷間のあちこちには多くの廃墟があって、古代の様式に属すると思われる。栱《アーチ》路《ウエイ》を構築する技術は、アイマラ部族の技術で、インカの首府の付近には、このような様式はまったく発見できない。

インディアンは、スペイン人がくるまでは牛を全然知らなかったけれども、現在は二頭の雄牛で犂耕している。また彼らは調教していないラバに、脚の毛が擦り切れてしまうほど乗りあるくが、父祖の時代にはロバ一頭もこの地にはいなかった。インディアンは子供たちに教育が施されることを希望している。ある立派な顔だちの老人は、息子の良い資質を語り、ホセが子供を託すべき人物は私だと語ったので、彼の息子を養育する意思はないかと申し出た。私がその申し出を謝絶したので、ホセが、私の家はずっと北に離れているのだと説明したにもかかわらず、彼は明らかによろこばなかった。その説明に対してNo importa（それはさしつかえない）と、答えた。

チュキサカ県には宏壮なきわめて奇妙な古代建築の遺物が若干存在する。それは讃嘆の念をおこさせるが、誰が建造したものか、神秘のままである。


われわれは「花を見る《ミラ・フロレス》」へ騎行を試みた後、帰って来た。ミラ・フロレスではインディアンの老妻がわれわれにはチュペ、馬にはムラサキウマゴヤシを準備してくれていた。彼女は、たくさんのajé――赤い小粒の胡椒を聞し召して、すっかり興奮していたので、われわれはアヘを敬遠してゆでたトウモロコシの方を選んだ。これがとても奇妙に見えたらしく、彼女は編んでいた羊毛の靴下の目を幾つかおとしてしまい、「アヘが好きでないなんて、お前さんたち、どこからやってきただ」といわんばかりにみえた。彼女の親切に対してお金を支払ったとき、笑って、林檎をくれ、息子に案内させて、桃の樹と苺の畑を通りぬける道を教えてくれた。インディアンはわれわれが英語で話すのに非常に惹きつけられている。彼らは傾聴し、お互いに顔を見合わせて、また耳を傾け、そして「あれは判らない」という。それから額を合わせて立ちあがり、腕を組んで深いおもいに沈むのである。われわれが欲しがっているものを知ると彼らはそれを手に入れるために助力するか、親切に教えてくれる。他人にたいする率直真摯な慇懃《いんぎん》さをもって……。彼らが何かを欲しがることはまれである。彼らは静かな慎み深さをもって贈物をうけとる。それは、言葉にもまさって感謝の念を率直に物語っている。

ブェナ・ビスタに帰ると、町の並木道《アラメーダ》の付近で、ホセが立派な若い犬をつれているのを見つけた。

それは友人からもらったもので、われわれはマモレと名づけた。この国における犬は、惨めなやくざ犬の血統が多い。マモレはスペイン系テリアとマスティフとの混血らしかった。きわめて勇猛であると同時にとても情が深く、あまり若いので、甘やかされて使いものにならなくなるおそれがあった。われわれはそれを夜間の番犬として訓練し、すっかり独占した。番犬の助けが、旅行では必要になるかもしれない。その毛の色は黄味がかった褐色で、体軀《たいく》は大きい。インディアンは犬が好きで、面倒をみれないほどたくさん飼う。若い土人は、人間同士よりも動物の方が好きらしい。われわれはしばしば彼らがお互いに泥の球をぶつけ合って喧嘩しているのを見たが、他方、子供は雌豚に腰かけて、仔豚どもが九匹キーキー鳴いて乳を飲むのをよろこんで眺めていた。雌豚が立ち上ると、その子供は豚の間にころがり落ち、笑いながら邪魔になる尻尾をつかむ。腹ペコの仔豚にしてみれば、とんだ迷惑な話だ。

アンデス山脈に大雪が降って、スクレとオルロとの間の郵便が停止したという知らせをうけた。ここでは市場で桃が売られているのに、雪はオルロの家々の屋根をこわすほど深かった。

桃の木は林檎よりもよく繁茂するが、実も木も小さい。キナは、この谷間では、異常な大きさにまで成長し、木は黄金色の実を結ぶ。

われわれは北東に転じて、山を登る。コチャバンバの谷間を去ると、インディアンが馬鈴薯を掘り、大麦を刈っている山脈の山峡を道が走っている。再び道を下って、その夜は収穫畑の真中にあるインディアンの石小屋に泊った。われわれのラバ追い頭《かしら》、ドン・コルネヨはわれわれと仲間で羊を一頭買い、それを旅行につれて行く用意をした。悪寒に悩まされている部下に、コルネヨは、パンと一緒に鞍の合財袋に入れている瓶からキナの樹皮の溶液を盛ってやった。

この小さな山の盆地では、午後六時に寒暖計は五二度（摂氏一一・一度）、湿球は五三度（摂氏一一・六七度）で、朝は霜がひどい。山脈の最後の嶺から、北東に流れる河水が直接にマモレ河に注ぎ、そして東南に走る河水は、嶺のまわりを廻る同一の流れの支流であることを知った。この嶺の端に人口六〇〇〇人のサンタ・クルースの町がある。

この町のある家族の日常生活の輪廓を報告書から引用してみよう。早朝、クレオーレは寝床から起きて、ハンモックの中に身を投ずる。子供たちは、脚を椅子の下にたらし、皆寝間着をきたまま、腰かけている。妻はかたわらのベンチに長くなっている。インディアンの女中が家族各人のためにチョコレートを入れてくる。その後で、彼女は一枚の銀の皿に火のついた石炭をのせてもってくる。妻は夫の葉巻に火をつけ、それからじぶんのにもつける。しばらくの間、お喋りし、ご馳走をたべてすごす。男はおもむろに木綿のズボン、羊毛の上衣、革靴、およびビクーニャの帽子をかぶり、頸筋は新鮮な風に晒すにまかせて――絹のハンカチーフは乏しいので――近所の人たちのところに出て行き、一緒にまたチョコレートをのみ、もう一ぷく葉巻をふかす。

お昼には小さな低いテーブルが、部屋の真中にしつらえられて、家族は朝食〔一日二食のため第一回目の食事を朝食と称する〕を始める。妻は夫のすぐ隣に坐る。女たちはきわめて美しく、夫に対し愛情が深い。男は五人の女のうちから妻を選ぶ。というのは、この町では、一人の男に対し、五人の女がいるからだ。子供たちは着席し、犬どもはその後に円をつくる。最初の皿は大きな肉片のついた馬鈴薯のチュペである。男はまずじぶんでよそい、骨を真直ぐテーブルを横ぎって投げる。子供はそれを無事に通過させるためにひょいと頭を動かし、土間に落下すると、犬どもは、殺到する。次に子供も骨を投げ、母親が身をかわし、そして犬どもは彼女の背後に殺到する。第二の皿は骨のない牛肉の小片がはいっている。犬どもは今や闘っている。その次に見事にぶち切られた牛肉の皿が出てくる。それから牛肉のスープ、野菜、及び果物。最後にコーヒーかチョコレート。朝食の後、男はズボンと上衣を脱いで、パンツ姿でハンモックの中にねそべる。妻は彼の葉巻に火をつける。彼女はじぶんの葉巻をもってベッドに逆もどりをする。犬どもは飛び上って、椅子の上にねそべる——土間では蚤が刺すのだ。インディアンの少女が戸も窓も閉め、家族の他のものが眠る間、子供たちを遊ばせるために屋外につれて行く。

午後二時に教会の鐘が鳴って、司祭たちが、彼らのために祈っていることを知らせる。住民は鐘を合図に起床する。男は目をさまして、頭上に手を伸ばし、あくびをする。犬どもは下におり、クンクン鼻を鳴らして身体を伸ばす。妻はベッドの中で目をさまし、大声で「火をもってきて」と叫ぶ。インディアンの少女は、女主人が夫の葉巻に火をつけるためにchunkをもってくる。妻も自ら一服やる。三時から五時の間に夕食を摂《と》るが、朝食とほとんど同一のものである。ただし、インディアンが牛を屠殺したときは別で、そのときは焼肉をたべる。

スペイン語はサンタ・クルースにおいて他の地方におけるよりも、一般的に話されている。インディアンは彼ら自身の言語を排除してまでその言語を教えられ、また使用している。サンタ・クルースの人びとは純粋なスペイン語を誇りとしており、他の町の連中の言葉をあざける。コチャバンバの大部分の学校の先生はサンタ・クルースの士人であって、聖職者中もっとも知的なものたちも同様であって、いつも太平洋ばかり向いていないで、自然の河川通路によって大西洋と交易を確立することが有利なことを説く急先鋒なのである。サンタ・クルースは、太平洋からこの国を襲ったスペイン人種の辺境都市だといってよい。

チキトス州のパラグァイ河畔の丘陵の間では住民は多くのインディアン諸部族から成っている。若干の蛮人は好戦的だが、他のものは、白人に対して無害で友好的である。サンチャゴとイエズスの小さい町の連中は銅色よりも白墨《はくぼく》の色に近く、頑健で知的な民族であって、イエズス会士の教育と働きによって喜んでスペイン語を習い、土地を耕作し、家畜を飼い、放浪生活をやめて文明生活をえらぶと記述されている。他方、彼らの南のピルコマヨ河とベルミホ河の河口付近の諸部族は頑固にかかる干渉をしりぞけて、今日に至るまで野蛮のままである。彼らはグラン・チャコ・インディアン（Gran Chaco Indians）であってトバ族（Tobas）と呼ばれる。彼らは非友好的なため、彼らの人口についての記述がないから、ここではチキテニョ族（Chiquiteños）に限定しよう。彼らは栽培収穫の技術、草原での牛飼いや、森の木から蠟を集めることを理解し、この蠟と、栽培する木綿とをもって、また荒れた地域の湖沼からとれる塩をもって国家に貢納する。小さな小屋には大工、鉄鍛冶屋、銀鍛冶屋、靴屋、仕立屋、および皮なめし屋がいる。家は普通日乾煉瓦でたてられ、粗い草で葺かれる。それでも彼らの小さな教会の屋根のためにタイルを焼くことを教えられている。砂糖を製造し、蠟を溶かすために、鋳造所をたて、銅のボイラーをつくった。

ポンチョ、ハンモック、鞍敷や、また彼ら自身の発明にかかる樹皮布上衣の形にならって「白い上衣」をつくる原料として、畑の木綿から目のこまかい綿布が手で織られる。チキトスの女はよい百姓である。紡績の大部分は、トウモロコシとユカ芋からチチャをつくるのと同様、やはり女たちによって果される。

彼らはオトゥギス河の支流に金、銀を見つけ、それで教会の祭壇を装飾し、鍛工を加えて十字架や指輪をつくる。

男たちは、自分自身のためではなく、売るために——何故ならば、男女とも無帽で歩くから——実際それは愉快きわまる気候のしるしだ——麦藁帽子をつくる。旅行する時、平野に茂る棕櫚の木の葉の籠を背に負い彼らは弓矢で武装する。非友好的な諸部族の近くのスペイン人開拓地では、お祈りをしている最中に攻撃されるおそれがあるので、妻子を護るために、戦棍や他の武器を携えて教会に行くことが許されている。教会の鐘は蛮人にとって一つの合図である。彼らはときどき鐘のなっているときを利用して殺人をおかす。

彼らの家は非常に小さく、入口が一つで、しかも低くて小さい。そのためにこの地方がチキトスとよばれたものと想像される。旅行者が家の中をのぞきこむとまっくらである。中にはいると、はいってきた穴からさす光りが、女たちによって作られたわずかな土壺、一梃の斧、マチェタすなわち反身《そりみ》の短刀、弓矢、美しいインディアンの少女やたくさんの犬などに当って輝やいている。少年たちはぶらぶら歩き廻っている。老インディアンとその妻は出作り畑を耕している。彼らの偉大な野心は、教会の祭日を祝い、球遊びをし、チチャを飲み、そして女に恋愛することらしい。

これらのインディアンは大音楽家であって、女たちが優雅に歌ったり踊ったりする間、ヴァイオリンやタンバリンを演奏する。喧嘩をするものはわずかしかいない。争いが起きても、三つか四つポカポカ殴る以上のことはまれである。彼らは皆、小刀をもっているが、ひんぴんとこれを抜くようなことはない。もし、ある男が他の男を殺したならば、彼の恥、良心のとがめ、来世の恐怖は死よりなお恐ろしいものであると私は聞いている。

チキテニョ族は読み書き算数を習うことが上手である。彼らは理性的なので、そのような知識が有益であることを知っている。子供たちはすらすらとスペイン語を喋る。

パリスの石灰と石膏は同州の丘陵地方に発見される。湖からとれる塩は牛が飼育されるところでは大きな価値をもつ。アルゼンチン共和国、パラグァイ、およびブラジルのマット・グロッソ地方に塩の市場がある。この州の全域に硝石が見出され、原住民は、火薬を製造して、教会のための花火をつくる。天に向かって打ち上げるのろしは、夜の暗いとばりのおりた荒野を照らす。それはイエズス会士によって、蛮人の求道心を誘うために用いられた手段であった。チキテニョ族は、平和な人種である。彼らの火薬は、天国への道を明るくするために用いられるだけだ——あまり放恣に地上の同胞を破滅させるために使用して、地上を地獄と化する文明人への教訓である——。

インディアンたちは教会の鐘を鋳る。真鍮、銅、錫が、砂糖や蠟との交換のためにアイマラ・インディアンによってチチカカ盆地から送られてくる。彼らは砲金を鋳る過程、あるいは昔の真鍮の甲冑を造る技術を知らない。

チキトスのインディアンは、サンタ・クルースのクレオーレのように、この大地の歓喜の分け前をたっぷりうけ、それを彼なりの流儀でたのしんでいる。彼が縞ズボンをはきたいときには、一列の白木綿と黄木綿を植える。これらの色が、染料の煩いなしに縞の対照をなしている。もし青を欲するならば、一列の藍を植える。赤を必要とするときは森の間から洋紅を集める。そこでは濃い黒色の染料となる樹皮を見出す。女たちはしばしばこれで白いドレスを染める。

心臓の形の葉をしたビクサ（bixa）がぼうぼう生えている。バニヤ（vanilla）の豆が戸口に芳香を放ち、一方コーヒーとチョコレートの樹が戸口に影をおとしている。砂糖黍は同州のどこにでも栽培され、植え付けると年内に砂糖、ラム、および糖蜜ができる。インディアンは蒸溜術を知っている。一般に酒飲みだということはできない。チチャを偏愛するが、カトリック教会の聖徒の祝日を除けば、彼らの克己心を信頼してよかろう。祭りには鯨飲が必要条件の一つと理解されているらしい。朝、心のなかに立派な観念が注入されても、夜の暴飲の結果失われる。この慣習は外人に衝撃を与える。未開な人種の間に長く居住していた人たちによって、弁解が提出される。すなわちイエズス会士はインディアンの信心を虎や毒蛇の野蛮な模倣から変化させようと努力して、罪のない人気ある慣習——踊り、歌い、泥酔すること、模擬戦を行なうこと——を日曜日に許し、全能の神のお気に召さないであろうことを悟るまでつづけさせるより仕方がなかったのである。

インディアンの間では、日本の民衆の間におけるように、「あらゆる慣習は宗教の一部である」。音楽は蛮人に強力な影響をもち、それ故にイエズス会士は、音楽を奨励した。ところが女の肢体に与える影響があまりに大きく、教会のお勤めで音楽が奏でられるあいだ、女はじっとしておれないので、戸口で踊ることを許し、その後、お祈りを述べるために静かに会堂に入れるのが最上だと考えられている。しかし、音楽が再び始まると彼女らは野蛮な踊りに立ちもどる。彼らは善良で御しやすい部族であって、イエズス会士と長く一緒に住んでいると、特別な場合を除くと教会では踊らなくなる。現在、教会の前で戦争踊りが許されるときには、部族の素晴らしい身体をした男たちは手に戦棍と斧とをもって踊る。

チチャを飲むことは、原住民の未開信仰の一部である。万物の創造主に敬意を表している一方、彼ら自らが幸福になればなるだけ、ますます神は満足するものと信じている。彼らは神の御手から受けとる祝福に対して真剣に感謝している。イエズス会士はインディアンのこのような讃美の仕方と思考を知って、老インディアンに酒をやめることを説得することが容易にできなかった。もし武力に訴えたならば、彼らはきっとそれに抗して戦うであろうから、時が解決するまで穏健な手段をつづけねばならなかった。イエズス会士は、蛮人を改宗させるために、その習慣を非難する言辞を差し控えざるをえなかった。そして朝、教会に出席し、お勤めが済むまで飲酒を引き延ばすように説得したのである。インディアンは喜んでこの妥協に応じ、新しい形式で教会に釘づけになったが、今までの習慣にくらべると、むしろつまらないものであることを知った。そこで、一旦教会から外に出ると、昔の信仰様式に逆もどりし、午後には酔っぱらうのである。女たちは帰宅の途上ずっと音楽に合わせて踊る。嬉戯が夜の大部分を占める。月曜の朝、会衆は気晴らしの結果にぶつぶついう。司祭の影響力が働きかけるのはこの時である。彼らは耕作の術を習った。新奇な事業に心がまぎれた。女たちは紡ぎ、木綿畑の世話をし、チョコレートを作るように奨められた。彼らは宗教的崇拝に捧げられる時を除いては、ほとんどチチャを不適当に飲まず、その時期も、今やイエズス会士によって定められた時——すなわち、六日間の労働の後に——のみになった。

巻尾猿

われわれは東北の山脈の大きな嶺を、もう二度ともどってこなくてすむように願いつつ、くだり始めた。山の上のわきに到着した瞬間、厚い蛙石が行く手に、大きな城砦のように立ちはだかった。背後から日を浴びて、短い草が生え、土壌の一部は焼けて、表面はスチーム・ボイラーの外側みたいに硬い鱗のような表皮になっていた。「蛙」の下を通りすぎると、大地が緑の芝生で蔽われている。花は道の傍に咲き、叢林の葉が峡谷の両側を被い、森の木々がその底を縁《ふち》どっていた。緑の表面は、ある場所では山の峡谷の上手に向かって押しよせ、絶壁が立ちはだかるところでは、群葉は緑の波が波うつには、あまり高度が高すぎるかのように、押しのけられ、あたかも陸に流れ寄せる海水のように見えた。

この厚い雲の下にインディアンは薪を見つける。ここで木炭を焼き、それは銀鍛冶、鉄鍛冶、および町の料理人によって使用される。また谷間では家具師のために装飾用材をあつめる。木を切り倒したあとは、雨が多いので鍬で畑に水を引く苦労をしなくても、充分トウモロコシの収穫を期待できる。ところが、山の反対側の隣族は額に汗して初めて食糧を手に入れるのである。

心地よい生活を営むために、インディアンは、自分で雨露をしのぐ家を建てなければならない。

四本の叉になった柱を切り、それを支柱として屋根を葺き、ハンモックを柱から柱にかけ、涼しくて快適な気候のなかで、ぶらぶら揺すりながら休息をたのしみ、外のトウモロコシが大きくなってゆくのを眺め、山の渓流のほとばしる水音に耳を傾ける。

五月一四日　タルマからオルロへの道は南に向かっていた。われわれの旅行は太陽に先んじていたので、太陽の後を追う雨には悩まされなかった。ところが一二月、われわれがコチャバンバに到着したとき、太陽はわれわれを追いこした。太陽が追いこすや否や、雨が山脈の東側にジャンジャン降りだした。前進することは不可能だった。道路は洪水になり、渓谷は通れなくなり、ラバ追いたちは、乾季が始まるまでの旅行を延期した。太陽がコチャバンバの頂点をすぎ、雨の帯が太陽を追ってかなり北に移動したので、今や、乾燥した気候のもとにわれわれは雨の帯の背後を歩いている。住民たちは作物の世話をさかんにやっている。

五月一五日　クスコ東方の山脈をくだる間、われわれは多数の陸貝（Land shell）を発見した。だから、この辺は蝸牛県とよばれてもよい。たしかにそれは環境の悪い場所にたくさん繁殖している唯一の生命力旺盛な動物である。

しばらく下降して、最初に出会った活発な動物は巻尾猿（ring-tail monkey）の大群であった。彼らはまず脚を使って枝にぶらさがり長い尾をまきつけて、木々の梢を迅速に渡って歩く。若い黒人のような顔をした小さな猿は、ときどきおびえて母親を呼ぶ。母親が助けにやってくると、この狡い悪者は彼女の背にとび上がり、尻尾で彼女の足にしがみつき、母親を次の木に疾駆させるのである。彼らのたてる物音は、ことに、一発発砲した後などは耳を聾せんばかりである。彼らを殺すのは容易ではない。私の部下たちは、その肉が大好きだが、この猿の肉でなければというわけではなく、多分旅の途中には他の肉が大して手に入らないからであろう。

森の中の小路で出会った旅人にとって最大の好意は、相手にビスケットを贈ることである。パンを部下と頒った主人は常に目的地に達するであろう。ラバ追いたちは一袋の炙ったり、こがしたりしたトウモロコシをもって行く。巻尾猿の足という立派な食事をする彼らが、そのかわりに、こがしたトウモロコシの粒をたべているのは奇妙な光景である。猿の尻尾は毛が適当に焼かれているならば、もっとも美味な部分だという。もしわれわれの獲物が尽き、猿の肉が冷えるか、なくなったとき、はじめてチーズの箱をあける。猿の肉がこの気候では他のいかなる肉よりも保存がきく。積荷の側面につけて運べば、木にぶつかって、その日のうちに柔らかくなる。その皮からはラバ追いは小袋をつくり、その中にコカ豆と炙ったトウモロコシを入れ、尻尾を彼の腰のまわりにつけた革紐にぶらさげ、両足はお互いに結び合わせ、毛の生えた方を外側にするのである。これは一種の飾りであって、よくなめされたどんな革よりも湿気には強い。

火をおこすのはなかなか大変である。枯木は雨でふやけきっているので、ホセは眼から涙が出るほど頬をふくらまさねばならなかった。各人は火打石と火打金を携えている。ラバ追いたちは頭を雨の中に、そして足を灰の中に入れてぐっすり眠る。

五月七日の夕方、われわれはエスピリトゥ・サント河に到着した。しばらくそれに沿って行くと、美しい地点に位置している一軒の家にやってきた。戸口に立って、流れがほとばしっている峡谷を見上げると、大アンデス山脈が霧の衣につつまれて、堂々と現われる。新鮮な葉の繁みはさまざまの形をした房をつくっているが、あまりうっそうとし、びっしりしているので、地上に草々や小さな若木の群が生育する余地を見つけるのが困難にさえ思われる。インディアンの小屋が建っている急峻な丘の麓の流れに面した猫の額のような平地には、砂糖黍がびっしり植えられていた。われわれは九フィートも伸びた煙草から熟した実をあつめた。そのインディアンは、キチュア人であった。彼の唯一のたのしみはコカを噛むことであり、彼の仲間たちは三羽の馴れた七面鳥の雌であった。家は畑の上手にたてられており、その側面は透し細工で、屋根は野生の棕櫚の葉で立派に葺かれていた。刻み目のついた木の棒が屋根裏の部屋に向かって立ててあった。これが彼の梯子《はしご》だった。われわれがハンモックを階下に吊るすと、その老人は寝台に上って行った。私はなぜ彼が上で寝るのかホセに尋ねさせた。虎に馴々しくされないためにそうするのだということを知った。虎は夜間繰返し歓迎されざる客として訪問するのである。昼間訪問する分には、いっこう差支えない。というのは、彼は太平洋岸で値打のある虎の皮を、硝石と鉛とで交易する用意は充分にあるからだ。

さらにくだって、エスピリトゥ・サントとよばれる部落では、約一〇〇人のクレオーレが、下流になると広くなる渓谷の両側面の土地を耕作していた。彼らはコカ畑の除草をしていた。私たちを見て呆気にとられている彼らは痩せ、土色《つちいろ》で窮乏そのもののように見えた。風土が彼らに合わなかったのだ。私はこんな惨めにも弱く、落ちぶれた人間をみたことがない。女たちはすこし健康そうに見えたが、それはごくわずかであった。

エスピリトゥ・サント河を渡って、われわれはミナス・マヨという、同じ名前の河岸の近くのコア園に宿営した。

哀れなインディアンたちは、旅の途中で食べるべきものを何ももってこなかった。そして彼らがここで手に入れた最初のものは砂糖黍だった。われわれは彼らに若干の糧食を与えた。連中はコカをたしなまないので、キチュア人が青い葉を口の中につっこんでいるのを見るとおかしがって笑うのである。彼らは獣や魚をとるために弓矢の準備をしはじめた。それは河をさらにくだるとたくさんいると彼らはいった。釣り針をやったら、喜んでうけとり、朝になったら、七面鳥か魚を射とうと約束した。彼らはわずかの時間眠った後、真夜中に、われわれが日の光でたどった小径を一列になって出発したとコルネリオはいっている。

彼らの姿態はすらりとしてがっちりしてはいるが、強い男たちではなかった。顔の表情は女性的だった。もっと頑丈な身体つきのキチュア人の傍では色褪せてみえた。頭髪は、キチュア族やアイマラ族のように背後にお下げにして長く伸ばしている。ユラカレ族(Yuracares)は幾分愉快な顔をしていたが、らんらんと輝く眼をもっていなかった。ナイフのほかに、籐の横笛をもっていて、音楽に対する趣味を示していた。さまざまの木皮シャツからみて、たしかにまだら染めが好きで、それを同州の染料木から手に入れる。弓矢はカリフォルニアのインディアンが用いるのと同じで長弓であった。魚を射るように設計された弓は美しく手頃だった。鏃《やじり》は硬い黒い木ででき、矢は色のある羽根のついた一本の葦であった。

ホセは再びこの付近のインディアンの言葉を理解できなくなったのでコルネリオを利用した。彼はこれら部族のあいだでは旧友であって、人気があるらしかった。狩場を通っている道路の上で彼にしばしば出会うインディアンが頭の上にかぶっている帽子は、コルネリオの言によると、コチャバンバでトウモロコシのかわりに買ったものである。

ここではトウモロコシとユカ芋がパンの代りをしている。コーヒー、チョコレート、および砂糖が副食物、豆と胡椒とが野菜であり、オレンジ、パパイヤ、プランティン〔バナナの一種〕およびバナナが果物である。クレオーレは常に煙草をトウモロコシの皮に巻き込んでいる。彼らは手に入れば、米と麦粉と火薬、弾丸、釣り針と糸等を購入する。

五月二〇日　コルネリオは先頭で、荷物をつんだラバが通りすぎるあいだ立ちどまった。われわれが追いつくと、彼は五人の獰猛野蛮な顔をした男たちと握手しているのを見た。彼らの顔は赤、緑および青の線条で色どられ、いれずみしたような外観を与えた。頭髪は短かった。汚い黒い布が腰のまわりにぶらさがっていた。足、脚、胸、腕、頭はむきだしだった。左手に弓矢をもっていた。帯にはイギリス製の長いナイフを一本ぶちこんでいた。歯はたいそうすりへってきたなかった。耳や鼻に穴をあけていたが、装身具はつけていなかった。彼らは中背で、頑丈な身体《からだ》つきだが、怠けもののようなふうをしている。肌の自然の色はよごれと塗料とでかくされていた。われわれはただ出会っただけなので、それがどんな塗料なのかわからなかった。彼らの目は血走っており、外貌は、ほかの部族にくらべると、ひときわ引き立って見えた。皆やってきて握手したが、ぎごちない仕方だったので、この習慣が本来のものでないことを明らかに物語っていた。しかし、彼らはほほえんで、直ちにパン、釣り針およびナイフを要求した。コルネリオは、獣と魚とをつぎの休息所までもってこいと命じ、ラバの荷をおろしたとき、彼はこの部族のために何かをぜひもらいたいといった。彼らはパンをうけとって、がつがつと食べてしまった。森の中の物音にびっくりして立ち上ると、われわれはさらに三人の若いインディアンと一人の女を見た。彼女は土製の壺をしょって、男のような服装をしていた。彼女の頭は大きく、鼻ぺちゃで、写生をする気にもならないほどまったくひどい奴だった。彼女は若い男たちの傍では小さくて、子供のように見えた。彼らは女より顔立ちがよく、そして他の連中よりも快い表情をしていた。顔料の塗り方も少々で、武器は小さかった。このインディアンの一行は、狩猟の遠征の途上にあるユラカレ部族のものであった。彼らは食糧を求めて、森を抜け、流れに沿って漂泊する。女が料理人兼助手として同伴する。彼女は彼らの獲物をはこび、狩猟の際には背中に古い、いぶされた土製の壺をぶらさげてついて行き、野蛮な男たちの召使いとして働く。一羽の七面鳥が倒れるか、魚が河から釣り上げられるとか、あるいは虎の皮がとられると、それらは女に放りなげられる。彼女はそれらを、壺とともに夜営地まで引きずって行く。彼女は火をおこし、獲物を料理し、全員は、一日半の飢えののちに車座に坐って宴会を開く。もし雨が降れば、二本の叉になった棒で支えられた棟木の片側に、斜めに灌木の枝と緑の大きな葉を拡げる。地面には森からとってきた緑色の葉を敷く。七人の男と一人の女が足を火の方に向けて夜の休息をとる。それは蚊と蝙蝠とに対する防禦策である。夜、雨が降るとき大気は冷たく蛮人たちはお互いにくっつき合って温かさを保って眠る。朝、夜の明けないうちに彼らは皆立ち上がる。一言も発せられない。死のような沈黙が、他の動物の目ざめる前を支配している。巻尾猿が目をあけて、夜のいこいの後にあくびをするとその瞬間、油断のないインディアンは弓を引く。矢に当たった猿は金切声をあげて地上におちる。それは身体を曲りくねらせ、ぐるぐる回り、そして同胞の助けを叫び求める。インディアンは、その奇妙な家族が助けに走ってくることを知って、じっと立って待っていて、一匹また一匹、一体何事かと這いおりてくると、矢が静かに木々の間を飛ぶ。恐ろしい金切声がつづく。しかし、野生の七面鳥は、猿の家族が引き起こすような大騒ぎをしない。朝のその時間でも、ちょっと騒がしいだけで、泰然自若としている。ねぐらから飛び出す前に羽ばたきをして翼の露を払うとき、上手でねらいを定めた矢が彼を地上にたたきおとす。朝飯を求めて徘徊する虎どもはインディアンの休息所ごしの微風でそれと嗅ぎつけ、唸りながら粗末な住いにやってくるが、矢は前肩の内側から心臓を貫く。爪は地上を搔《か》きむしり、歯は死の苦悩に耐えかねて、ほっそりした矢を食いしばる。

太陽が河水の上を輝かしく照らすと、魚は跳ねて遊び始める。インディアンは流れの岩の上に陣どって、奥深いところを見通すような目をして射る。彼の矢は時には長さ一フィートもある一人前の朝飯を伴って引き上げられる。

インディアンはこの地帯には居住しないので、稀な機会を除いては、鳥獣は攪乱されない。動物は、白人が現われる時のほかには、ライフル銃の音や、鳥銃の物音におびやかされることもなく繁殖する。

ユラカレ・インディアンは、半文明、いや、もっと適切にいえば、白人に対してなかば友好的である。彼らの間は危険なく通過することができる。クレオーレは、彼らは知らん顔をして弦を引くことを知っているから、注意深く親切にユラカレ部族をとりあつかう。コルネリオは極端に丁寧であった。彼らの要求するものの一部を与え、獲物をもってきたときにはもっとやると約束した。彼らはそれをもっともと思ったので、われわれのあとを熱心に追ってきた。われわれも同様に丁寧だった。彼らのうちの一人が「ご主人《パトロン》」の健康を尋ねたので、私は異常に気を配らざるをえなかった。彼らはわれわれを見つめていた後、私たちとスペイン人との相違を見分けたことは明らかだった。あるものが他に向かって、すみやかに彼の発見を打ち明けた。それから彼らは北アメリカ人をくわしくみるために近よった。リチャーズが、「俺たちはとうとう蛮人のあいだにきた」といったとき、彼らは皆笑い、そしてお互いのあいだでつづけざまに話をした。彼らはわれわれの長靴と手袋を検査した。あぶみを指さした。それはイギリス製であって、この国で用いられている木塊をえぐりぬいて穴をあけて色をぬり、その中に足をすべりこませて、岩にぶつかっても大丈夫であるといった類のものとは異なっていた。クレオーレたちは、このあぶみの方を、雨や泥を防ぐので好んで用いる。しかし、それらは、とくに森の中ではぎごちなく、しじゅう木や藪にひっかかるので、私はイギリス製のものを改めようとは思わない。

鰐狩失敗譚

明け方、一二人か一四人のインディアンがドン・アントニオの小屋にわれわれを訪ねてきた。彼らのうち三人は湖に魚をとりに行く途中だった。ラバが渡し場で荷を積んでいるあいだ、私は三人の蛮人と一緒であった。われわれがどんどん歩いて行くと、彼らは私にあらゆる種類の質問を浴びせたが、ちっとも私には理解できなかった。一羽の鳥を見たとき、私の注意をよび起こし、鉄砲を撃つように合図した。私が弓矢を讃嘆するのと同様、彼らは鉄砲に感嘆しているらしかった。私は帯からコルトの連発ピストルを引き出して、弾丸の数を示した。試しに私はそれを一人に差し出した。彼は首を振った。彼は矢をあたかも、彼自身の発明品を一番讃美するかのように撫でてみせた。釣り場に近づくと、彼らは足をはやめ、兵隊が要塞に向かって行進するように一列になって歩いた。湖は小さくて深く、水は底がはっきり見えるほど清かった。水源を養う河は木が生い繁った丘の側面を流れていた。長い棒を泥の底に打ちこみ、水上につき出たそのてっぺんに、ちょうど水面の上の足場を歩くことができるように蔓草で柱をしばりつけた。約一二フィートの長さの槍を準備し、湖の両端に一人ずつ、中央に一人、黙って底をうかがった。彼らの矢は水中をねらった。一人が発射して失敗すると、皆、笑いはやした。

次に射たものが彼の矢をつかむと、それは長さ一尺もある重い魚でふるえていた。頭の後部にナイフを刺しこんで殺し、矢をとり去り、魚を岸に放った。彼は矢の尖端を上に向けて、ナイフでとがらし、第二回目に備えた。ナイフは、紐に縛りつけて頸のまわりにかけていた。使用後、彼はそれを肩ごしに投げたが、次の魚がつかまるまで、背中に邪魔にならないようにぶらさがっていた。ナイフは、いたんで角がとれた食卓ナイフのようで、端が鑿のように鋭くなっており、普通のナイフと異なって、鑿のように用いられた。

つづけざまに魚が岸に放られると、興奮は大きくなった。彼らはおしゃべりをし、笑い、そしてお互いに冗談をいいあっているようである。魚を引き出すと、彼らの顔は輝やき、そして誰かがへまをやると、皆大笑いしてはやしたてた。各人が五匹、立派な魚を射、ある一人はもう一匹射た。それから釣りの足場をつくろい、湖を去った。しばらく引きかえすと、彼らは立ちどまり、キャベツの一種からみずみずしい緑の葉を切りとって、魚の内臓をとり去ったあとに、一つ一つそれらを巻き込んだ。一人の男は一瞬のうちに小さな柳の手籠をこしらえ、すでに、あかあかと照りつけていた太陽の熱から獲物をまもった。彼らの朝の労働の一部が私に贈られた。私は釣り針をお返しにやったが、これは、何よりも彼らをよろこばせた。小さな土人が魚を求めてやってきてそれらを女たちのところにもち帰る間、インディアンたちはわれわれと一緒に渡し場にきた。

このインディアンは山の上のインディアンよりもずっと陽気である。彼らは明るい色が大好きで、彼ら自身の流儀で生活している。彼らの風俗習慣は彼ら自身のもので、白人の影響によって決して変わらなかった。彼らが生活している国土と同様、彼らも神が自然から作りたもうたままの自然児である。生れつきの性向は断固たる性格をもった平和的なもので、スペイン人がもし好むならば彼らのあいだにやってきて、ともに生活できることを示している。しかし、狩猟者の幸福な生活は、コカ畑の耕作というもっと骨の折れる仕事ととりかえに、やめるわけにはいかない。

この部族は、ペルーにおいて、マドレ・デ・ディオス河の諸支流のほとりに、野蛮で非友好的なチュンチョ族が占めているのと、ちょうど同じような環境の地方を占めている。しかし彼らをよりよく知るようになってみると表情が違っている。彼らは暗殺という「故意の決心」をもって森を潜り抜けると記されている。チュンチョ族よりも振舞いが男性的である。

ビンチュタ村は六軒のユラカレ族の小屋からなり、そのうち一軒は二階建である。ビンチュタはモホス州のカカオ商人が、コチャバンバの塩商人と出会うところである。

カヌーの乗組員が召集された。彼らはモノレ河付近のモホス州のある町からきた、立派で頑丈な、無邪気な顔つきで、見苦しくない様子のカニチャナ部族（Canichanas）のインディアンであった。これらの行儀のよい男たちは、手に麦藁帽子をもち、樹皮布のカミサ（シャツ）を着て、われわれの前に立ち、知事が通訳にいったこと――ボリビア大統領が、われわれをとくに世話するように彼らに希望したこと、われわれが川下に下り、大きな河を見ることを欲し、また彼らのめいめいに、どんなにたくさんの白い綿布を、つまり各人がシャツ一枚こさえるのに充分な量である三ヤードを与えるであろうこと――に耳を傾けた。彼らはその義務を果たし、私の命令にしたがうことを約束した。

ビンチュタはボリビアの東部の商業中心地であるが、外国製品は、海から河を遡るかわりに、同国の山地から下ってくる。しかし、荒野におけるこのような小屋での商業は注意を惹く。われわれは、当県ではアイマラ語、キチュア語、スペイン語が、ユラカレ語とカニチャナ語と入り交じって用いられているのを知った。嬉しいことにはアングロ・ノルマン語がこれに加わっている。ラバ追いとカヌー乗組員とが出会い、またわれわれと出会った時の雰囲気は友好的だった。

五月二五日、火曜日に、われわれは長さ四〇フィート、幅四フィートの丸太から作った一隻のカヌーにのりこんで、コニ小川の急な浅瀬を下った。このカヌーの型は、それが水の上に浮かんでいるとなかなか美しいものであった。それはボリビアのインディアンによって使用される最大のもので、舟の輪郭はまったく模型のフリゲート艦に似ていた。その積荷は、乗組員たちによって木の葉や枝でつくられた鄙びた家形の下の、漕ぎ手の席の上につみ上げられた。ボートの番人が、カヌーを外に押し流した。

ユラカレ・インディアンは航行者ではなくて、狩猟者であった。土地を耕作するものたちや、われわれのカヌーの乗組員のどちらよりも、教会の統制に服することが少ない。私はユラカレ部族を構成している数を算出することはできなかったが、彼らの人口は少ない。チモレが同州の首府であるが、三〇〇人以上の住民がいる。あらゆる部落が記されてある「村《ヴイヤス》」の表の中にはチモレは見出されない。ユラカレ部族はこの州のアンデス山脈の麓に沿って、七人から二〇人の小集団をなして散在している。そして全州に六〇〇人ぐらいはユラカレ・インディアンがいるかもしれない。ユラカレ族の現在の生産物は主にキナ樹皮とコカに限られている。

天然痘は低地地方のインディアンによってもたらされる。それはブラジルからきたもので、最後には山腹を遡ってコチャバンバの町の中にまでもちこまれるのである。

巨大なアンデス山脈にうやうやしく脱帽し、われわれは小さなカヌーに乗って前進する。乗組員が櫂を水中に浸して、われわれはコニの小川の流れとともに急速に滑って行く。一年間、山に登ったり、降ったりした後での、この変化は、生気を与えてくれる。この水流が、全能の神によって運動させられていることを感ずる。荒涼たる世界をとおって故郷に向かう長い旅を通して、この神にわれわれは信頼と希望を託してきたのだった。

インディアンたちは突然、激しく櫂を使い始めた。立派な顔立ちの老船長は乗組員に鋭く命令し、そして、われわれは早瀬をもっとも激しい速度で突進して越えて行った。水は、沈木の木の幹につき当って咆哮した。カヌーはまるで漂流木のように不安定に動いていた。水路は狭かった。水先案内人が一つでも小さなあやまりをおかせば、傍の沈木のあいだに突進するだろうし、カヌーはその下でひっくりかえったに相違ない。みなの眼は、その瞬間半分だけ寸法が大きくなったように見えた。何故ならば、重くて長いカヌーの乗組員は、カヌーを危険からなんとかして安全にするために全力をつくして努力せねばならなかったからである。

われわれの積荷は嵩ばっていた——塩塊の重さで、カヌーが水の中に深く沈んだので、カヌーはのろのろと動いた。正面の手荷物に腰をおろしたリチャーズは、河に慣れないマモレを守り、苦労して船の外に飛び出さないように努力した。

コニの小川は蒸気船が航行することはできない。両側の土地は平坦で、竹の豊かな繁みでこんもりと蔽われていた。これらの土地は、雨季にはみな氾濫するため居住することはできない。水温は七四度（摂氏二三・三度）。岸に一頭の小さなライオンか、あるいはアメリカ豹（Puma）と多くの野生の七面鳥が見えた。そして一羽の野生の鵞鳥を撃った。両岸は一フィート半の豊かな黒い表土で被われており、それが垂直に崩れている。

深夜、船長はカニチャナ語（Canichana）で私に話しかけたが、それは私には理解できなかった。こんな荒れ果てた地方で、夜のしじまのさなかに呼び起こされた者は、はっとして起き上るものだ。われわれは山の上の嵐が、川を氾濫させたことを知った。カヌーは私の寝床の近くに漂ってきた。ほんのちょっと前まで、われわれが眠っていた場所を洪水が洗い流す直前に寝床が片づけられた。河がきわめてすみやかに水嵩を増すので、われわれは船をのり出すか、それとも、籐の藪の中に逃げこむかというところに追いこまれた。この藪たるや、夜分、紳士たちが邪魔すると唸りだす虎どもの寝床なのだ。

われわれはそれぞれカヌーに席を占め、坐ったまま眠り、蚊の食うにまかせた。舳《へさき》は木の根にしばりつけられた。

インディアンは、いつも見張りをしている、きめわて注意深い民族である。われわれはこれらの注意深い連中によって、熟睡から一瞬にしてたたき起こされた。もし乗組員が経験のないものだったら、カヌーは洪水に押し流されて、籐の藪の中にとりのこされたかもしれなかった。インディアンは出水を予期していた。夕方、彼らは炊事道具をボートから遠く隔たった浜の高い部分に運んだが、そこは、岸の近くでちょっと小高いところであった。洪水がわれわれと岸との間に氾濫して、われわれを砂の島の上に孤立させたのだが、それも後にはわれわれのいるところ迄も完全に水浸しとなってしまった。明け方、インディアンは櫂を使い始めた。彼らは朝と夕方に一番よく働く。

ゆっくり流れを下ってゆくと、雨が降りだした。風は変わりやすかった。約四、五匹の異なった種類の猿が、昂奮しておしゃべりをつづけた。ぶざまな、ずんぐりした、醜い、栗毛の外套を着たようなのが、大きな食用蛙《ブル・フロッグ》に似た音をたてて吼えたてた。黒い巻尾猿は、木々の梢のあいだに逃げるとき悲鳴をあげた。小さな白い頬髯を生やした「部族」は河岸近くの籐の藪の間におりてきて、朝のスポーツの邪魔をする舟を、いたずら半分に検査するようなふうである。気も狂わんばかりにおびえたチョコレート色の小家族がうろうろしている。リチャーズは彼らを英語ではやしたて、カニチャナ族は、どっと哄笑した。乗組員は朝食には巻尾猿を食べたがっている。弓矢は船室の屋根の上におかれているが、彼らは鉄砲で撃ってもらいたいのである。

船長が突然、部下に話しかけると、彼らは皆、喝采した。河を見おろしながら、われわれは立派な乗組員のいる二隻のカヌーが、岸にぴったり沿って勇敢に流れとたたかっているのを発見した。カヌーは、流れがもっとも早い水路の真中を下りつづけた。このカヌーはトリニダーからきたもので、カカオ、砂糖の積荷と乗客を陸揚げしたらすぐに、探検に奉仕するために私のところに出頭するように同県の知事から命令をうけてビンチュタに向かう途中だった。

チャパレ河の河道は北に向かっている。河床は砂と泥である。この河に注ぎこむ流れはまったくなく、河床が雨季に氾濫する様子もまったくない。それ故、この河の両側の地方はわれわれの旅行してきたかぎりでは、まったく平坦だと判断した。

夕食後、部下たちは火の明りで、樹皮布を作り始めた。滑らかに樹皮で被われた材木の端の上に、樹皮の切れの端を重ねる。彼らは木皮を規則的に打ちつづける。繊維が伸展され、二フィートの幅の樹皮が打たれて、もう一フィート伸び、頑丈な粗ラシャの厚さになる。まんべんなく叩かれたのち、巻き上げられる。その布は後になって拡げて日に乾燥させる。叩かれた繊維のあいだから搾り出されていた樹液は、太陽によって直きに消散され、あとに羊毛のような感触をもった布が残り、着る人の好みに合う模様に着色される。彼自身の独特の過程によって裁断し、きわめて簡単な衣服を作る。インディアンは、膝の下までとどくまだら染めのシャツを着ている。河岸からとった草の帽子と相俟って、外国製綿布のよけいなシャツを除けば、これが彼のありったけの衣裳である。この外国製シャツは働かないとき、日中の暑いときに、あるいは夕方蚊がうるさいときに着用される。樹皮布は、とくに身体を保護する必要のある夜間にもっともしばしば用いられる。日ざかりには彼らは衣服をぬぎ、丁寧に畳んで、必要になるまで取りのけておく。あまり土砂降りのときは、いつもぬいでしまうが、嵐がすぎ去るか、天気がぐずついたのち空気が冷たくなるとまた着る。カヌーの席を占めている間は脱ぐ。朝食のために停止すると、皆ボートを立ち去る前にシャツをつける。船長はいつも着物をまとっている。部下たちは夜間の気温についてきわめて注意深いようにみえる。私は彼らがシャツを重ねるのを見た。

五月二八日　夕食後、乗組員は、月の光でひざまずいて祈った。神父《パドレ》が讃美歌の文句を読み上げて示すと、彼らはみなカトリック教会の教えに従って歌った。その光景は厳粛なものだった。彼らの声は河の水をこえてこだまし、森を通って荒地の野獣の耳にまで達した。白木綿の「カミサ」〔シャツ〕を着て、顔をあげてひざまずき、帽子を手にもって祈った。彼らの顔つきは厳粛で真面目であって、真率さと、誠実な信心を表わしていた。

夕べの祈りが終わると、背が高くて、良い体をし、品のよい顔をした老インディアン船長は立ち上って、生の獣皮の毛の生えた側の上に横たわっている部下たちに一場の演説を行なった。それはカヌーの失われた乗組員に対するかなり長い追悼演説だった。この立派な顔をしたインディアンは生れつき雄弁家の力量をもっていた。すなわち、彼は立板に水を流すごとくはや口でしゃべった。熱弁の結末にくると、彼の感情に圧倒されて、その母や未亡人に伝えるように依頼された不幸なニュースに言及して涙を流した。彼は男性的な腕をのばして、故人の櫂を指し、父親によって息子にのこされた唯一の形見であると語った。

船長の演説が終わると、お互いに「お休みなさい《ブエナス・ノチエス》」といった。そしてわれわれは河の傍で寝た。われわれは、ブェノス・アイレスの大草原で牛が投げ縄で捕えられるのを、またメキシコで、少年たちが同じことを雛に実施しているのを見たことがあったが、今日、船首の漕手「ニッグ」はわれわれに面白いことをやってみせてくれた。

一匹のかなりの大きさの鰐が、頭をちょうど水面に出して泥の浜に横になっていた。カヌーは約五〇ヤード下手の籐の藪の中に陥ちこんでいた。一人の男が長い籐を切ったが、一方「ニッグ」は謙遜に微笑しながら、目を閉じ、口を開けて、手荷物の下部から獣皮の綱を引き出した。片端に輪索をこさえ、それを棒の先に下げ、棒も綱も片手で握れるように綱を他の端まで巻きつけた。彼はカミサを脱ぎ、身体を河の中に沈ませ、顎をちょうど水の上に出して河底を歩くことができた。棒をつけた輪索を水面付近に垂れて、「鰐」がどんな結果になるか幾分怪しんでいるらしかったが、「ニッグ」はゆっくり鰐に向かって進んで行った。鰐は「ニッグ」の目をしばらく見つめたあと、姿を消した。水の動きによって、それが泳ぎ去りつつあったことは明らかだった。人びとは笑ったが、「ニッグ」はじっと立っていた。流れは黙って進んでいった。一瞬、鰐の頭が再びほとんど同じ場所に現われ、「ニッグ」の顔を正面からまじまじと見ながら、頭を前より高くした。彼はゆっくりと着実に河の怪物の方に動いてゆき、輪索を鰐の頭にかけた。まるで輪索を跳び抜けるように鰐は跳躍した。「ニッグ」は棒が流れるにまかせたので綱の端を失った。鰐が綱の片端をもって泳ぎまわる間、一行は「ニッグ」をはやしたてたが、彼は綱の端に泳ぎついた。「ニッグ」は綱をつかまえると、それを肩にかけて浜にあがった。鰐が水辺にひきよせられたとき、「ニッグ」は綱の片端を持って歯をむき出してニヤニヤしながら岸に立っていた。一方、鰐は鉄砲の一発か、インディアンの斧の一撃をしずかに待っていた。しかし、われわれは失望した。つまり、「ニッグ」は輪索の下部につるして、綱を水中に停めておくための錘りをまったく持たなかった。「ニッグ」が歯をむき出してニヤニヤしている間に、鰐は歓びで眼を閉じ、綱を口にくわえて急に跳びあがり綱を切って泳ぎ去った。これが彼らが鰐をとる唯一の方法である。つまりライフル銃の弾もしばしばはね返す鱗には矢はたたない。私はメキシコで、ボートの乗組員がマスケット銃を鰐に一斉射撃をしたが、それを殺すことのできなかったのを目撃している。ここの鰐はトバスコの諸河川に見出されるものよりもずっと小さい。インディアンは鰐の歯からボタン、数珠玉、奇妙な鳥獣像を作る。鰐の背骨の近くにインディアンたちが食べる部分がある。

インディアンと牛

五月三〇日　一隻のカヌーに乗った、一二人の男と二人の炊事女からなるインディアンの漁撈隊に出会った。このところ野生の七面鳥、鴨および鵞鳥のご馳走ばかりをたべてきていたので、われわれは魚を購入したいと申し出た。彼らも魚は欠乏していた。そして、彼らはわれわれから遠くはなれたいらしかった。——どうもわれわれの中に天然痘の患者がいるという理由のためらしい。

　河道から沈木や流木がすっかりとりのぞかれていたので、部下は一晩中続航したがるほどだった。日中は雨天で不快で、蚊たちを元気づけるような東風を伴っていたが、その夜は晴れそうな見込みだった。そこで夕食を早く料理させた。

　日が沈むと、明月が水路、そして荒野を通して照らし出した。カヌーの舷側をこえて、水に浸ってたれている櫂をにぎって、こっくり、こっくりしているインディアンを見つめていると、大地は眠っているように思われた。一瞬、籐のあいだにさらさらという音が聞えた。われわれは流れに沿って岸の方へと近づいた。老船長が持っているほだ火が黒虎を攪乱し、一匹の蛇が、われわれを避けて静かに籐の繁みから水中に滑り込んだ。カヌーが向きを変えると、月は直接に河を照らし出し、水のおもては銀の道のように見えた。行く手の障碍に思いを致すと、大西洋の美しい水を見るにはまだまだ長い時間を要するであろうことが思いやられるのであった。

ま夜中に、梟が、われわれの冒険にびっくりしたかのように叫び、魚があやまってボートの中に跳び込んだ。魚の尻尾がカヌーの底にたまった水をぴちゃりと叩いたとき、インディアンが眠りからさめた。しばし冗談をいったのち、彼らは櫂を流れの中に浸して、われわれは再び速やかに下って行った。


五月三一日　日の出に、高さ一八フィートの赤と青の粘土の垂直の岸に沿ってわれわれは走った。次つぎに、われわれの前面には大草原《パンパ》が展開していった。草の大海原を見るために上陸してみた。それは高さ五フィートの牧草で、東からくる朝の微風にやさしく波打っていた。岸の上に立つと、太陽がわれわれの背後に昇った。低くて広々としたマディラ高原の基底部をこえて西方を見た。

土地は森の木の緑で美しく縁《ふち》どられている。ここでは自然の垣根と溝がつくられている。草原の南はマモレ地溝、北はセクレ地溝で囲まれた大牧草地である。木々の下の畑には牛がたたずんでいる。牛たちはグアヤキル平地から、オルロの台地を通りチャルカスの岩塩地帯をすぎて徐々にコルディエラ山脈をよじのぼってきた。ラバ追いたちは、それをマモレ河岸に追いおとして、チキトスとモホスの草原地に連れてきた。われわれは「マシ」屯所のバルコニーからインディアンが仔牛をおさえ、もう一人が雌牛の乳を搾っているのを見る。

牛がインディアンのあいだにやってきたとき、彼らはそれをどうしたらよいのかわからなかった。荒涼たる土地には、こんな動物はまったくいなかった。毒蛇と並んで崇拝されている猛虎は牛に負けた。インディアンは大した武器をもたない雌牛が、虎に勝ったということに面くらった。つまり、彼らが以前から知っていた、最大の動物、ことに積極的侵略または防禦の武器（たとえば牙）を誇る虎が神の寵児なのだ、という信仰と相容れなかったのである。

だが、雌牛はかかる宗教を変化せしめるのを助けた。彼女は毒蛇や虎のどちらよりも大きかった。事実、ひろびろとした草原のまっ只中で、雄大な角が強力な体を防ぐため雄々しく突き出ている一匹の雄牛に攻撃されることは、虎または蛇に出あうのと同様に危険だった。

だんだん彼らは雌牛は咬みもしなければ、爪にかけもせずまた刺しもしないこと、そして乳でいっぱいの袋をもっていること、歯は草原の草を嚙み切るためにあって、人間の肉をむさぼり食うためではないことを知った。また人間に従順で、友好的であって、敵でないことを知った。イエズス会士はインディアンに雌牛の乳の搾り方、またその乳の使いかたを教えた。彼らはやがて、牛の世話の仕方や、投縄で捕える方法や、角にくびきをかけ、河の岸から流木を平原のまん中に引きずらせるために長い棒をしばりつけることを悟った。薪用の柴を尻尾にしばりつけるようなことは適当でないということも漸次わかってきた。

このようにして彼らはやさしい牛を彼らのもとに飼ったが、一方、草原を放浪しまわっていた群れは野生化して、数多の野牛が国中のいたるところに散在している。

馬はスペインから角の生えた牛と同一の経路をとおってきた。われわれの前で草を食《は》んでいる仔馬づれの五頭の雌馬の先祖は、三〇〇年以上まえにパナマ地峡を横ぎってきたものだ。この美しくて有用な動物はインディアンの眼にとまったが、インディアンは今まで人間が跨って乗る動物を見たことがなかったので、草原《パンパ》の草で肥えた馬の真価を知らなかった。インディアンは馬に乗って、全速力で平野を疾駆して横ぎるじぶんを見出したとき、より文明化した人びとが現代機械の動きを喜ぶのと同様にその「発明」を喜んだに相違ない。

スペイン人によってこれらの動物がインディアンのあいだに導入されたことは、彼らの上に強力な影響を及ぼした。最初に南米のインディアンが馬上の人間を見たとき、彼らは両方で一匹の動物なのだと考え、人間が下馬するのを見て初めて人間が馬とは別のものであることを知ったといわれている。

アマゾン女人種が、その国土を手中の弓矢でまもるという記事がしばしば見受けられる。暖かい地帯のインディアン男子の衣服は女のそれと同じである。インディアンは多く弓矢を用いる。このような事実がアマゾン〔女人国〕の物語の起源であると合理的に想像することができる。

われわれは一四人の男と少年たちの一行が浜に野営しているのに出会った。彼らは山に狩し、河に漁《すなど》りつつ河を遡ってきたのだ。火がおこされていた。彼らのカヌーは岸辺にあり、白い木綿のハンモックは浜に円形にうちこまれた棒に吊るされていた。彼らは命令一下みな床につき、さもないときはハンモックは直ちにみなおろされるだろう。彼らは、夜の微風が吹くところにハンモックを吊る。河を渡ってくる風は蚊を駆逐するからである。木の近くでは蚊はとてもうるさく、藪では我慢ができない。

少年たちの知的な明るい顔はわれわれを喜ばせた。白い長い木綿の上衣《フロック》を着て、たき火をかこみ、火の上のユカ芋を見つめて立っている姿は、少女のように見えた。少年たちは、二四歳から三〇歳ぐらいの一行の男たちよりも、われわれをずっと注意して見ていた。この連中は、トリニダーの町からきたモホ・インディアンだった。カニチャナ族の乗組員は、草原《パンパ》を少し距たって住んでいるだけなのに別個の言葉をしゃべった。カニチャナ族はサン・ペドロの町からきた。彼らはお互いの言葉を理解しないのである。

われわれの部下が上陸したとき、私は、彼らが他のものたちに全然話しかけないのに気がついた。われわれはたき火をおこし、そして野営地は彼らの野営地と近くなのだが、モホ族の少年たちと北アメリカ人たちだけが近づきになろうとする傾向をもっただけだった。われわれの犬マモレは両方の組の人気者らしかった。彼らはいずれも彼にご馳走し、そして彼が双方から好意をうけて駆け足でいったりもどったりするので、マモレは両乗組員のあいだの焼きもちのたねになった。

少年たちは小さな弓矢と小さな櫂をもっていたが、山幸《やまのさち》も川幸《かわのさち》をも——食用のユカ芋と飲料水のほかには何ももっていなかった。彼らは肥って、真直ぐで、良い体つきをし、「明るい糖蜜を溶かしたような水の色」の皮膚をしていた。笑うと、白い歯と美しい黒い眼は快い、健全な感じを与えた。彼らはよごれや顔料を洗いおとしている。耳や鼻に大きな穴をあける野蛮な風習は放棄され、簡単な上衣を着て、麦藁帽子と弓矢をもって、小ざっぱりとして見えた。衣服はたしかに男には不恰好なものではあるが、日光や夜露をしのぐ一方、蚊に対しても偉大な防禦物なのだ。それらはまた、涼しくてこころよい。

古代の樹皮衣はこの平野内部の一般的な慣習であったらしい。低地のインディアンたちは樹皮布と綿布を着るが、一方山地のインディアンは羊毛や動物の皮を用いる。なめし革は乾いた風土にもっとも適し、生皮は湿潤な風土に工合がよい。麦藁帽子は真の熱帯地方にみられるが、布の縁なし帽子と毛皮の帽子が、山地や寒冷地方では必要である。気候の変化のはなはだしいところでは、さまざまの衣料のとり合わせが必要である。

とくに注意すべきインディアンの二つの特質がある。——正直と誠実。われわれは手荷物や懐中から、インディアンによってどんな些細なものも盗まれなかった。彼らの提供する情報はいつも間違いはなく、また彼らのいうことは何でも正確だと信頼してかまわない。高地または低地人いずれのあいだにおいても同じである。この特質は諸部族のあいだに一般的である。

ボートの乗組員が旅客と同行することを希望した例を聞かない。彼らは一人で行くことを好む。それでわれわれが彼らに干渉しなかったので、われわれを連れて行ってもよいと申し出たのに違いないと学校の先生が語った。インディアンたちが河の遡行を遅らせると、ベニの長官が「インディアンを鞭で打つ」のが慣例だということだ。この話は、川を下るときあまり舟あしがのろいので、すっかり失望した知事が、もし奴らが充分早く漕がなかったら、トリニダーで奴らを鞭で打たせるぞと脅したならば彼らはもっと敏捷に漕ぐだろうと私に語ったのを思い出させた。

われわれがトリニダーの町に近づいたとき、河岸に横たわっている森林地方から材木を引いて遡ってきたカヌーがあることや、伽藍が造船修理工場に似ていること、あるいはまた、カヌー乗組員によって小屋の下に数多の白木綿のハンモックが吊るされていることなどの光景は、われわれにすっかり海軍工廠を思い出させた。

インディアンは皆、同じように白木綿の上衣を着ていた。あるものは頭上の水壺を河から家へと運んでいた。他のものは洗濯をしていた。大工たちは家屋用の材木を伐ったり、あるいは北アメリカ製の道具で、カヌーをけずっていた。部下の一人は、ニュー・イングランドで製造され、転々としてこのインディアンの大工の手に渡った鑿にわれわれがあまりに関心を抱いたので幾分呆れていた。この大工は、鑿をかなり上手に使い、大切にする。彼は、ピンチュタからボート乗組員がもってきたということ以外には、どこからそれがきたものやら皆目知らなかった。木槌は自家製だった。手斧《ちような》は鑿と一緒にきた。彼は材木を固着させる鉄釘を全然使用せず、木釘が用いられていた。カヌー乗組員が、サンタ・クルースとピンチュタ向けのチョコレートと砂糖を積荷していた。他のものたちは塩、粉、および移入物資をおろしていた。女たちは岸から製陶用の粘土を掘り出していた。男たちは勤勉で、女たちは、姿が活動的で立派なばかりでなく顔の表情も眉目秀麗でこころよかった。町と住民の外貌は目立って清潔であった。ここには生命と活動とがあった。われわれをことに喜ばせたことは、みすぼらしい様子の巡査が旅券を要求しにやってこなかったことだ。雄牛のくびきを馭している立派な顔だちのインディアンの傍に並んで、邪魔されることなく町の中に歩いて行った。

街路は綺麗に掃除され、幅も広く、そして完全に平坦だった。街路は直角に走っていた。その計画は、荒野の中にやってきて、蛮人を呼び集め、町を建設するすべを教えたイエズス会士がきちんと設計したものであった。

政府はベニ県をこの国の地下牢と考えている。公共の平和に危険だと大統領によって考えられた男たちは、ベニ河に追放される。彼らはアンデス山脈の頂上の彼らの住居を去って、モホのタマリンド樹（tamarind）〔荳科の常緑喬木〕下に降りてくる。この追放人の群れはインディアン植民者の勤勉な部族のまっ只中に定着した。彼らは、すぐれた知能とより大なる「向こう見ず」とでインディアンを圧倒した。インディアンたちは、あらゆる生活必需品を製造する。――彼らは帽子、綿布、なめし革の靴をつくり、牛の世話をし、砂糖を製造し、コーヒーとチョコレート、ユカ芋と、プランティンを栽培し、家を建て、土器を焼き、草原の馬をクレオーレが乗るために投げ縄で捕える。彼は統制に服し、召使いとして服従する。

　ここでは、われわれの企てが、これまでの通路上の何処よりも評判が悪いのに気づいた。県の長官は、「住民のただ一人さえ私と一緒にアマゾン河を下るのに同意するかどうか疑わしい。パラシォス氏は政府の権威者の一人である。インディアンは探検隊に出かけるよう彼から要求されれば、あえて反対はしないが、かつてイギリス人と探検に出たとき、とんだひどい目にあったので、彼らは家に帰って家族や近所の人たちにその話をしたために、その後、再び行くことを拒み、カヌーから脱走するようになったのだ」と私に語った。長官《コレヒドールス》たちの一人はパラに向けて探検に行ったとき、インディアンが逃走したので、荒野に残されて餓死するのを怖れて彼らと一緒に逃走せねばならなかったと告白した。彼らは落下する滝の吔える音よりも蛮人の方がかえってこわいようである。

　アンデス山脈ではキチュア族とアイマラ族というインカ時代には同一の政府のもとにあった大部族のインディアンによって、二つの言語が話されている。しかしマディラ平野のインディアンは小部族に分かれて、インカ領とその統制下の未開諸部族とのあいだには別々の言語が話されている。ここ、トリニダーの町の部族はモホ族とよばれ、三つのもっとも近い町――ロレト、サン・ハビエル、およびサン・イグナシオのインディアンと同一の言葉をしゃべっている。サンタ・アナでは言葉は異なる。インディアンはモビノ語(Mobinos)を話し、サン・ペドロではカニチャノ語を、エクサルタシオンではカユババ語(Cayuvaba)を、サン・ラモン、マグデリナおよびサン・ホセ・デル・グアカレへではイトナマ語(Itonama)、サン・ボルハではボルガノ語(Borgano)、レイエスではレイエサノ語(Reyesano)、サン・イバクインではバウレ語(Baures)とユラカレ語(Yuracares)である。

この平坦な一地方には、九つの異なった言語ないし方言があり、われわれはユラカレ族、モホ族、およびカニチャナ族の人相に相違をみとめる。ユラカレ族は他の連中よりも、より生き生きとし、陽気でお喋りである。彼らはより明るい肌の色をしており、狩をして森を彷徨するのが好きである。モホ・インディアンは、真面目で落ついていて、思慮深い部族である。彼らはユラカレ族の男たちよりも大きい。女たちは美しいと考えられている。他方ユラカレ族の女たちはとても不器量だ。ここでは少女は大きく、よく発育しており、快活である。そこでは彼女らは小さくて意地悪で、まるで男たちと喧嘩したがっているみたいである。ここでは彼女らは問うことなしにその権利を行使している。モホ・インディアンはとくに土地を耕作するのを好む。彼らは雄牛の組をうまく追いやる。少年たちは学校から犂耕場に走り去って労働をたのしみ、果物の積荷をのせたカヌーを市場へ櫂で漕いでゆく。彼らは町や家には、ほとんど愛着がない。年寄りは農事を一層愛好し、女たちは家に留っていることに満足しているらしい。これらのインディアンは、河を上ったり下ったりする長い航行の場合のほかには、弓矢をもってまわらない。家畜の牛が導入されて以来、矢をかたわらにおいて、投縄を手にとり上げた。彼らはそれを上手にあやつる。彼らは火器を知らず、一度も使用したことがない。たとえインディアンがスペイン人に刃向かう場合、火器がないからせめて刀で切ろうと思っても、スペイン人種は彼らから戦棍以外のあらゆる防禦手段を剝奪してしまったのだ。彼らは礼儀正しく、静かで平和である。彼ら自身の間ではほとんど喧嘩はせず、そして彼らを奴隷よりもひどくとりあつかったクレオーレと、もし喧嘩でもしようものならその結果はもうはっきりしている。法律はクレオーレのために作られてあり、インディアンのためにではない。彼らは同様の年貢を納めるが選挙権はない。統治されている法律を知らない。しかし、長官《コレヒドール》のとりあつかいがあまり横柄で残酷だったために、長官を殺して政庁を焼いた例が一つ知られている。彼らは、使いを派して、大統領が指名するものなら今の長官以外の誰にでも服従するだろうといってやった。大統領が新しい政庁を建ててからというもの、彼らはずっと静かだった。

モホ州は東はイテネス河まで拡がり、それは同州とブラジルとの国境線である。イテネス河の地方は野蛮な諸部族が居住し、イエズス会士は彼らを教化することができなかった。彼らはスペイン人種とも、他のインディアンとさえ友好的な交渉をもつ意思がないからである。その性質は好戦的で、他のもののいかなる申し出に対しても鏃で答える。

イエズス会士の苦労は、ここではスペイン人の征服後、全民族がまるで一人のように新秩序に帰した山地におけるよりも、ずっとむずかしかった。ここではあらゆる諸部族が、言語と性向が異なっていると、それぞれある程度その信仰形態もお互いに異なっているので、別個の注意を払って接近しなければならなかった。イエズス会士は、不撓の努力を払って、彼らのすべてにとり入った。司祭たちの多くは赤色人との道徳的闘争の中に殺害された。

司祭たちと踵《きびす》を接してアンデス山脈東方斜面をつづいて降り来たって、国境線の付近に定着したスペイン人たちは教会の仕事をたすけなかった。何故ならば、彼らが蛮人に出あったところではどこでも争いが継続的な戦争を惹起し、今や赤色人の野蛮な性向が不断の復讐欲を刺戟しているからである。

スペイン系学校は、同一言語で授業をすることによって、これらさまざまの諸部族の子供たちを、一層接近させている。ボリビア政府はこれら無知な人びとを結合するのに良策を採用してきた。言語の数が少なくなればなるほど、人びとはお互いにより友好的な傾向になる。

われわれは、山地において、かかる地域に居住する野蛮な諸部族に対して、インカの家族によって教えられたキチュア語の効果を目のあたりに見た。赤道からポトシの南境まで、ただ二つの言語しか残っておらず、文明の最高の水準にあった。われわれがモホ・インディアンについてみたところによると、彼らはキチュア族やアイマラ族と同等、あるいはそれ以上に知的であって、アルパカあるいはビクーニャの羊毛を製造する技術は前者の綿布製造技術よりもすぐれている。キチュア族またはアイマラ族の石造物もモホ・インディアンのそれを凌駕していない。クスコあるいはテイアウアンコ・インディアン（Tiahuanco Indians）の石鑿は、巧みに使用されていた。しかし、われわれは一目で、モホ・インディアンが、いかに立ちまさって大工道具を操るかを見る。山地のインディアンは絵画に対する天分によって賞讃されてきた。トリニダーにおける作品のあるものは、批評家をも喜ばすだろう。それでも最高の趣味はここに見出されるのである。色彩感覚に対するお手本が、これ以上はっきりと目だつところはどこにもない。われわれは、あるモホ・インディアンが雀大の鳥をもっているのを見たことがある。その羽毛のなかに七つの相異なる色がついていた。多分、マディラ平野よりも美しい色どりの鳥の変種の多い地方は世界中どこにもないだろう。

ここの人びとの勉学の才は、山地の連中におくれをとらない。砂糖黍を、ちょうど山地の連中が大麦をつくるのと同じように上手に栽培する。山地の少女の羊毛品を点検し、それを低地の河岸の色白の少女たちの白木綿とドレスとくらべると、両方ともお手製ではあるが、われわれには、山地の少女たちに編み、紡ぎ、織ることを教えたマンコ・カパリの妻の記憶にあらゆる敬意を表しつつもモホ族の製造品の方を選びたくなる。だがモホ族の女たちは数が少なく、そして隣の部族の人びとは日本人などと同様に排他的なため、両部族間で製作者同士が創意《アイディア》を交換する機会が全然ないわけだ。

モホ・インディアンは人間の像を画き、鳥獣、とくに普通の雛や雌牛をえがくのが生まれつき好きだ。後者は一目で彼らに深い印象を与えたものらしい。すなわち、彼らはしばしば雌牛が人間と闘ったり人間を追いかけているところを描く。彼らは新奇な観物《みもの》を描写する。私はインディアン、あるいは元来このパンパに属していた動物の絵はたった一枚も見たことがなかった。彼らにとっては白人、雌牛および鶏がお気に入りの研究対象である。家屋の白壁の裏表にこんな絵が装飾として描かれている。政庁の部屋には最上の芸術家が腕をふるい、市場の壁の絵はあらゆる人たちによって賞讃される。少年や幼児でさえ、だれ一人として公共市場の絵を傷つけたりするものがないほど絵についての趣味と細心さをもっている。

クスコのインディアンはあの古代都市の教会に美しく、大きく、そして価値高い絵をかかげた。

教会はこの趣味を奨励した。それでもそこには、教育をうけたこともないモホ族のあいだに見出すような逸品をわれわれは一つも発見できなかった。しかもこの地の自然の景観はクスコほど想像力にうったえるような素晴らしいものではない。この地方全体は真平らである。視線は、地平線、上は空、下ははるかつらなる牧草の面に伸びるだけである。

モホ・インディアンは自分で風景をこさえ、それを絵具で描く。風のつよい日には火を打ち出して乾燥した草原の草に火を放つ。風が火を急速にどんどん運んでゆき、炎の広い面が重い煙の雲の下に噴き上る。そのときインディアンは牛に生じた現象をスケッチする。牛は尾を中空に放ち恐怖のあまり頭をあげて風と反対の方に全速力ですっ飛ぶ。

モホ・インディアンはまた、キチュア・インディアンには欠けている音楽の才能ももっている。アイマラ族にも少しはあるが、モホ族は天性の特質を決定的にもっている。彼らはギター、ヴァイオリン、およびフルートを奏する。彼らのオルガンのパイプを吹き、太鼓を打つ。楽器に合わせて甘美な声でうたい、やすやすと楽譜をよむ。山地では、正規の合唱隊がやとわれているのに、彼らは教会の音楽に参加する。

伽藍の祭壇は、浮彫りのマホガニーで、何百ドルもの値のする銀で縁《ふち》どられ装飾されている。燭台は錫でつくられ、蠟燭は獣脂である。銀と錫とはポトシからきた。材木と獣脂はすぐ地元のものだ。

われわれはイエズス会士がどのようにして野蛮人を草原《パンパ》のなだらかな丘にあつめ、この伽藍の礎石をきずいたかわからない。彼らは白人の言語を理解できなかった。彼らは平野で、あるいは天に、または森の中で見たものを崇拝した。それでも彼らは教会を建て、その中にひざまずき、人間と動物をも創りたもうた神を崇拝する気持になったのだ。それらはすべてイエズス会士たちの一連の意図でなしとげられた業なのである。

トリニダー

トリニダーの村は三〇〇〇人をこえる人口があってモホ州中最大である。そのうちに占めるクレオーレの数は少ない。

六月の六日、この日はサンティッシマ・トリニダーダとよばれる日で、ミサが伽藍でとりおこなわれた。ミサのあと、長官と聖職者が先頭に立ち、「カメシータス」camecitasといわれる白いガウンを着た全住民がそのあとをつづく、一大行列を目撃した。インディアンが教会のお勤めを行なうときは、いつでも、女たちは彼女らの髪を解き、白いガウンの背後に優雅に垂らす。

広場《プラサ》の隅ごとに、緑の群葉と花で作られ、プランティンの木と棕櫚の葉で飾られたあずまやがあった。音楽や歌にあわせてぐるっと行進する光景は美しく面白かった。白い綿布をきた赤色人種が、豊かな衣裳を着て肩に木像をかついだカトリックの聖職者のあとをついて行く。半開の三〇〇〇人の蛮人が教会の音楽をうたい、擬似白人の法律のもとに生活する。長官と聖職者の傍を歩くわずかなクレオーレはお皿の中の一滴にすぎない。

行列が伽藍に帰ると、インディアンたちはあずまやをとりこわし、町役場の隣の辻広場の隅に囲みをこさえるのに使った長い柱をもって、広場にはいってきた。並べていくつもの檻をたて、その中に、草原《パンパ》の野生のままの猛牛を一頭ずつ入れた。

人びとはまわりや、町役場のバルコニーに集まった。音楽家は安楽で安全な席をしめた。一二人か一四人の筋骨隆々たるインディアンが囲みにはいると一頭の雄牛がとき放たれ、そして競技が始まった。雄牛は間近な男に突進し、彼が避けると、向こう見ずに柵の外の群集に向かって走って行った。人びとはどちら側でも笑ってとび上り、そして角を柵につき立てさせた。彼は狂暴になって咆哮し、柵の柱を空中に放り上げたが、外部の群集はそれを直ちに正しい位置にもどした。

赤いハンケチが頭のところで振られた。あるものは尻尾を引っぱったが、他方、隣の人とおしゃべりをしていた一人の男は、カメシータの下のじぶんの脚が雄牛の角によって突然もち上げられたのを知っておどろいた。だが負傷はなかった。というのは、このときすでに、雄牛はいじめられて、くたばってしまっていたから。牛はシッシッと環の外に出されて、平原にもどるようにとき放たれた。

これはインディアンにとって重大なスポーツである。彼らはとくにいたずらをたのしむ。チチャの大きな甕が町の権威者によって寄付され、飲みたい連中のあいだをまわされた。断るものはほとんどいなかったが、雄牛が自由にされるや否や、トウモロコシとユカ芋の肉からつくられたパンの籠がインディアンの頭上のバルコニーからあけられた。政府の店からこのパンがインディアンに贈られる方法は、よその国で、鳥にトウモロコシをやるのと同じである。彼らは怒れる雄牛の蹄でまき上ったばかりの塵埃《じんあい》のさなかで、パンを奪い合った。

奪い合いが済むと、もう一頭の雄牛が入場し、スポーツは第三の牛に鞍をつけている間つづいた。

一人のインディアンが、その雄牛のまわりにかけられた革紐にかじりついて乗った。その牛を放つと、その上下にゆれるさまは本当にふき出したくなるほどであった。すなわち跳び乗った男の頭は、雄牛が後足で立ったり、後足をけったりするたびに、どさっとうなずいたり、前後にぐいと引っぱられた。それは荒海に小さな縦帆のスクーナー船が翻弄されるようだった。インディアンからの笑いの咆哮は面白かった。彼らは教会と国家によって準備されたプログラムに従って町の聖徒の日をすっかりたのしんだ。

常に保たれている秩序と、人びとの挨拶と町の清潔さとは心のなかの規則によるものである。

インディアンの男たちには、ヨーロッパの衣服の好みがお気に入りである。日曜日に、権威者たちが、長官を訪問する前に彼らは「カメシータ」を脱いで、ズボン、コート、チョッキ、長靴および帽子をつける。それぞれ、職務のしるしとして一本の籐杖をもっている。かかる場合には彼らはもっともこっけいな重々しさをもって歩くのだ。布の着物は、通常の涼しい着物とすっかり趣を異にしている。日没前にそれを脱ぐくらいならいくら暑くても我慢して着ていたいのだ。

この国でつくられる奇妙な恰好の黒いフロックや燕尾服はこの町に集中して、晴れの場合には公衆の眼前に展示される。インディアンがまとう土着のドレスは女によく似合うが、男たちは、厚い布の衣服を着てもカメシータを着てもぶざまに見えるのだ。

日の出前に、全住民はクレオーレを除いて起き上がっている。夜明けに、太鼓手、笛吹き、ヴァイオリン弾きは教会にあつまって、起床の合図を打つ。教会の鐘は近所の小さな尖塔の屋根の下に吊るされている。鐘が鳴ると、インディアンたちは朝の祈りに大挙して赴く。元来この風習はイエズス会士によって確立されたのだが、一年中この形式が行なわれる。教会でひざまずいているうちに、朝の太陽の光が町にそそぐ。そのとき音楽が彼らの讃美歌と入りまじるのだ。

毎夕、太陽がアンデス山脈に沈む午後八時、晴れた晩には町の少年たちは広場《プラサ》のまん中の大きな木製十字架のそばにひざまずいて、住民たちが、床につく前に讃美歌を歌う。音楽隊が彼らの声に伴奏する。明るい月が世界を照らし出すと、少年たちは過ぎ去ったその日の祝福に感謝の言葉を叫び、神が眠っているあいだ守りたまわんことを祈る。教会のこのような形式のうちには、インディアンの注意を惹くようなこころよい印象的な何ものかがあった。毎日のお勤めが彼らにとって娯楽であった。彼らの本性は感化をうけ、自発的な厳粛な、まじめな仕方でかかる宗教的義務を果しているのを見出したが、他方、規則は彼らに祈りのあとの嬉戯を許している。われわれは、インディアンが教会に往来するときよりも真面目な顔をまだ見たことがない。またわれわれは、どこの闘牛場でもミサのあとのトリニダー広場における闘牛のときのような心からの哄笑を聞いたことはなかった。

われわれはしばらくトリニダーに滞在した。ま夜中まで寝つかれないので、明日の憂いを追い払うために私は起き上がってそとに出て広場へ歩いて行った。夜は晴れて、月が照っていた。最初に聞いた唯一の音は蝙蝠がたてたものだった。――まわりは、あちこちに飛びかって蚊を食べるさまざまの種類の「夜の鳥」によって充たされていた。家々のてっぺんは、蝙蝠で蔽われていた。空中の蚊をすっかり退治してくれたので、家族の寝室で、蝙蝠の手のとどかないところを除けば、住民を攻撃する昆虫は一匹も残されていなかった。私は全住民が眠っていると思っていたが、そうではなかった。私がゆっくり広場をめぐり歩いた際、あるクレオーレの家にやってくると戸口の内で銀貨金貨がジャラジャラ鳴る音が聞えた。トランプ札の沈黙の分配が進行していた。勝負は貨幣を勘定してやりとりすることによって行なわれていた。住民のうちクレオーレたちが賭博をやっているのだ。教会監督《コミサリオ》が伽藍の鐘で一時を鳴らすと、勤労住民は眠る。インディアンはこんな稼業のための時間をもたない。彼らの勝負事は織機や砂糖黍畑で行なわれる。パンの原料の供給はモホ平野の労働者たちの手によって行なわれる。銀はインディアンによって山脈の岩から鑽《き》り出される。そのくせ、ボリビアの最高の知識人たちは、どうして世界の他の部分において進歩改善が行なわれているのにボリビアでは行なわれないかと問うのである。

モホのインディアンたちは内心ではスペイン人種に友好的ではない。しかし彼らが教会の勢力と制度を愛し尊敬していることはつゆ疑いない。ロレトのインディアンはモホ部族であって、美と知性のためにきわ立っている。男はきわめて独立的である。もっとも富んだものの一人は、長官がここにいたあいだ、出作り畑に行って、そこに止って帰らなかったばかりでなく、全クレオーレ人種を嫌ったのであった。

八月一九日　午前九時、気温八〇度（摂氏二六・六度）。水温七〇度（摂氏二一・一度）。東南からわれわれに近づく重い雲のあいだから、雷鳴が轟き、一条《すじ》の虹がアンデス山脈に向かって現われる。鴨、鵞鳥および鶴が流れを厚く縁どっている。イルカ（porpoise）が水をひと吹きし、鷹が金切声をあげる。ボートの乗組員と細君たちは朝食に炙った巻尾猿をたのしむ。

われわれは東側の高さ三〇フィートの岸に上陸し、サン・ペドロの製糖所《トラピチエ》を訪れた。四台の砂糖黍圧搾機が雄牛によって動かされていた。インディアンが畑から黍の大きな堆積をあつめて、女房と子供たちをつれたクレオーレの親方《コレヒドール》の監督下、ラム酒や糖蜜を製造していた。われわれは航行用に良質の砂糖の供給をうけた。

インディアンの一人が蚊をよせつけないために頭を膝のあいだに入れ、カメシータを足趾の下に畳んで、樽型のボートの丸い屋根の上に坐ってうとうととしていた。彼はバランスを失って、眠ったままボートの外の水中に転り込んだ。男が目をさましてボートに辿りつくスピードがあまり速かったので、老船長は腹をかかえて笑った。彼は口に葉巻をくわえて船首飾りのように船の前部に立っていたが、今は明月を仰いで、両手で彼のあらゆるむき出しの部分にとまる蚊と闘いながら沈木を警戒して水面をみつめていた。ありきたりの見張りの文句「人が落ちた！」を叫ぶかわりに、彼は援助をしようともせずに、笑いながら独り言をいった。「今夜は愉快なことがたんとあるぜ《ムーチャ・フィエスタ・エスタ・ノーチェ》」

女の家

一隻の樹皮のカヌーがボリビアの側の岸に横たわっていた。われわれの黒人たちは角笛を吹いて四人の蛮人と一匹の黒犬を岸によびよせた。そのうちの二人は樹皮の上衣《フロック》を着ており、二人は裸体――真の赤色人であった。流れのままに漂ってゆくと、次のような会話が蛮人と黒人とのあいだにおこった。蛮人――「おお！」へさきの黒人――「おう！」蛮人――「こっちにおいで」――きわめて明瞭な発音である。われわれはこちらにくるようにいったが、徐々に漕ぎ進んでいる間に彼らは走り去った。これらのインディアンはジャカレ族（Jacares）のものである。直きにわれわれのあとを速く漕いで追ってきた。われわれはほんのしばらくの間、待った。彼らの迅速なカヌーは一片の樹皮でつくられ、長さ二〇フィート、横梁が四フィートだった。その樹皮は両端で簡単に巻き上げられ、そして森からとってきた蔓で縛られてあった。両側面の間には長さ四フィートの四、五本の足架があり、小さな蔓草で樹皮の隅にしばりつけられていた。また蔓でしばり合わせた丸い棒からなる格子が一つあって、インディアンが舟の中に足を踏み入れたときにカヌーの底の型を保つための床張りの役をはたしていた。若い男たちは木皮服を着て船尾か片端に、よくできた櫂をもって坐っている。他の端には二人の裸女が、それぞれ膝の上に櫂を横たえて坐っている。彼らがわれわれの傍にやってきたとき、船中には老酋長が、一籠のユカ芋、一束のプランティン、瀝青の大きな塊およびブラジル人によって、ブレウ（breu）〔瀝青の一種〕とよばれる上質の四、五個の小片をもって坐っていた。インディアンたちはそれを鏃の固着用に用いる。われわれはそれが魚壺に封をしたり、槲杖《さくじょう》にねじをとめるのに有用なことを知る。その他、この老人は売るために一羽の小さな豊かな緑色のオウムをつれてきた。われわれはナイフと釣り針でそれを買っていった。女たちの一人は美貌で、もう一人の姿態はずばぬけて美しかった。手鏡を贈ると彼女らは大喜びの意を表し、そしてつぎつぎと、できるだけ大きく口を開けて、そうすれば見ることができる喉の奥まで鏡にうつして見た。彼女らの好奇心を一番そそったのは彼らの労働の成果をあれほどたくさん通過させた通路、すなわち喉を探検することであった。不潔な、なかばすりへった歯、耳や鼻や下唇に明けた穴を鏡で見て女の一人は指を下唇の穴から口に突っこんで、けだもののように笑った。彼女たちは長い髪を後ろに垂らし、額では四角に刈り込んでいるので、野蛮な外観だった。女たちはとても小さかった。顔から見ればむしろ婆さんだ。彼女らの指、足、手は若い娘の手に似ていた。彼女たちは笑ったり、お互いにわれわれのことについておしゃべりしたりして、陽気に見えたが、他方、男たちは無愛想で邪悪な表情をしていた。若い男の一人は、ペドロが矢と交換にありったけの釣り針をくれないというのですっかり機嫌を悪くした。老人は私たちの傍にやってきたとき、喧嘩腰になってすっかり興奮したようであった。彼は中背の人物で、ボリビア領に住む彼の部族の全インディアンの酋長であった。彼は数がわずかで、国中にちらばっている彼の部族を代表している。女のように、男たちは鼻と下唇に穴をあけているが、何もさしこんでない。われわれは、この場合彼らは略装をしているのだと思った。酋長はさまざまの人物の名を問うて、どれが一行の「かしら」なのかを知りたがった。女たちは数珠玉を乞うて、欲しいものを見たときには愛嬌たっぷりの微笑をした。われわれは酋長に次の滝まで同伴して、滝をこすのに助力するように頼んだ。彼は頭を振って、自分の胃を指さし、困ったような表情を浮かべた。気分が悪くなるという合図である。そこでわれわれはもっと釣り針やナイフをもっている、もし彼がユカ芋とプランティンをもってくるならば、滝のところで交易しようと語った。これに対して彼は同意したが、配下は、下流のインディアンと仲がよくないので、敵に鞭でうたれるといった。

われわれが滝のもとで荷を再び積み込んでいるとき、ティットはインディアンが森から近づいてくるのを発見した。彼らは乱立する岩の背後から、手に手に弓矢をもって、突如としてわれわれに襲いかかってきた。ドン・アントニオは、蛮人たちがこのようにして現われた時、私が危険を避けるためにその場を離れようとすると、私に警告を与えた。彼のいうには、彼らが、女子供をまえもってボートによこすならば、男たちと争の起きる見込みはまずあるまい、しかし、女子供が殿《しんがり》を承っており、しかも男たちが弓矢を手にしてくるときは、この合図は挑戦的である、と。そこでわれわれは準備をした。しかし私の認めたのは友人ジャカレ族だった。老酋長が炙り豚とユカ芋の荷をもった女を連れてやってきた。彼女は深くて四角い柳籃を背にしょって、胸のまわりに樹皮布の帯で吊るしていた。酋長と彼の二人の部下は樹皮布の上衣と麦藁帽子で装っていたが、その女の背中にある唯一のものは籠だった。片手には土製の壺をもち、彼女はこれもまた売ろうと差し出した。ティットは一行と交易し、そしてだんだんわれわれに対する行儀がくだけてきた。通訳がいないので、私はどんな慣習が彼らのあいだでまもられているのかはっきりさせることができなかった。このインディアンはブラジル人のあいだでは大泥棒の異名をもっている。しかし、彼らはわれわれと合理的な交易をして別れたときには、完全に満足した様子であった。ある男がペドロに少しばかりの矢との交換にありったけの釣り針を要求したあの激しい表情は、もし彼らの方の人数が多かったならば、面倒なことになったであろうことを物語っている。

九月二六日 河の南岸に二隻の樹皮カヌーを見た。黒人たちは、雌牛の角笛の音楽を奏した。二人の赤色人の女が、岸の上の繁みの中の小径に現われた。彼女らはカリプナ族（Caripunas）に属していた。われわれは下方の河を指さして「トゥペ酋長」（Capitan Tupé）を呼び求めた。彼女らは走り去った。そしてわれわれはパレダオの滝までつづけて下航した。捕鯨船でも容易にこの主要水路を通過することができるかもしれなかったが、われわれのボートはそれをためしてみるのにはあまりにも小さすぎた。手荷物を、水面上四〇フィートも高くなっている岩々の近くの砂浜に荷揚げした。雨季には洪水がそれらの岩を一〇フィート以上も蔽ってしまう。私はこの地方を眺めるために頂上に登って、ボートの通路をさがした。わずかの距離を漕いでから、狭い水路を綱でボートを曳いて通った。上陸地点は急な流れの中にあった。連中はそれをとらえそこなったので、ボートは連中を乗せたまま岩々のあいだを走り去った――彼らは恐ろしい速力で運ばれて行った。ティットは黒人にあらん限りの声を振り絞って、彼らを導き、生命の安からんことをはかった。そして幸いうまくいった。彼らがみなすっかりこわがっていたことがかえって彼らに働く力を出させたのであった。行く手の一番ちっぽけな岩にでもぶつかれば、ボートを粉々にしてしまったであろう。だから、その光景は陸路の私には面白い観物《みもの》だった。私が下ろうとして向きを変えると、あとをついてきた蛮人の女子供の一隊に自分がとりかこまれているのを知った。八人の女、一〇人の子供および二人の無武装の男がいたが、皆、外観から推せば正真正銘の野蛮人だった。私のハンカチーフをとり去って、女子供は皆、笑った。男の一人は私の前に進み出て、私のポケットの中に手をつっこみ、釣り針を全部とり出して、乳を呑んでいる赤ん坊を抱いた一人の醜い女に渡して、自分が使うために着服してしまい、冷やかにナイフももっているかどうかを問うた。彼は背が低く、がっちりした体で、デブで元気だった。女たちはみな醜かった。少年はわれわれが今まで出会ったうちで、もっとも陽気で、男らしい顔をしたインディアンだった。私の示唆に応じて彼らはともにボートの方に歩いて行った。彼らが Capitan Tupé とよんでいる酋長は、狩に遠出していて留守だった。彼らの小屋は滝から少し離れていたので、その家を見る機会を失った。彼らはまったく友好的だった。彼らの小屋からやってきた男たちは、岩のうしろに弓矢をおいて、丸腰で歩いてきた。女たちは、赤ん坊を、反対側の肩に掛けた樹皮布の帯にのせて、腕の下に抱いていた。赤ん坊は白人を見て恐ろしくこわがった様子であった。

少年たちは大きなお腹が目立っていた。ペドロは、彼らは土を食べることによってお腹をふくらませるので、インディアンの子供たちは皆そうだと私に語った。

九月二九日　リチャーズをボートの番としてのこしたが、一方、私はマスケット銃で武装した二グロの一人をつれて、森を貫く小径を一列になって河から四分の一マイルほど辿っていった。われわれが小屋の見えるところまでくると、男たちや少年が、小径の端にある来客用の家の下にあつまり、女たちは皆、赤ん坊をつかまえて後方の二軒の閉ざされた家に走りこんだ。蛮人たちは、弓矢は手許においてはあったがとりあげなかった。彼らのうちの四、五人はナイフを握り、他のものたちは、置いてあるのを拾い上げた。背の高い黒人兵トマスは、小屋のすぐそとの台にやってきた。一方私は台の下を歩いて、屋根をささえている柱のあいだに吊ってある草のハンモックに腰をおろした。少年は皆、笑って私のまわりに集まった。一人の男がやってきて、腕を振りあげて私のすぐそばの柱によりかかった。彼は手にナイフを握っていた。私は短上着《ジャケット》の下に手を入れた。その下にはコルトの連発ピストルが蔵められている。インディアンは、彼らの習慣に従って私をためそうと思った。立派な大きな雄鶏が傍を通りすぎた。空腹の身振りをして、それを売ってくれないかと蛮人に尋ねた。彼は直ちに手をおろして、家に向かって大声で叫んだ。するとそのとき、女どもが子供を連れて出てきた。一人の器量よしの女が彼のところにきて、その雛について相談を始めた。彼女がうなずくと、少年たちは私のためにそれをつかまえようと追いかけた。

この荒涼たる辺鄙な場所に三〇人の蛮人が住んでいた。一人の男はうつろな材木の外側を太鼓をつくるためにナイフでけずっていた。すでに二個の太鼓が小屋の下に掛かっていた。彼らはわれわれを見てなんら関心をあらわさなかった。彼らはまるでわれわれが行ってしまった方がよいと思っているようだった。男たちが集合した木造家屋の屋根は、野生の棕櫚の葉で美しく葺かれていた。骨組は樹皮をとりさった柱を蔓草でしばり合わせてあった。全体は地上につきさした叉になった柱の上にあって、その柱のあいだには多くのハンモックが吊るされてあった。弓矢が唯一の自家製の武器だった。ナイフは輸入されていた。彼らと仲良くなったので皆やってきて握手し、私をまじまじと見た。見張り人の家や男の家の床は綺麗に掃除してあった。そこには家庭的用具はなく、軍事的秩序が保たれているように見えた。一人の男と四、五人の女と連れ立って女たちの住居を検分に行った。屋根は地上二フィート弱ほどに伸びていた。側面と破風の端もまた葺きこめられていた。隅ずみに入口があって、衛兵所のすぐ隣りの中央にも入口が一つあって、計五カ所の入口があった。その内部は混乱した様相を呈していた。灰が土間に堆積し散乱して、まるで各婦人が別々の炉をもっているようだった。内部の寸法は約四〇フィートに一五フィートだった。土製の壺と板がごちゃごちゃにころがっていた。汚い、脂じみたハンモックが吊られていた。馴れたオウムがプランティンをたべていた。一匹の醜い猿が身体の下部を柱に縛りつけられているのでご機嫌斜めの様子だった。不愉快なさまざまの匂いがわれわれをその住居から追い出した。惨めな犬どもが恐ろしい物音をたてつづけている。女たちは私を老年の病人のハンモックに連れて行き、彼は死にそうだと、手の掌に頭をのせ、目をつぶって、身振りで知らせた。彼は樹皮布の毛布につつまれていたが、痩せた脚と身体を見せるかのように彼はその毛布を投げすてた。彼はすっかり弱っていた。髪の白さから、私は彼が老齢のため死にかかっているか、それともこの湿気の多い不潔な家の内部で窒息して死にかけているのだと判断した。この家では彼は犬になったように見えた。女たちが眠る家があった。来客用家屋は、女子や少年たちの眠り場所であった。男たちのあいだには厳格な秩序があった。まわりの地面は掃除されていた。女たちのいるところはまったく乱雑で清潔さが欠けていた。彼女らの顔はあせもで被われていた。彼女らの衣服に至っては、かえって彼女たちが何を着ないかを記した方がよいと思われるほどひどいしろものだった。

ブラジル人は、彼らの間に「木像」（一人の男のような形をした頭と肩の像）を見たことがあるといっているが、われわれは崇拝の場所、または何が崇拝されるか、などについては何も見なかった。かつて一人のカトリック司祭がこの部族を訪れたが、なんら彼らを元気づけるようなものを見出さなかった。彼らは無関心に傍観し、他の何にもまして、ヴァイオリンの音楽と歌に興味をもった。高い森の木々が小屋を日蔭にしていた。一条の小径がさらに内陸に通っている。

これらインディアンの子供たちはアンデス山脈の頂上の子供たちとくらべて著しく利巧なことがわれわれの心をうった。すべてのインディアンの子供たちは、年寄りよりもずっと明るく生き生きしているようだ。

一〇月二一日いっぱい、夕方までわれわれは、とある砂洲の傍にとどまっていた。風が凪いでしまったので、われわれは月明りで漕ぎだした。黒人たちが櫂を水から揚げると、私は寒暖計をマディラ河に浸した。華氏八八度（摂氏三一・一度）だった。突然、われわれの小さなカヌーの舳は偉大なアマゾン河の深い水に触れた。深い緑の簇葉《そうよう》と白い砂浜のめぐった林檎の形の島が、巨大な蛇のようなマディラの河口に横たわっている。二条の水路によって河口がアマゾン本流に開いている。われわれは、幅六〇〇ヤードの西側の水道の付近で、七八フィートの水深を確認した。あたりには木はよく茂っているが、文明の徴表や痕跡はまったくない高い岸があった。下手の河口には、大きな舌状の砂嘴《さし》が乗り出していて、そこは、亀や鳥の産卵場になっている。東側の合流点は約四分の三フィートの幅だった。背景には二、三軒の家がたっているが、この辺は東南に向かってだんだん高くなっていた〔このマディラ河とアマゾン本流の合流点に、一〇〇年後の現在、二家族の日本人が居を据えている。彼らはアマゾン本流並びにマディラ河を航行する船舶に燃料と生活必需品を供給して、一帯の物資を集荷している。訳者は一九五三年二月二八日にこの地をおとずれた。思えば感慨深いものがある〕。

解説

泉靖一

おそらく、ハーンドンのアマゾン旅行記（William Lewis Herndon & Lardner Gibbon, *Exploration of the Valley of the Amazon*）の名を本書によってはじめて知る人が多いであろう。この名著は、わが国の読書界において従来読まれたこともなく、もちろん訳出されたこともない。しかし、わが国においてのみ不当な取扱いをうけたのではない。その本国においても、それは、一八四四年に現われたチャールズ・ウイルクス（Charles Wilkes）の『太平洋航海記』（Narrative）や、ジョン・ロイス・ステフェンス（John Lloys Stephens）のさまざまの旅行記、ことにそのうち一番重要な、一八四一年発行の『中央アメリカ、チァパス、及びユカタン旅行の出来事』（*Incidents of Travel in Central America, Chiapas, and Yucatan*）に劣らぬ熱狂をもってその当時歓迎され、一九世紀アメリカの生んだ三大探検記の一つと称されたのにもかかわらず、一八五四年に発行されて以来、最近に至るまで、一度も再刊されないできたのである。しかし、本書は、永久に忘却されたのではなかった。一九五二年に、ハミルトン・バッソ（Hamilton Basso）の手によって、詳細な解説、地図、索引を加えて、本書上巻のダイジェスト版が発行され、本書の価値が、再び読書子に認められることとなった。（W. L. Herndon, *Exploration of the Valley of the Amazon*, McGraw-Hill, N-y. 1952）ここに訳出した『アマゾン探検記』は紙数の関係で全巻を翻訳することが困難なため、やむなく多くの個所を犠牲とせざるを得なかった。しかし、それは、バッソのダイジェストとは全然別個の観点から上下二巻にわたって抄訳を試みたのである。一般読者のためには気軽に読んでいただけると同時に、本書に盛られた豊富な、学問的価値のある資料を、研究者の参考に供し得ることを期した。

本書のもつ学術資料的価値については、つとに海外の専門学者の間では高く評価されているところであって、ことに訳者の専攻する文化人類学に関しては、南米インディアン研究の決定版とも称すべき、スミソニアン協会編 *Handbook of South American Indians* の巻末に掲げられた文献目録中にもその名が載せられている。

本書は、元来多くの図・表を伴った合衆国海軍省への報告書として執筆されたものである。しかしながら、往々にしてこの種の報告書にありがちな、砂を嚙むような無味乾燥なものではなく、すぐれた文学的価値をももっている。なるほど、それはメキシコ探検記のステフェンスの筆に見られる優雅と技巧の粋はないかもしれない。しかし、その代りハーンドンの誇るのは、雄勁率直な文体である。この男性的な筆致に魅惑され想像力を燃え立たされた人々の一人に、われわれはアメリカの文豪、マーク・トウェインの名を忘れることはできない。トウェイン自身、本書を「わが生涯の転機」とまで呼んでいる。時は一八五六年、トウェインが二一歳のときのこと、ところはアイオワ州、ケオククでの出来事であった。ハーンドンの書によって奔放な野心と空想を刺戟された彼は、アマゾンを遡りコカで一儲けしようと、ニュー・オルレアンス（ニューオーリンズ）から舟に乗ってアマゾンのパラにむかおうとした。ニュー・オルレアンスでいろいろ尋ねて見たけれども、パラに向かう舟は一隻もなかった。

「私は思案した。一人の巡査がやってきて、何をやっているのかと聞いたので、私は彼に事情を話した。彼は私をどんどん歩かせて、今度大通りで考えごとをしているところをみつけたら豚箱に放り込むぞといった。

二、三日したら、文無しになってしまった。そのとき、ある出来事が私の生涯のもう一つの転機を伴って起こった。新しい運命が……。街を歩いていると、私は一人の水先案内人と知り合いになった。私は彼に河を教えてくれとたのんだ。彼は承知した。私は水先案内人になった」(Mark Twain, *"The Turning point of My Life"* What Is Man and Other Essays, New York. 1906)

このアマゾンに渡航を企てて失敗し、それにも懲りずに今度は水先案内人になるあたり、いかにもトム・ソーヤやハックルベリー・フィンの著者の面目躍如たるものがある。このような出来事が生まれた背後には、南北戦争を前に控えて、当時急速なテンポで成長し昂揚しつつあったアメリカ資本主義の胎動を感ずることができるが、若きマーク・トウェインをこのように感激せしめた重要なファクターの一つは、ハーンドンの、人に迫ってくる文章によるところがすくなくなかったと考えてよい。

彼の文章が雄勁率直なことはさきに指摘したとおりである。しかし彼の性格・生涯そのものもまたこの文章に現われたとおりであった。

著者——ウィリアム・ハーンドンの父、ダブニイ・ハーンドンは、一七七四年にアメリカに移住した。著者と同名のウィリアム・ハーンドンの子孫であり、母親のエリザベス・

ハルもまた同様にヴァージニアの旧家の出であった。七人兄弟の一人として、ハーンドンは少年時代に両親をうしなった。一八二八年に合衆国海軍兵学校に一五歳で入学し、一八四一年、二八歳で大尉に任官した。以来、地中海、太平洋、南米海岸に活躍し、一八三六年、合衆国に帰ったハーンドンはフランセス・エリザベス・ハンスブラウ（Hansbrough）と結婚し、その間に生まれた娘のエレンは後に、合衆国第二一代の大統領チェスター・A・アーサー夫人となった。

ハーンドンは、南北戦争勃発の九年前（一八五一年）に、ペルーの上流からブラジルの河口までアマゾン河を探検した最初のアメリカ人となったのであるが、このようなハーンドンの成長には、彼が一時（一八四二—四六年）所属していたワシントンの海図器具貯蔵所（後の合衆国海軍水路調査所）の所長でもあり、またハーンドンの従兄弟でもあったマシュー・フォンティーン・モーリ大尉（のちに中佐）の影響を蒙ることがすくなくなかったと伝えられている。

その後、ハーンドンは一八五五年、中佐に昇進して、海軍を去り、太平洋航路会社の郵船ジョージ・ロオ号の船長となった。同船はハーンドンの就任後数カ月で、セントラル・アメリカン号と改名され、ニューヨーク—コロンの間の旅客と貨物の輸送に当っていた。当時、政府の補助金をもらっていた太平洋航路会社の船舶は全部、合衆国海軍士官が船長となっていた。ハーンドンはセントラル・アメリカン号の船長を二年やったが、一八五七年九月一一日の朝のこと、カリフォルニアの金と郵便と五七五人の乗客をのせた同号は、ハテラス岬の沖合で暴風に出あった。しばらくすると暴風は本格的な嵐になってしまい、セントラル・アメリカン号の索具は流され、船体の前部に水が漏り出し、大量の浸水の結果、遂にボイラーの火が消えてしまった。波に洗われ沈没の運命に見舞われた瀕死の船上で、ハーンドンは閃光信号を揚げて救助を求めた。この信号にブリッグ船（二本マスト横帆の帆船）マリン号が答え、同船にセントラル・アメリカン号に乗船していた女子供全部は、夜になる前にうつされたけれども、狂暴に猛威を逞しうする海のために、救出作業は頓挫してしまった。かくて、セントラル・アメリカン号は三二人の人員とともに沈没した。もちろん船長ハーンドンは最後まで艦橋に立ち、従容として船と運命をともにしたのであろう。現在アナポリスの海軍兵学校に彼の記念碑が立っている。

ところで、このアマゾン探検記のもう一人の著者ラードナー・ギボンについては、遺憾ながら、詳細を知ることができない。彼がリマでハーンドンと一緒になったのは、弱冠二〇歳の見習士官のときであった。彼は製図、スケッチに長じ、その文章は、一種真率単純、天真爛漫で、稚拙な魅力をもっている。

アマゾン河はその流域面積においては世界一の河川で、南米の八分の三を占めている。河道の長さでは、ミシシッピー河に次ぎ世界第二に位する。いずれにせよ世界の大河の一つである。多くの未知の河川は河口から漸次水源地帯が探検され、種々の発見がなされたのを常とする。しかしアマゾンはその反対の経路をとって世の明るみに紹介された。一五三九年、インカ帝国を亡ぼして莫大な金銀を手に入れたスペイン人ピサロは、さらに黄金郷《エルドラード》を奥地に求めて、探検隊を編成した。第一次探検隊の一部はこの本のハーンドンとよく似た経路をとおってアマゾン源流に到着し、それから流れに沿って下り、「女人種」に出会ったりなどして河口に到達し、河の名を女人国――アマゾンと命名したのは有名な話である。

その後黄金郷《エルドラード》や桂皮《パイス・デ・カ・ネイロ》の国を求めて幾度か探検が繰りかえされた。西海岸からはスペイン人が、東海岸からはポルトガル人がこの河の財宝を求めて入りこんだが、遂にインカの巨宝のごときものは発見できなかった。ブラジル側においては金銀の夢が失われると同時に、労力の調達源としてアマゾン流域を考えるようになった。東北ブラジルにおこった砂糖農業にたいして労力は貴重なものであった。多くの冒険家は土人狩りに河を遡った。数世紀にわたってアマゾン流域には「血腥《ちなまぐさ》い時」が流れた。かかる趨勢に強く反対しつつ、流域の奥深く辿りついたものにジェスウィト派(イエズス会)の神父がある。彼らはインディアンの教化に努める一方、地方地方には邑《むら》を建設した。この本にもかかる小邑の記述が時々現われてくる。奴隷狩りの冒険家たちは、「教会の町」をさえ襲撃して、奴隷略奪を行なっている。長い間奴隷狩りの一行とイエズス会の神父の間には闘争がくり返されたが、ポルトガル国王は、神父を追い払うことに決心した。奴隷狩りはハーンドンの旅行間近まで続いたのである。

その後アマゾン流域はインディアンとのささやかな交易が行なわれるくらいで産業らし

い産業はおこらなかった。一九世紀の末葉から第一次大戦にかけて、天然ゴムの需要が急激に上昇したために、時ならぬ景気がこの流域を見舞った。アマゾナス州都マナウス市のごときは小パリーを密林中に現出し、ヨーロッパのオペラが直接この市において興行され、東北ブラジルの乾燥地帯の人々はアマゾンの低地に流れ、ペルー高地からもゴムを求める群れが陸続として河を下った。はじめて日本人がこの流域に姿を見せたのもこの時である。その後ゴム景気はマライ（マレー）半島のアマゾン種ゴムのプランテーションの発展によって後退し、やがてアマゾンの谷々は火の消えたような静寂に立ちかえった。その後（一九三〇年以後）日本の企業家が無償の地権を得て、日本人移民をいわゆるバイショ・アマゾナス——アマゾン下流の意味、普通マナウス市より河口ベレム市間の一千マイルをさす——に送った。この移民らは適性作物を求めて彷徨し、多くの脱耕者を出したが第二次世界戦争中に黄麻《ジュート》と胡椒《ピメンタ・ド・レイノ》の栽培に成功した。第二次世界戦争の結果、戦災者は世界にあふれ、食糧その他重要資源の地域的偏在は解決できない問題としてのこった。国際連合は未開発地の開発によって世界的緊張を緩和しようともくろみ、アマゾン流域の開発計画を作成しつつある。ブラジル共和国もその新憲法においてアマゾン開発のために連邦政府歳入の六パーセントと流域諸州政府歳入の同率を投ずべきことを規定している、

かくしてアマゾン流域は新しい時代を迎えようとしているが、未だに確たる産業計画の樹立をみない。かつて人工の巧を受けたことのないアマゾンを制すべき科学的総合開発計画が整然立案されるのは何時の日のことであろう？

原典入手の労をとられた、在ロスアンゼルス吉田進氏、ダイジェスト版を貸与された渡辺操教授に謝意を表する。

参考文献

長澤和俊

一五三一年、パナマからペルーにむかったフランシスコ・ピサロは、翌年一一月、カハマルカでインカ皇帝アタワルパを捕え、まもなくこの黄金の国を滅してしまった。しかし一五三七年頃からピサロとその友アルマグロの対立は決定的となり、翌三八年、アルマグロはピサロに捕えられて首を切られた。だが横暴で残忍なピサロも、そう長い命ではなかった。三年後の一五四一年六月、彼はアルマグロの子ディエゴらに襲われ、リマの自宅で暗殺されてしまった。

しかしひろい南アメリカには、まだエル・ドラード（黄金郷）があるという噂が絶えなかった。ペルーでピサロ派とアルマグロ派が対立しはじめた一五三六年、ゴンサーロ・ヒメネス・デ・ケサーダは、いまのコロンビアを探検し、この地方に高い文化を誇っていたチブチャ族を征服して、ボゴダ（コロンビアの首都）を建設した。黄金豊かなチブチャの発見は、南アメリカの北部に人々の目を集めた。新しいエル・ドラードを求めて、次々に探検隊が送られた。

一五四〇年、ピサロの弟ゴンサーロとオレリアナは、三五〇人のスペイン人と四〇〇〇人のインディオをつれ、アンデスを越えてアマゾンの上流地方に入った。これが史上最初のアマゾン川の探検となった。アマゾンの上流地方は毎日物凄い雨が降り、ジャングルは深く、食料も乏しかった。アマゾンの上流ナーポ川でゴンサーロは遠征隊を止らせ、食料を集めるためにオレリアナをボートで偵察に出した。

彼は一五人の部下とボートでこの川を下りはじめた。しかし行けども行けども部落はなく、川は物凄い急流で、八日間に九〇〇キロも流れ下ってしまった。そこで小さな村を見つけ、やっと食料を手に入れたが、流れが急で溯航は不可能だった。オレリアナはゴンサーロ達は運命にまかせることにし、そのままアマゾンを下って一五四一年八月、三〇〇〇キロの旅を終えて河口に着いた。これが最初のアマゾン川の探検で、その記録は、

José Toribio Medina: *Descubrimiento del Rio de las Amazonas, 1894, (Discovery of the Amazon, According to the Account of Friar Gasper de Carvajal and Other Documents)*, translated by Bertran T. Lae, (American Geographical Society Special Publication No. 17) 1934.

である。

一五六〇—六一年には、ペドロ・デ・ウルスアとロペ・デ・アグイレが三〇〇人の部下と共にオリノコ川とアマゾン川の流域を探検した。その記録は次の書である。

C. H. Markham: *The Expedition of Ursua and Aguirre*, 1861.

その他、この地方の主な探検記としては、次の諸著がある。

F. Samuel, translated by G.Edmundson: *Journal of the Travels and Labours of Father Samuel Fritz in the River of the Amazons between 1686 and 1723*, 1922.

Alfred R. A. Wallace: *Narrative of Travels on the Amazon and Rio Negro*, 1905.

T. Roosevelt: *Through the Brazilian Wilderness,* 1914.
H. W. Bates: *The Naturalist on the Amazons,* 1863.
P. R. Cutright: *The Great Naturalist Explore South America,* 1940.
C. P. Haskins: *The Amazon,* Doubleday, 1943.
George Millar: *A Crossbouman's Story of the First Exploration of the Amazon,* Alfred A. Knopf, 1955.
Emill Schulthess: *The Amazon,* Simon & Schuster, 1962.
F. A. Kirkpatrich: *The Spanish Conquistadors,* Peter Smith, 1962.
G. Woodcock: *Henry Walter Bates, Naturalist of the Amazon,* 1969.
E. J. Goodman: *The Explorer of South Amarica,* 1972.

アマゾン及びブラジルについては、少し本格的に研究しはじめるとどうしてもポルトガル語本によらねばならない。もっとも重要なものを若干内容をコメントして紹介しておこう。

Carvalho, Alfredo de: *Aventuras e aventureiros no Brasil,* Rio de Janeiro, 1930.（ブラジル冒険史、アマゾン探検のエピソードも含んでいる）
Reis, Arthur Cesar Ferreira: *Historia do Amazonas,* Manaus, 1931.（アマゾン流域の発展史、初期探検史も含む）
Santa Rosa, Henrique A.: *Historia do Rio Amazonas,* Belém, 1926.（アマゾン河の歴史）

Souza, Bernardino José de,: *Dicionario da Terra e da Gente do Brasil,* São Paulo, 1939.（ブラジル風物辞典、地方語の解説が含まれている）

Moraes, Raimundo de,: *O meu dicionario de cousas da Amazônia,* 2 vols, Rio de Janeiro, 1931.（アマゾーニア風物辞典、上下巻からなる）

Moraes, Raimundo de,: *Na Planicie Amazonica,* Rio de Janeiro, 1939.（アマゾン平野の概説）

Jobim, Anisio,: *Aspectos Socio-Geograficos do Amazonas,* Manaus, 1950.（アマゾンの社会地理学的概観）

Filho, Lobato,: *A Borracha da Amazônia,* Rio de Janeiro, 1951.（アマゾニアのゴム栽培について）

Lima, Araujo: *Amazônia, a Terra e a Homem,* Rio de Janeiro, 1937.（アマゾンの自然と人間）

Sampaio, A. J. de.: *A alimentação sertaneja e do interior da Amazônia,* Sãn Paulo, 1944.（アマゾン内奥地方の食物）

IBGE,: *Amazônia Brasileira* ed. Conselho Nacional de Geografia, Rio de Janeiro, 1944.（ブラジル領アマゾニア、連邦地理協会編）

Ramos, Arthur: *Introdução à Antropologia Brasileira,* 2 vols, Rio de Janeiro, 1943.（ブラジル人類学概論、上下巻）

Silva, Moacir M. F.: *Geografia dos Transportes no Brasil,* ed. Conselho Nacional de Geografia, Rio de Janeiro, 1949.（ブラジルの交通史、連邦地理協会編）

Simonsen, Roberto C.: *Historia Economica do Brasil,* 2 vols, São Paulo, 1937.（ブラジル経済発展史、上下巻）

Leitão, C. de Melo: *Historia das Expedições Cientificas no Brasil*, São Paulo, 1941.（ブラジルの科学的調査・探検の通史）

以上のほか、人類学関係の報告及びハンドブックとして次の諸著が重要である。

Laãs, Carneiro: *Panorama Sociologique dú Brèsil*, Paris, 1953.

Wagley, Charles: *Race Relations in an Amazon Community, in Race and Class in Rural Brazil*, UNESCO, Paris, 1952

Wagley, Charles: *Amazon Town, A Study of Man in the Tropics*, New York, 1953.

Smithsonian Institution: *Bureau of American Ethnology, Hand Book of South American Indians*. 6 vols. Washington, 1946-50.

日本人とアマゾン川との関係は意外に深い。明治末・大正初年から多くの日本人がブラジルに移住し、アマゾン流域の開拓に従事した。そのため明治末年から、

小野竜『南米渡航案内』（明治三九年）

横山源之助『南米渡航案内』（明治四一年）

のような本が現われ、次に掲げるように最盛期の昭和初年まで、様々の移住案内、植民調査関係の本が刊行されたのである。

白石元治郎『南米事情』（明治四一年）

竹沢太一『南米の宝庫伯剌西爾』（大正一三年）

海外興業ＫＫ『南米ブラジル国イグアペ植民地事情』（大正一三年）
外務省通商局『移民地事情第一一巻』（昭和二年）
同右『伯国アマゾン河流域植民計画に関する調査報告』（昭和二年）
野田良治『調査三十年大アマゾニア』（昭和四年）
今重野松男『今日のブラジル』（昭和四年）
外務省通商局『伯国アマゾナス川日本植民地地域画定並植民計画に関する調査報告書』（昭和六年）
海外興業ＫＫ『南米ブラジル事情附渡航案内』（昭和七年）
斎藤武雄『ブラジル移住案内』（昭和七年）
拓務省拓務局『伯刺西爾』（昭和一一年）
ラテン・アメリカ中央会『ブラジルに於ける日本人発展史』上下（昭和一六年）
マックガバン著・妹尾韶夫訳『アマゾンと古代インカ』（昭和一八年）
香山六郎『移民四十年史』サンパウロ（昭和二四年）
アンドウ・ゼンパチ『ブラジル史』（河出書房、昭和三一年）

こうしたアマゾン河流域に入った日本人の植民は、戦後数冊の調査報告や回顧談が発表されたが、その中でもっとも重要なのは、本書の訳者故泉靖一氏による次の踏査報告である。

泉靖一・斎藤広志『アマゾン――その風土と日本人』古今書院（昭和三〇年）

そのほかこの地方に七年間在住して風土病を研究した際の見聞録

神田錬蔵『アマゾン河――密林文化のなかの七年間』（中公新書、昭和三八年）はアマゾン河流域の人と風物を生き生きと伝えている。また戦後アマゾン河流域に入植した人々の足跡を追った次の書もアマゾンのきびしさをよく物語っている。

若槻泰雄『原始林の中の日本人』（中公新書、昭和五〇年）

*

最後にこの世界探検全集（全一六巻）には、この『アマゾン探検記』以外に南アメリカの探検記が含まれていないので、以下、アマゾン以外の南米各地の探検記の主要なものを紹介しておこう。

D. Leite: *Descobridores do Brasil*, 1931.（一五〇〇年、カブラルによるブラジルの発見）

B. Diaz: *Historia verdadera de la conquista de la Nueva España*, 1632.（ヘルナンデス・デ・コルドバらによるユカタンの探検）

Hernán Cortés: *Cartas de relación*, Mexico. 1960.（アステカ〈メキシコ〉征服に成功したコルテスがスペイン王カルロス一世に送った五つの報告書）

William Prescott: *The Conquest of Mexico*, 1843.（コルテスのアステカ征服に関する古典的名著）

William Prescott: *The Conquest of Peru*, 1847.（ピサロのインカ帝国征服を語る。前掲書 The Conquest of Mexico と共に Modern Library, New York に収められている）

I. R. Blacker: *The Golden Conquistadores,* 1960.（一五二三—二四年のペドロ・デ・アルヴァラドのガテマラ探検）

C. H. Markham: *The Conquest of New Granada,* 1912.（一六世紀初期のコロンビア、チブチャ帝国各地の探検と征服の歴史）

F. Pérez Embid: *Diego de Ordás,* 1950.（一五三一年ディエゴ・デ・オルダスら一〇〇人のオリノコ川の探検）

L. L. Dominguez (ed.): *The Conquest of the River Plate, 1535–55,* 1889.（一六世紀前半に行なわれたアルゼンチンのラ・プラタ川流域、パラガイ地方等の探検）

C. Graham: *Pedro de Valdivia,* 1926.（一五四〇—四一年のヴァルディビアらのチリ遠征について）

Sir W. Raleigh: *The Discovery of the Large, Rich, and Beautiful Empire of Guiana,* 1596.

V. Harlow: *The Discovery of Guiana by Sir Walter Raleigh,* 1928.（ともに一五九五、一六一七—一八年のサー・ウォルター・ローリーのギアナ探検の記録）

Americo Vespucis: *El nuevo mundo,* Buenos Aires, 1951.（岩波版『大航海時代叢書』第一巻「航海の記録」所収、アメリゴ・ヴェスプッチのアメリカ大陸が新大陸であるという確認を行なった諸文書を集めたもの）

José de Acosta: *Historia natural y moral de las Indias,* Sevilla, 1590, Mexico, 1940.（イエズス会士アコスタのメキシコ及びペルーの現地調査記録。岩波版『大航海時代叢書』第三・四巻所収）

なお次の諸著もメキシコ、ペルー各地の探検について、基本史料にもとづいた労作で、巻末にそれぞれ参考文献がある。
泉靖一『インカ帝国』（岩波新書、昭和三四年）
増田義郎『インカ帝国探検記』（中央公論社、昭和三六年、中公文庫版、昭和五〇年）
石田英一郎『マヤ文明』（中公新書、昭和三八年）
増田義郎『太陽の帝国インカ——征服者の記録による』（角川新書、昭和三九年）
増田義郎『古代アステカ王国』（中公新書、昭和三八年）
岩波版『大航海時代叢書』第一、三、四巻及び別巻所収の文献目録は、もっとも信頼できる大航海時代の探検記・航海記等の書目である。この時代の概説として、
山中謙二著『地理発見時代史』（吉川弘文館、昭和四四年）
井沢実『大航海時代夜話』（岩波書店、昭和五二年）
もすぐれた労作である。

ウィリアム・ルイス・ハーンドン（1813 － 1857）

アメリカ合衆国の軍人。1851年、合衆国海軍大臣の命令に従い、アマゾン河流域の情報収集のため、ペルーよりアマゾン河口までを探検。諸河川の船舶航行の可能性をさぐる一方、各地の産業発達の状態、風俗・人口・産物・交易品・気候・地下資源の状態等を調査した。

泉靖一（1915 － 1970）

東京生まれ。京城帝国大学を卒業。在学中から、済州島、大興安嶺オロチョン族等の調査に従事。同大学教官となってからもニューギニア、オロチョン族、蒙古族の調査に専念。1951年、明治大学助教授を経て東京大学助教授となってからは、文化人類学部門の創設・充実に尽力。特に「東京大学アンデス地帯学術調査団」を組織し、古代アンデス文明の解明に果たした業績は大きい。主要著書、『インカ帝国』『フィールド・ノート』など。『泉靖一著作集』（全7巻）がある。

［監修］　井上靖・梅棹忠夫・前嶋信次・森本哲郎

［ブックデザイン］　大倉真一郎
［カバー装画・肖像画・地図（見返し）］　竹田嘉文
［編集協力］　清水浩史

本書は『世界探検全集06 アマゾン探検記』（1977年、小社刊）にナビゲーションを加え復刊したものです。本書には、今日の人権意識では不適切と思われる表現が使用されています。しかし、差別助長の意図がなく、資料的・歴史的価値が認められること、および著者・訳者が故人であるため表現の変更ができないことを考慮し、発表時のままといたしました。また、地名・人名をはじめとする固有名詞や用語に関しては、当時と現在とでは呼称に一部相違があるものの、前掲の事情を考慮して発表時のままといたしました。（編集部）

EXPLORATION OF THE VALLEY
OF THE AMAZON
by William Lewis Herndon, 1952

世界探検全集 06
アマゾン探検記

2022年11月20日　初版印刷
2022年11月30日　初版発行

著　者　ウィリアム・ルイス・ハーンドン
訳　者　泉靖一
発行者　小野寺優
発行所　株式会社河出書房新社
〒151-0051
東京都渋谷区千駄ヶ谷2-32-2
電話 03-3404-1201（営業）
03-3404-8611（編集）
https://www.kawade.co.jp/

印　刷　株式会社亨有堂印刷所
製　本　加藤製本株式会社

Printed in Japan
ISBN978-4-309-71186-7

大西洋
リオ・ブランコ川
リオ・ネグロ川
オビドス
パラ川
パラ
(ベレム)
バーラ
サンタレム
シングー川
アマゾン川
ボルバ
パジョース川
ブラジル
トカンティンス川
ポルト・インペリアル
EXPLORATION OF THE VALLEY OF THE AMAZON
WILLIAM LEWIS HERNDON
凡例
(地名は探検当時のもの)
ハーンドンの踏査路
ギボンの踏査路